Ralf Dahrendorf

VERSUCHUNGEN
DER UNFREIHEIT

Ralf Dahrendorf

VERSUCHUNGEN DER UNFREIHEIT

Die Intellektuellen in Zeiten der Prüfung

Verlag C. H. Beck

Mit 15 Abbildungen

Satz: Fotosatz Amann, Aichstetten
Druck und Bindung: Ebner & Spiegel, Ulm
Gedruckt auf säurefreiem, alterungsbeständigem Papier
(hergestellt aus chlorfrei gebleichtem Zellstoff)
Printed in Germany
ISBN-10: 3 406 54054 6
ISBN-13: 978 3 406 54054 7

www.beck.de

INHALT

AUF DEM PRÜFSTAND DES 20. JAHRHUNDERTS

JENSEITS DER VERSUCHBARKEIT

UMBRÜCHE UND NORMALE ZEITEN

ANHANG

Für Christiane

VORWORT

Dieses Buch ist eine Erkundungsreise zu den Quellen des liberalen Geistes. Es ist ein Versuch herauszufinden, welche Qualitäten Menschen befähigen, auch unter widrigen Umständen nicht abzulassen von der Verfechtung der Ideen, auf die liberale Ordnungen gegründet sind. Wer bleibt stark, wenn die meisten schwach werden? Man könnte von einer Tugendlehre der Freiheit sprechen.

Indes ist dies kein abstraktes Unterfangen. Es ist keine Fortsetzung von Isaiah Berlins brillanten Essays über die Freiheit, geschweige denn eine neue Version von Karl Poppers grossem Traktat über die offene Gesellschaft. Vielmehr geht es um Isaiah Berlin und Karl Popper – und Raymond Aron und Norberto Bobbio und andere – selbst. Die Frage ist, wie diese bedeutenden Gestalten den Versuchungen der Unfreiheit widerstanden haben. Was war die Quelle ihrer Kraft, als die Umstände, in denen sie lebten, die Sonne der Freiheit verfinsterten?

Es geht also um Intellektuelle, und zwar um eine bestimmte Art von ihnen und um eine bestimmte Zeit, in der sie lebten. Die öffentlichen Intellektuellen, von denen die Rede ist, haben allesamt das 20. Jahrhundert erlebt und zu ihrem Teil geprägt. Sie sind wie die vier Genannten im ersten Jahrzehnt des 20. Jahrhunderts geboren, unter dem Eindruck der entstehenden Sowjetmacht aufgewachsen und vom heraufkommenden Faschismus, dann dem Nationalsozialismus auf die Probe gestellt worden. In der Begrenzung auf die zwischen 1900 und 1910 Geborenen liegt gewiss auch Willkür. Doch ist es informierte Willkür, eine Generation ins Auge zu fassen, die in besonderem Masse den Zeiten der Prüfung, die das 20. Jahrhundert bereithielt, ausgesetzt war. Diese reichten vom Ersten Weltkrieg bis zur Zeitenwende von 1989. Am Ende des Buches schweift der Blick über den Wiederbeginn der Geschichte hinaus zu «9/11» und dem Anfang des 21. Jahrhunderts.

Für die beispielhaften Gestalten habe ich einen Namen erfunden: ich nenne sie Erasmier. Erasmus von Rotterdam lebte in einer Zeit ganz anderer Prüfungen als die Intellektuellen der totalitären Epoche. Dennoch erwies er vor einem halben Jahrtausend schon jene Tugenden, die immun machen gegenüber den Versuchungen der Unfreiheit. Sein Leben zeigte auch, dass da nicht nur Tugenden im Spiel sind. Die Geschichten der Beziehungen des Erasmus zu seinem um zehn Jahre jüngeren Freund Thomas More und seinem jugendlichen Verehrer Ulrich Hutten haben durchaus unerfreuliche Aspekte. Die Mitglieder der gedachten *Societas Erasmiana*, von denen hier die Rede ist, sind gleichermassen nicht jedermanns Helden. Ein Blick auf die Tafel der in diesem Buch erörterten Erasmier (am Ende des Bandes) wird das vielen Lesern bestätigen. Dennoch werde ich sowohl für Erasmus von Rotterdam selbst als auch für die Erasmier in Anspruch nehmen, dass sie in besonderem Masse das Lob aller Freunde der Freiheit verdienen.

Dies ist ein kurzes Buch, das auszutragen dennoch viele Jahre gedauert hat. Mal begann ich es auf englisch, dann wieder auf deutsch zu schreiben. Mal war es ein Traktat, dann ein Dialog, jetzt ist es die vorliegende Studie, für die es schwer fällt, einen Gattungsbegriff zu finden. Wenn die schließlich gewählte Form sich als angemessen und fruchtbar erweisen sollte, dann verdanke ich das vor allem zwei nahen Menschen. Der eine ist Timothy Garton Ash, der diese Studie von ihren Anfängen an mit manchmal herbem, aber immer gutem Rat begleitet hat. Zahlreiche Veränderungen im ganzen und Verbesserungen im Detail gehen auf ihn zurück. Die andere zentrale Ratgeberin war meine Frau Christiane. Sie hat mich vor manchen Irrwegen bewahrt und mir mit vielen Einzelvorschlägen geholfen. Dass beide mir nicht in allem zustimmen, sei zumindest erwähnt. Zur von Timothy Garton Ash gestellten Frage von Mut, Zivilcourage und Feigheit bei den Erasmiern wäre gewiss noch manches zu sagen, und dasselbe gilt für die (von Christiane genährten) Zweifel an meinen Erwägungen zum Verhältnis von Vernunft und Leidenschaft.

Manchen anderen schulde ich Dank für ihre Ermunterung und

ihre Hilfe. Die *Neue Zürcher Zeitung* und die Zeitschrift *Merkur* haben Stücke vorweg veröffentlicht; für die Ermutigung danke ich Uwe Justus Wenzel und Kurt Scheel. Auf Einladung von Jürgen Kocka habe ich im Wissenschaftszentrum Berlin (WZB) die Grundideen in einem Vortrag und in Gesprächen ausprobieren können. Das WZB hat mir sogar als Forschungsprofessor einen Arbeitsplatz gegeben, zu dem der Zugang zu bekannten wie entlegenen Büchern und anderen Texten gehört. Birgit Hahn und Regine Sühring haben diesen Zugang für mich mühelos gemacht. Vorher schon hatte Krzysztof Michalski mich eingeladen, am Institut für die Wissenschaft vom Menschen in Wien das Teilthema des engagierten Beobachters in einem Vortrag zu entwickeln. Auch ihm danke ich sehr. Edith Emmenegger hat einmal mehr dem vormodernen Schreibmaschinen-Autor das Tor – oder sollte es heissen *gate* – zur modernen Welt geöffnet und den Text (nicht ohne eigene Kommentare) elektronisch aufbereitet. Detlef Felken, der auf die erfreulichste Weise die Tradition des Verlags C. H. Beck fortsetzt, in dem Autoren noch willkommen sind und ernst genommen werden, hat mich ermutigt und zugleich mir in vielerlei Weise geholfen.

Allen Genannten und manchen Nichtgenannten bin ich dankbar. Mein Dank gilt jedoch ganz besonders Christiane. Ihre direkte Hilfe ist nur ein kleiner Teil dessen, was ich ihr schulde. Ihr ist dieses Buch gewidmet.

Im November 2005 R. D.

DIE FRAGE WIRD GESTELLT

1 WER WIDERSTAND DEN VERSUCHUNGEN DER UNFREIHEIT?

Seit langem schon fand ich es rätselhaft, dass so viele Intellektuelle sich im Jahr 1933 von den Schalmeienklängen des Nationalsozialismus haben betören lassen. Gewiss, die ersten hundert Tage der Hitler-Regierung hatten der ohnehin zerbröselnden deutschen Demokratie den letzten Halt geraubt. Der Reichstagsbrand und seine Erklärungen, das Ermächtigungsgesetz nach der Wahl vom 5. März, das Parteienverbot, die gesetzlich sanktionierte Entfernung von Juden aus dem öffentlichen Dienst deuteten sämtlich auf eine fundamentale Wende. Indes gab es noch viele, die das Ganze für einen Spuk, eine Episode hielten. Noch war das neue Regime keineswegs etabliert. Dennoch wurden ihm von manchen, die es besser wissen konnten, schon grosse Dinge nach- oder vielmehr vorhergesagt.

Martin Heideggers Freiburger Rektoratsrede vom 27. Mai 1933 ist ein besonders nachdenklich stimmendes Beispiel. Der Philosoph des Seins pries den «Aufbruch» in der von ihm sonst eher abschätzig bewerteten Welt des Man. Er sprach vom Volk, seinem geschichtlichen Auftrag und seiner Führung und forderte die Universität, die Wissenschaft, zur Unterwerfung angesichts der Herrlichkeit und der Grösse des Aufbruchs auf. Was in der Rektoratsrede noch halbwegs philosophisch klingen mochte, wurde in zahlreichen Ansprachen, Interviews, auch förmlichen Erlassen und Stellungnahmen des Rektors durchaus unmissverständlich. Im «Kampfblatt der Nationalsozialisten Oberbadens» *Der Alemanne* klang das dann so:

> «Die gesamte deutsche Wirklichkeit ist durch den nationalsozialistischen Staat verändert worden, mit dem Ergebnis, dass unsere ganze vergangene Weise des Verstehens und Denkens ebenfalls anders werden muss.»

Oder auch, falls es noch Zweifel gab:

> «Der Führer selbst und allein *ist* die heutige und künftige deutsche Wirklichkeit und ihr Gesetz. Lernet immer tiefer zu wissen: Von nun an fordert jedwedes Ding Entscheidung und alles Tun Verantwortung.
>
> Heil Hitler!
>
> Martin Heidegger, Rektor.»

Heidegger war nicht der Einzige, der eine Zeitlang vom offenbar reissenden Strom der Zeit davongetragen wurde, auch wenn er sich bei wichtigen Gelegenheiten durch eine gewisse Mehrdeutigkeit der Formulierungen eine kleine Rückzugschance offenzuhalten suchte. Der Funktionär der Nazipartei, der Heideggers Rektoratsrede angehört hatte, gratulierte ihm nicht ohne Hinterlist zu seinem «Privat-Nationalsozialismus».

Dergleichen wird man Theodor W. Adorno nicht vorwerfen können, der sich denn auch empört gegen den Vergleich mit Heidegger («dessen Philosophie bis in ihre innersten Zellen faschistisch ist») wehrte, als ihm eine Musikkritik aus dem Jahre 1934 vorgehalten wurde. In dieser hatte Adorno einen Chor-Zyklus von Herbert Müntzel gepriesen: «Nicht bloss, weil er durch die Wahl der Gedichte [des späteren Reichsjugendführers Baldur von] Schirachs als bewusst nationalsozialistisch markiert ist, sondern auch durch seine Qualität: ein ungewöhnlicher Gestaltungswille.» Es klingt zumindest so als ob Adorno die «Art, die Goebbels als romantischen Realismus bestimmt hat», loben wollte. Da ist dann der Versuch, im Jahre 1963 den ästhetischen Flirt mit den Nazis geringzureden, nur bedingt überzeugend: «Die Wendungen, die man mir vorwerfen kann, mussten in der Situation von 1934 jedem vernünftigen Leser als captationes benevolentiae durchsichtig sein, die so zu sprechen mir erlauben sollten.»

Adorno war damals überzeugt, «dass das Dritte Reich nicht lange dauern könne». Der Wunsch, trotz des Verlustes der Lehrbefugnis in Deutschland zu bleiben, und «nichts anderes hat mich zu den dumm-taktischen Sätzen veranlasst». Thomas Mann hatte das Land bereits verlassen; vielmehr befand er sich im Ausland, als Hitler zur Macht kam und folgte dem Rat, nicht nach München zurückzukehren. Das war Grund genug für eine klare Position, und doch blieb seine Haltung 1933 noch zwiespältig. Manche Taten der Nazis, einschliesslich der «Entjudung der Justiz», fand er «am Ende kein Unglück». Der ganze Prozess habe zumindest «seine zwei Seiten». Schade nur, klagte er, dass die Deutschen so «dumm» sind, «meinen Typus mit in denselben Topf zu werfen und mich mit auszutreiben».

Unverhoffter noch ist eine Äusserung des als Jude früh schon zur Emigration gezwungenen Frankfurter Soziologieprofessors Karl Mannheim. Der junge amerikanische Soziologe Edward Earle Eubank besuchte ihn im Sommer 1934 in London und fragte ihn und seine Frau Juliska unter anderem nach ihrer Meinung über Hitler. «*We like him*», war die überraschende Antwort:

> «Wir mögen ihn, nicht seiner Politik wegen, natürlich nicht, die uns als sehr falsch vorkommt. Aber aufgrund der Tatsache, dass er ein ernsthafter, aufrechter Mann ist, der nichts für sich selber sucht, sondern sich mit ganzem Herzen darum bemüht, eine neue Regierung aufzubauen. Er ist tief aufrichtig, aus einem Stück, und wir bewundern seine Rechtschaffenheit und seine Hingabe.»

Das war sogar noch im Juli 1934, also nach dem Röhm-Putsch, die Meinung nicht nur der Mannheims. Ein Jahr zuvor gab es solche Einschätzungen noch in weit grösserer Zahl. Auch waren die Ambivalenzen keineswegs auf deutsche Intellektuelle beschränkt. Ein besonders eindringliches Beispiel liefert die im Prinzip aussenpolitisch neutrale, innenpolitisch liberale *Neue Zürcher Zeitung*. Thomas Maissen erinnert in seiner Geschichte des Blattes daran, dass dieses gerade im Frühjahr 1933 ein «Interregnum» an der Spitze erlebte. Daher wogten die Argumente zwischen den entschieden Liberalen um den Berliner Korrespondenten Willy Bretscher und den Nationalen im Verwaltungsrat hin und her. Die letzteren suchten sogar eine enge Beziehung zu den sogenannten «Fröntlern», also der schweizerischen Version der Faschisten.

Die Rechte wollte die NZZ vor allem als «Bollwerk gegen den

Bolschewismus» sehen und kritisierte die negative Berichterstattung über Nazi-Deutschland als «submarxistisch angekränkelt». Die Frage wurde gestellt: Steckt da etwa jüdisches Geld dahinter? Die «Woge der nationalen Revolution» sei doch am Ende zu begrüssen. Angesichts dieser Tatsache könne man auch «leichter Unschönheiten, ja Ungerechtigkeiten und Unmenschlichkeiten ertragen, die bei jeder Revolution in stärkerem oder schwächerem Masse zutage treten». Wo gehobelt wird, fallen Späne: Mitläufer und *fellow travellers* haben das Scheinargument immer gerne verwendet.

Im Fall der NZZ obsiegte es indes nicht. Bretscher, der den deutschen Nationalsozialismus aus erster Hand kannte, warf das Gewicht seiner Argumente in die Waagschale. In Berlin hatte er bei sich eine «Phantasie im Bösen» entwickeln können, die die Lügen und Untaten der Nazis nicht übersah oder vernachlässigte, sondern als Kern ihrer zynisch-totalitären Herrschaftsansprüche erkannte. Er wurde am Ende zum Chefredakteur der NZZ gewählt und war verantwortlich für die unzweideutige Haltung des Blattes gegenüber allen Versionen des Faschismus.

Blickt man über die Grenzen Deutschlands – und Italiens – hinaus, dann war der Faschismus keineswegs die einzige Versuchung der Unfreiheit in der Zeit, von der hier die Rede ist. International war die Versuchung des Kommunismus für Intellektuelle sogar weit verlockender. Beide schaukelten sich zudem aneinander hoch: ein Motiv für den Faschismus war immer schon der Kampf gegen den Bolschewismus; ein Motiv für den Kommunismus war jedenfalls in den 30er Jahren des 20. Jahrhunderts der Antifaschismus.

Dabei waren die «Unschönheiten, ja Ungerechtigkeiten und Unmenschlichkeiten» des bolschewistischen Regimes Anfang der 1930er Jahre keineswegs unbekannt. Manès Sperber, der bedeutende Psychologe, Essayist und Romancier, war (wie Arthur Koestler und andere) dem Partei-Kommunismus erst 1931 verfallen. «Der rote Terror», schrieb er nach seiner Abkehr kurz vor dem Hitler-Stalin-Pakt, «war in unseren Augen eigentlich keiner, denn – daran zweifelten wir nicht – er war die Notwehr, in welcher sich das Neue, Gute gegen das Alte, Böse verteidigen muss.»

Sidney und Beatrice Webb blieben immer Intellektuelle der Fabian Society und also der Labour Party zugehörig; doch war ihr Wunsch, in Russland das neue Jerusalem zu finden, stärker als alle Nachrichten vom Massensterben in der Ukraine, über das Robert Conquest später sein bewegendes Buch *The Harvest of Sorrow* schreiben sollte. Zwar notierten die Webbs, dass die Zwangskollektivierung «*incidentally*», also gleichsam nebenher und eher zufällig, zur Liquidierung der Kulaken und jedenfalls zu Hungersnöten geführt hatte, aber sie glaubten dem russischen Botschafter in London, Iwan Maisky, als dieser ihnen weismachte, dass «wichtige Kommissare» in die Ukraine geschickt worden seien, um den Bauern zu helfen. «Schon bei der Frühjahrsaussaat würden gute Ergebnisse sich zeigen.»

Das fand statt im Mai 1933, als die Webbs daran sassen, die Erfahrungen ihrer zweimonatigen Reise durch die Sowjetunion in einem Wälzer mit dem Titel *Sowjetkommunismus – eine neue Zivilisation* festzuhalten. «Eine neue Zivilisation, mit einer neuen Metaphysik und neuen Verhaltensregeln entsteht.» Dass diese «neue Zivilisation» noch «roh» ist und unter Kinderkrankheiten leidet, störte vor allem Beatrice Webb nicht, die, wie ihre Biographen Norman und Jeanne Mackenzie sagen, «sich nach einem Glauben sehnte, der sowohl ihre emotionalen Bedürfnisse als auch ihre intellektuellen Überzeugungen von Gleichheit und Gerechtigkeit befriedigt». Bei Sidney Webb war die Begeisterung über den Plan, den Fünfjahresplan zumal, grösser als die Metaphysik, für die ihm der Sinn abging, aber auch er sah in Stalins Russland die Erfüllung vieler seiner Wünsche.

Keiner der hier Zitierten blieb sehr lange bei seinem Enthusiasmus der frühen 1930er Jahre. Alle waren, schon bevor sie sich von ihrem Glauben an Hitler oder Stalin befreiten, von Zweifeln befallen. Die zitierten Bekenntnisse sind meist zweideutig und in Vorbehalte getaucht. Sollten wir also gnädig sein mit denen, die vorübergehend den Versuchungen ihrer Zeit erlegen sind? Das hängt von mancherlei Dingen und Bedingungen ab, denn hier gilt es, genau zu sein. Es hängt davon ab, wie lange die Betörung dauerte, auch davon, was unter ihrem Einfluss nicht nur gesagt, sondern getan wurde. Es hängt von den Gründen der Bekehrung und der Art der späteren Reue ab. Es hängt davon ab, ob die, die die ersten Steine werfen, möglicherweise selbst im Glashaus sitzen. Vor allem aber hängt es ab von der Antwort auf die Gegenfrage zu der bisher gestellten: Wer ist in den kritischen Jahren den Versuchungen der Zeit nicht erlegen?

Das ist denn auch die Frage, um die es in dieser Studie geht. Es gab ja nicht nur die berüchtigten «Märzgefallenen» des Jahres 1933, also diejenigen, die früh und doch ein bisschen zu spät auf den fahrenden Zug der Nazis sprangen. Es gab auch nicht nur die linken Idealisten der 1920er und 1930er Jahre. Es gab nicht nur die zahlreichen Variationen von Opportunismus und Idealismus, von denen einige hier ans Licht gezogen worden sind. Es gab vielmehr bedeutende Geister, die sich als immun gegenüber den Anfechtungen der Zeit erwiesen. Man kann also – und das werden wir tun – die Ausgangsfrage, warum so viele sich haben betören lassen, auch umkehren: Warum haben manche allen Versuchungen der Unfreiheit widerstanden? Was war ihnen eigen, das den Idealisten und Opportunisten abging? Sind sie gar die Hüter des liberalen Geistes in Zeiten der Prüfung?

Die Frage ist auch darum so wichtig, weil die Versuchungen der Unfreiheit in der ersten Hälfte des 20. Jahrhunderts vermutlich nicht die letzten ihrer Art waren. Das muss nicht die Wiederkehr von Faschismus und Kommunismus bedeuten. In einem so konkreten Sinn wiederholt die Geschichte sich selten. Indes scheint jeder Aufklärungsschub eine Gegenaufklärung zu provozieren. Die grosse Freiheit der offenen Gesellschaften, die sich in den *trentes glorieuses* nach 1945 – tatsächlich waren es ja in Westeuropa sogar eher sechzig glorreiche Jahre – ausgebreitet hat, ist zugleich die grosse Unsicherheit von Gesellschaften, denen der Halt in vertrauten Bindungen verloren zu gehen droht. Da mangelt es dann nicht an falschen Göttern, die manchmal sogar die Namen der echten tragen. Wer wird sich ihnen gegenüber als immun erweisen? Was ist überhaupt das Geheimnis des unversuchbaren liberalen Geistes? Das ist das Thema der folgenden Erwägungen und Untersuchungen.

2 DIE REDE IST VON ÖFFENTLICHEN INTELLEKTUELLEN

An wen die Frage, um die es geht, sich richtet, von wem also in diesen Erwägungen und Untersuchungen die Rede ist, wird aus den Beispielen klar, von denen eben die Rede war. Es sind nicht die politisch handelnden Personen der Zeit, seien sie Herrschende oder Widerstehende, es sind auch nicht die ge- und verführten Bürger in ihren vielen Erscheinungsformen, sondern es sind Intellektuelle. Es sind also Menschen, die mit dem und durch das Wort wirken. Sie reden, sie diskutieren, sie debattieren, vor allem aber schreiben sie. Die Feder, die Schreibmaschine, der Computer ist ihre Waffe oder besser, ihr Werkzeug und Instrument. Sie wollen, dass andere, möglichst viele andere, hören oder besser noch lesen, was sie zu sagen haben. Ihr Beruf ist die kritische Begleitung des Geschehens.

Da Intellektuelle vom Schreiben leben, überrascht es nicht, dass viel über sie geschrieben worden ist. Ein bisschen selbstbezogen sind viele von ihnen ohnehin. Der schon genannte Karl Mannheim zum Beispiel hat betont, dass Intellektuelle Leute sind, die nicht an eine bestimmte soziale Stellung gebunden bleiben; sie sind «freischwebend» und haben daher eine Übersicht, die anderen abgeht. Joseph Schumpeter fügte dem die Fähigkeit der Intellektuellen hinzu, die obwaltenden Verhältnisse, einschliesslich der eigenen Herkunftsgruppe, kritisch unter die Lupe zu nehmen. Lange vor Mannheim und Schumpeter haben Karl Marx und Friedrich Engels auf diese Weise zu erklären versucht, warum sie, die bürgerlichen Intellektuellen, zu Wegbereitern der proletarischen Revolution werden können. In Zeiten, so behaupteten sie verwegen, «in denen der Klassenkampf sich der Entscheidung nähert», löst die herrschende Klasse sich auf; Teile sagen sich von ihr los, «namentlich ein Teil der Bourgeoisideologen welche zum theoretischen Verständnis der ganzen geschichtlichen Bewegung sich hinaufgearbeitet haben».

Das ist ein kühner Anspruch, den man auch bescheidener formulieren kann: Es gibt Zeiten der Prüfung, in denen eine bestimmte Art von Intellektuellen eine besonders prägende Rolle im Gang der Dinge spielt. Geht man daran, diese Behauptung aufzudröseln, dann ist vor allem zweierlei im Zusammenhang dieser Untersuchung anzumerken.

Erstens ist hier nicht von Intellektuellen allgemein die Rede, sondern von denen, die ich öffentliche Intellektuelle nenne. Das ist kein ganz unmissverständlicher Begriff. Privatintellektuelle sind genau genommen ein Widerspruch in sich. Wer schreibt, veröffentlicht in aller Regel, und wer veröffentlicht, lebt nicht mehr in einem eingegrenzten, geschützten, also privaten Raum. Doch hat hier der Begriff des öffentlichen Intellektuellen eine emphatischere Bedeutung. Es handelt sich um Menschen, die ihren Beruf darin sehen, an den vorherrschenden öffentlichen Diskursen der Zeit teilzunehmen, ja deren Thematik zu bestimmen und deren Richtung zu prägen.

Die Bestimmung schliesst allerlei Menschen aus, die auch Intellektuelle genannt werden. Nicht dazu gehört die ganze *intelligentsia*, die *clercs* im Sinne von Julien Benda, also diejenigen, die man heutzutage als die Träger der Wissensgesellschaft bezeichnen würde. Die meisten Professoren gehören nicht zu den öffentlichen Intellektuellen, auch wenn sie viel reden und schreiben. Schwieriger ist es mit Dichtern und Schriftstellern. Karl Heinz Bohrer sieht deren öffentliche – er sagt: «moralische» – Wirkung gerade dort, wo sie sich nicht «nach philosophischen Universalien ausrichteten», sondern «die Nuance des noch Verborgenen, dem ein Wort fehlt, hervorholen». Der Name von Sebastian Haffner wird genannt. «Die Brillanz und Tiefe seiner Schilderung der Menschen im heraufkommenden Faschismus liegt darin, dass sie sich aller soziologischen und politologischen Begriffe entschlägt und trotzdem das, wonach jene suchen, erfasst.»

Soziologen und Politologen haben gewiss kein Monopol, wenn es um öffentliche Intellektuelle geht. Immerhin wird im Folgenden viel von philosophierenden Analytikern von Politik und Gesellschaft die Rede sein. Es geht um diejenigen, die ihrer Zeit die Sprache geben, in der Menschen sie verstehen. «Intellektuelle definieren die Mentalitäten einer Generation», sagt Noel Annan mit einem schönen Begriff (notabene der Soziologie). Das gilt vor allem für öffentliche Intellektuelle. Es gilt trotz der Tatsache, dass – wie Annan zu Recht hinzufügt – «Intellektuelle zu so vielen verschiedenen verfeindeten Stämmen gehören».

Auch bei der Bestimmung des Begriffs der öffentlichen Intellektuellen sollten wir Bohrer folgen und die «philosophischen Universalien» zurückstellen zugunsten der Schilderung von eindeutigen Exemplaren der Gattung. Manche sind schon genannt worden; viele andere werden noch hinzugefügt im Verlauf der folgenden Erwägungen und Untersuchungen. Dabei gilt unser besonderes Interesse solchen öffentlichen Intellektuellen, die man als *movers and shakers* bezeichnen kann, die also erkennbar und erinnerbar die Umstände ihrer Zeit bewegt und aufgerüttelt haben. Das führt zu der zweiten Anmerkung zum Thema der Intellektuellen. Nicht nur ihre Eigenart, ihre Öffentlichkeit also, ist wichtig, um ihre Bedeutung zu erkennen, sondern auch das Umfeld, in dem sie wirken, die Umstände also, die sie prägen, die sich ihrem Einfluss aber entziehen.

Der Unterschied, auf den es dabei ankommt, ist der von Umbrüchen und normalen Zeiten. Die Hochzeit für Intellektuelle ist die Zeit der grossen Umbrüche. Gerade das 20. Jahrhundert kannte davon eher zu viele: 1914, 1917, 1933, 1945 – und das sind keineswegs alle Daten, die in Frage kommen. Der Erste Weltkrieg, die Russische Revolution, die Wirtschaftskrise und ihre Folgen, die Erfolge des Faschismus, der Spanische Bürgerkrieg, der Zweite Weltkrieg: die erste Hälfte des Jahrhunderts zumindest war eine Zeit immer neuer Umbrüche. Deren Nachbeben wirkten noch bis tief in die 1950er Jahre. Dann aber begannen zumindest im Westen oder der freien Welt normale Zeiten. Auch in ihnen gab es Unruhe genug; aber bis zum Jahr 1989, also dem Zusammenbruch des Kommunismus, fehlte es doch an Umbrüchen.

Das ist für die meisten Bürger eine gute Sache; nicht ohne Grund spricht man von den herrlichen Jahrzehnten. Für öffentliche Intellektuelle hingegen sind normale Zeiten Zeiten einer gewissen Verlegenheit. In Zeiten des Umbruchs sind die Intellektuellen nötig, in normalen Zeiten sind sie allenfalls nützlich. Wenn Umbrüche geschehen, werden die Worte, die sie beschreiben, selbst zu Taten; wenn die Dinge ihren normalen Gang nehmen, sind solche Worte nicht gerade Zierrat, aber doch vornehmlich Verständnishilfen oder Anleitungen zu gelegentlichen Korrekturen, nicht mehr.

Es hat schon seinen Grund, dass öffentliche Intellektuelle gerne das an sich Normale dramatisieren, denn das hilft ihrem Selbstbild und gibt ihren Worten erhöhte Bedeutung. Hier liegt Sinn und Unsinn der zitierten Bemerkung von Marx und Engels. «Bourgeoisideologen» oder nicht, es stimmt wohl, dass einige Intellektuelle in Umbruchzeiten besonders klarsichtig wenn nicht die «ganze geschichtliche Bewegung», so doch den Kern und die Richtung der Bewegung des Augenblicks erkennen. Ob die Zeit der Abfassung des *Kommunistischen Manifests* wirklich eine solche Zeit des Umbruchs war, mag man allerdings bezweifeln. Auch dessen Autoren mussten die Krise herbeireden, die es nicht gab. Es gab sie zumindest noch nicht; die Ideen der Autoren des *Kommunistischen Manifests* fanden ihre Zeit erst 70 Jahre später. Auch das ist ein Phänomen, das die Analyse lohnt.

Es hat andererseits seinen Grund, dass die grossen Namen in Zeiten des Umbruchs oft solche von Intellektuellen sind. Diese werden dann sogar ganz und gar zu öffentlichen Gestalten, deren intellektuelles Wesen eher Erinnerung ist. In dem Masse indes, in dem ein Prozess der Normalisierung einsetzt, verblassen solche Namen. Sie werden Normalpolitiker oder Normalintellektuelle. Der Name von Vaclav Havel kann im Zusammenhang der Revolution von 1989 für manche andere stehen, die den Übergang vom einen zum anderen schwierig fanden.

In den folgenden Erwägungen und Untersuchungen ist also die Rede von öffentlichen Intellektuellen in Zeiten des Umbruchs. Insbesondere rücken dabei die grossen Versuchungen des Faschismus und des Kommunismus ins Blickfeld. Warum sollte das von Interesse sein? Weil es sich um Versuchungen der Unfreiheit handelte. Diejenigen, die sich in ihnen bewährten, geben uns einen Einblick in den Geist der Freiheit. Es ist also die Rede von öffentlichen Intellektuellen als Zeugen des liberalen Geistes in Zeiten der Prüfung.

3 DER FASCHISMUS LOCKTE MIT BINDUNG UND FÜHRUNG

Die grossen Prüfungen des 20. Jahrhunderts waren die des Faschismus, vor allem des deutschen Nationalsozialismus, und die des Kommunismus, insbesondere in der Form des russischen Sowjetkommunismus oder Bolschewismus. Mehrfach sind beide hier schon als Versuchungen bezeichnet worden, mehr noch, als Versuchungen der Unfreiheit. Das Wort ist nicht zufällig gewählt. «Der Begriff ‹Versuchung› verweist auf das irrationale Element der Kapitulation vor dem Nationalsozialismus», schreibt Fritz Stern. Er meint «Kapitulation» im Sinne von *surrender*, also einer Mischung von Aufgabe und Hingabe. Genau so verfielen viele auch dem Kommunismus. Die Politik der Unfreiheit war verlockend; sie war nicht nur von Not getrieben, sondern hatte ihren eigenen Reiz. Worin dieser Reiz bestand, ist eine Frage von erheblicher Bedeutung.

Fritz Stern hat die Frage in seinem grossen Essay «Der Nationalsozialismus als Versuchung» beantwortet. «Die Versuchung von 1933 bestand darin, an Hitler als Erlöser und damit an eine nationale Wiedergeburt zu glauben.» Stern fügt noch manches hinzu: den «Glauben an Wunder», an «die göttliche Vorsehung», überhaupt das «unheimlich anziehende» «religiös-mystische Element im Nationalsozialismus». Dann spricht er von denen, die uns hier vor allem interessieren, also den Intellektuellen. Manche widerstanden der Versuchung, sie bekämpften den Nationalsozialismus, warnten oder protestierten. Andere glaubten an den Nationalsozialismus, widerriefen aber später in Worten und Taten.

> «Sie belegen meine Behauptung, dass der Nationalsozialismus eine grosse Versuchung darstellte; eine bestimmte Art von Idealisten konnte sich, indem sie sich der Bewegung unterordnete, mit der Nation iden-

tifizieren, ein Zusammengehörigkeitsgefühl entwickeln, das in Weimar verloren gegangen war, und für eine Sache einstehen, die Opfer verlangte – Unterordnung also nicht aus Gründen eines kleinlichen Karrierismus. Die Vorsichtigen gaben der Versuchung unter Vorbehalten nach, die Idealisten erlagen, sofern sie Nationalsozialisten wurden, dem Bann aufgrund ihrer Leidenschaftlichkeit.»

Da erkennen wir manche der bei unserer Fragestellung Zitierten wieder. Da sind aber auch die Elemente der Versuchung des Nationalsozialismus versammelt. Es sind vor allem drei. Das erste klingt in dem Wort «Zusammengehörigkeitsgefühl» an; es ist die Suche nach Bindung. Stern zitiert Hugo von Hofmannsthals Beschreibung des Sinns der «konservativen Revolution»: «Nicht Freiheit ist es, was sie zu suchen aus sind, sondern Bindung.» Die Nazis versprachen die Antwort.

Für Spätere klingt es verblüffend zu hören, dass Bindung, ja Zusammengehörigkeitsgefühl «in Weimar verloren gegangen war». Blieb nicht die deutsche Gesellschaft von rigiden, fast ständischen Strukturen durchzogen? War sie nicht weit vom bindungslosen Individualismus etwa der angelsächsischen Länder entfernt? Indes war die Bindungslosigkeit tatsächlich eines der Themen der intellektuellen Debatte über die Wahlerfolge der Nationalsozialisten. Theodor Geiger glaubt noch (1932), dass die Enttäuschung breiter Schichten über den Gang der wirtschaftlichen Dinge einer Partei – der NSDAP – in die Hände spielt, der es möglicherweise «trotz Wirtschaftsbestimmtheit der Epoche gelingt, die ökonomische Standortbindung mehrerer Wirtschaftsschichten durch noch stärker wirksame Bindungen anderer Art zu überwinden». Hannah Arendt liefert schon (1951) eine allgemeine Erklärung des Totalitarismus aus der «hochgradig atomisierten Massengesellschaft», in der die Lage der Menschen – sie sagt: der «Massenmenschen» – gekennzeichnet ist durch «Isolierung und das Fehlen normaler Sozialbeziehungen».

Insoweit Heideggers Selbstbehauptungsrede ein Thema hat, ist es das der Bindung im Kontrast zur Freiheit. Für den Freiburger Rektor war die akademische Freiheit «unecht, weil nur verneinend». «Der

Begriff der Freiheit des deutschen Studenten wird jetzt zu seiner Wahrheit zurückgebracht. Aus ihr entfalten sich künftig Bindung und Dienst der deutschen Studentenschaft.» Drei Organisationsformen der Bindung werden dann von Heidegger mit milde platonischen Anklängen erörtert: die «Bindung in die Volksgemeinschaft» durch den «Arbeitsdienst», die «Bindung an die Ehre und das Geschick der Nation» durch den «Wehrdienst», und die «Bindung an den geistigen Auftrag des deutschen Volkes» durch den «Wissensdienst».

> «Die drei Bindungen – *durch* das Volk, *an* das Geschick des Staates *im* geistigen Auftrag – sind dem deutschen Wesen *gleichursprünglich*. Die drei von da entspringenden Dienste – Arbeitsdienst, Wehrdienst und Wissensdienst – sind gleich notwendig und gleichen Ranges.»

Das war es vielleicht nicht gerade, was die bindungssuchenden Menschen der von Arendt und anderen beschriebenen Welt wollten; es weist dennoch hin auf die Methoden, mit denen der Nationalsozialismus Formen der Solidarität zu stiften versprach. Diese sollten einerseits «Gemeinschaft» im strikten Sinn des Begriffes von Richard Tönnies liefern. Dazu gehörten relativ abstrakte Einheiten wie die Volksgemeinschaft, aber auch höchst konkrete wie die nicht zufällig so benannten «Gliederungen» der «Bewegung», die Horde, das Fähnlein, der Stamm. Ihr Bindungscharakter war indes so künstlich wie die zugrunde liegende Ideologie von Blut und Boden. Andererseits wurde Bindung denn auch durch «totale Mobilmachung», durch die geordnete Masse, die gigantomanischen Aufmärsche und Inszenierungen von Albert Speer suggeriert. Diese waren durchaus eine Versuchung für viele, ob sie sich nun vorher atomisiert und verloren gefühlt hatten oder nicht. Sie waren übrigens auch eine Versuchung für Intellektuelle, die zugleich der Kulturpessimismus der deutschen Tradition («Der Rembrandtdeutsche») und die ästhetisierenden Visionen totaler Ordnung («Der Arbeiter») befriedigten.

War Bindung die erste, so war Führung die zweite Versuchung des Faschismus und Nationalsozialismus. Ohne einen Duce, Caudillo oder Führer sind seine Varianten nicht denkbar. Es fällt auf, dass keine Version des Faschismus je die Frage der Nachfolge hat lösen müssen; es wäre wohl auch in keinem Fall gelungen, eine Lösung zu finden. Auch darin liegt ein Unterschied zum Kommunismus. Der eine und einzige Führer war von Anfang an der Inbegriff des daher fälschlich so genannten Regimes. Franz Neumann hat als erster in seinem *Behemoth* (1942) die These vom Nationalsozialismus als Unstaat, als Herrschaftsform ohne Theorie und ohne übertragbares Ordnungsprinzip entwickelt. «Ausser der charismatischen Macht des Führers gibt es keine Gewalt, die die Gewalten koordiniert, keinen Ort, an dem der Kompromiss zwischen ihnen auf eine allgemeingültige Grundlage gestellt werden kann.»

Hitlers «charismatische Macht» ist hundertfach, ja tausendfach beschrieben und analysiert worden. Sie hat, wie wir gesehen haben, selbst Opfer wie das Ehepaar Mannheim nicht unberührt gelassen. In ihrer Form war sie zeitgebunden. Wer zwei Generationen später die seinerzeit berühmten Reden im Film oder Fernsehen sieht, kann deren Wirkung in ihrer Zeit oft nicht verstehen. In ihrem Inhalt war die «charismatische Macht» von Anfang an apokalyptisch. Die Einzigartigkeit des Führers und das Fehlen einer plausiblen Nachfolgeregelung bedeuteten auch, dass nach ihm nur die Sintflut kommen konnte. Jean Baechler hat in einem eindringlichen Aufsatz das «Sterben in Jonestown», also den kollektiven Selbstmord der Anhänger des sogenannten Reverend Jones in Guyana, so beschrieben, dass man darin die Geschichte Hitler-Deutschlands lesen kann. Joachim Fest hat diese Analyse in Wort und Film bestätigt, als er den «Untergang», also das Ende Hitlers ins Visier nahm.

Worin lag dann aber die Versuchung, die von Hitler, dem Führer, ausging? Worin lag diese insbesondere für Intellektuelle? War es eine *fatal fascination*, eine Art psychischen Defekts? Und warum war dieser in Deutschland besonders verbreitet? Das sind Fragen, die Historiker und Soziologen und viele andere seit Jahrzehnten beschäftigen. Vom Gedanken eines Nationalcharakters sind die meisten glücklicherweise abgekommen. Überhaupt gibt die Volksseele nicht viel her zur Erklärung politischen Verhaltens. Auch reicht es nicht zu konstatieren, dass die Weimarer Republik eine Demokratie ohne Demokraten war. Wichtiger schon ist die Tatsache, dass es in der deutschen Geschichte nur Ansätze gab – und diese meist beschränkt auf bestimmte Regionen – für die Entstehung eines selbstbewussten Bürgertums, welches die Ungewissheiten des Lebens und sogar die Unordnung der menschlichen Dinge als Chance begriff. Für Bildungsbürger, gar beamtete Staatsbürger war Freiheit eng mit Ordnung verbunden, und wenn die «Unordnung» von Demokratie und Marktwirtschaft zu weit geht, ist einer willkommen, der verspricht, wieder Ordnung zu schaffen.

Doch stochern solche Erklärungsversuche im Ungewissen. Wichtiger ist wohl das dritte Element der Versuchung des Nationalsozialismus, das Element der Verklärung. Der Begriff des «charismatischen» Führers verweist ja selbst auf religiöse Wurzeln. Hitler wurde als «Erlöser» gesehen, er sollte «Wunder» vollbringen und berief sich selber gerne auf die «Vorsehung», in deren Namen er handelte. Was Fritz Stern das «religiös-mystische Element im Nationalsozialismus» nannte, ist oft beobachtet worden. Viele sprechen vom Nationalsozialismus als einer «Ersatzreligion». Bei manchen Idealisten haben der Führer und sein Regime in der Tat eine Art religiösen Wahns hervorgerufen. Joseph Goebbels, der Propagandaminister, war der Hohepriester dieser falschen Religion. Viele Geringere predigten sie, und manche, die ihren traditionellen Glauben verloren hatten, verfielen ihr.

Zur Verklärung eignete sich insbesondere der Begriff der Nation. Dass nationale Grösse, nicht das Streben nach individuellem Glück das Ziel der Politik sein sollte, unterschied Faschisten von Demokraten. Nationale Grösse konnte dabei zu einem Rausch werden, der allerlei Frustrationen aufsog und löste. Das begann mit vergleichsweise Konkretem wie dem «Friedensdiktat» von Versailles und endete mit der «verspäteten Nation», die endlich zu sich selbst findet, also mit ganz abstrakten Träumen. Der Nationalstaat ist eine der grossen Errungenschaften der Moderne; er war lange die einzige Hülle für die Herrschaft des Rechts und die demokratische Selbstbestimmung. Der Nationalismus aber war seine Entgleisung, seine Verwandlung in eine Ideologie der Repression nach innen und der Aggression nach aussen. Deutschland und Italien waren reif für diesen Abweg. Das Pathos, das den Nationalismus begleitet, sprach irrationale Schichten im Bewusstsein derer an, die die Chancen des Nationalstaates verpasst hatten.

Es gibt andere Elemente, von denen zu sprechen wäre, darunter vor allem das manichäische Denken in Freund-Feind-Kategorien und die Verherrlichung der Gewalt. Das Versprechen von Bindung, die Existenz von Führung und die ideologische Verklärung sind indes schon ein Päckchen, das zu erklären vermag, warum manche der Versuchung erlagen. Sieht man es genauer an, dann ist das Päckchen allerdings ziemlich leer. Die Bindungen, die der Nationalsozialismus verspricht, sind zumeist bloss behauptete Bindungen, die eher der Rechtfertigung der totalen Mobilmachung dienen. Die Führung stiftet keine Ordnung, sondern ein sektenartiges Gefolge auf dem Weg zur Apokalypse. Die Verklärung der Nation, auch der Rasse führt nur allzu sichtbar zu einem Ersatz für Religion, nicht zu dieser selbst. In gewisser Weise waren die Versionen des Faschismus immer eine Mogelpackung; die Wirklichkeit bestand aus nackter Macht.

Es ist daher kennzeichnend für die der Versuchung erlegenen Intellektuellen, dass sie zumeist nicht lange dabei blieben. Martin Heidegger trat schon nach weniger als einem Jahr als Rektor zurück und kehrte zur Esoterik seiner Philosophie des Seins zurück. Hannah Arendt, die ihn liebte, schrieb noch 1946 an Jaspers, mit dem von ihm unterschriebenen Rundbrief an Husserl, den Lehrer, um dessen Lehrverbot zu bestätigen, habe Rektor Heidegger seine Charakterlosigkeit bewiesen und mehr. «Da ich weiss, dass dieser Brief und diese Unterschrift [Husserl] beinahe umgebracht haben, kann ich nicht anders als Heidegger für einen potentiellen Mörder zu halten.» Zwei Jahrzehnte später, als Heidegger 80 wurde, klang das in Hannah Arendts Gratulationsrede ganz anders. «Nun wissen wir alle, dass auch Heidegger einmal der Versuchung nachgegeben hat, seinen Wohnsitz [will sagen: seine Position] zu ändern und sich in die Welt der menschlichen Angelegenheiten ‹einzuschalten›.» Das war ein Fehler, der ihm überdies nach 1945 schlecht bekommen ist; doch dauerte er nur zehn Monate, dann kehrte der Philosoph zum vertrauten «Wohnsitz» zurück. Es ist «auffallend und vielleicht ärgerlich», dass nicht nur Platon, sondern auch Heidegger «ihre Zuflucht zu Tyrannen und Führern nahmen», als sie sich in die Welt einmischten. Aber das ist nur die *déformation professionelle* eines Philosophen, dessen Denken im Übrigen nicht aus dem Jahrhundert, sondern «aus dem Uralten» stammt, was die Irrtümer in der Welt nachgerade belanglos macht.

Das sind merkwürdige Worte der jüdischen Freundin für Heideggers Nachgeben gegenüber der faschistischen Versuchung. Weniger hochgestochen formuliert treffen sie jedoch für viele der intellektuellen Märzgefallenen zu. Das heisst vor allem, dass es nicht viele Intellektuelle gab, die noch 1934, geschweige denn 1938 oder gar 1944 als gläubige Nazis gelten konnten. Da war schon schlichter Gehorsam, bei manchen der Eid, bei vielen aber schiere Angst an die Stelle des Glaubens getreten. Für den hier angedeuteten Unstaat mit seiner krausen Ideologie war eher das Mitläufertum oder genauer der Opportunismus kennzeichnend, für den uns noch prominente Beispiele begegnen werden. Im faschistischen Italien und Spanien war das nicht anders. Fast kann man im Fall des Faschismus von der Versuchung sprechen, die keine war. Am Ende blieb nur die Unfreiheit, und die Gewalt zu ihrer Erhaltung.

4 DER KOMMUNISMUS LOCKTE MIT BINDUNG UND HOFFNUNG

«Bolschewismus und Faschismus folgen einander, bedingen sich gegenseitig, limitieren und bekämpfen sich, aber vor allem sind sie aus demselben Boden entsprungen, dem Krieg; sie sind die Kinder derselben Geschichte.» François Furet, der kluge und nachdenkliche Historiker, sieht im Ersten Weltkrieg den Nährboden der Totalitarismen. Deren geistige Vorbereitung aber reicht weiter zurück. Sie hat es zu tun mit dem, was Nietzsche gemeint haben mag, als er sagte, «Gott ist tot». Im 19. Jahrhundert (so Furet) trat «die Geschichte» an die Stelle Gottes als bestimmende Kraft des menschlichen Geschicks; das 20. Jahrhundert erlebte dann die *folies politiques*, die Verrücktheiten der Politik, die aus dieser Substitution entstanden.

In Furets Buch über «die grosse Illusion» geht es vor allem um den Kommunismus. Es ist denn auch im Zusammenhang mit dem Kommunismus besonders oft die Rede von «Gott» und von «der Geschichte». (Der Faschismus zog «die Vorsehung» vor und vergötterte im übrigen seine Führer.) Eines der wichtigsten Zeugnisse der Versuchung des Kommunismus – und der Desillusionierung mit ihr – ist ein 1949 zuerst veröffentlichtes Buch mit Lebensbeichten früherer Kommunisten unter dem Titel *Der Gott, der keiner war*. Der englische Titel, *The God That Failed*, macht die Erfahrung der Betroffenen noch deutlicher: der Gott, den sie suchten, versagte, denn er war ein falscher Gott.

Richard Crossman, der linksintellektuelle britische Labour-Abgeordnete und Autor, der das Buch herausgab, war selbst nie versucht durch die Welt, die er beschrieb. Er war, in Arthur Koestlers Worten, ein «komfortabler, insularer angelsächsischer Antikommunist». Doch gab ihm das einen klareren Blick auf die intellektuelle «Reise zum Kommunismus und wieder zurück» als die Betroffenen ihn hatten:

> «Zuerst sahen sie [das Ziel] aus weiter Entfernung – so wie ihre Vorgänger vor 130 Jahren die Französische Revolution sahen – als eine Vision des Reiches Gottes auf Erden; und wie Wordsworth und Shelley widmeten sie ihre Fähigkeiten dem bescheidenen Wirken für dessen Heraufkunft. Es entmutigten sie weder die Rückschläge aller Berufsrevolutionäre noch das Hohngeschrei ihrer Gegner, bis jeder Einzelne von ihnen die grosse Lücke entdeckte zwischen ihrer Vision von Gott und der Wirklichkeit des kommunistischen Staates – und der Gewissenskonflikt seinen Zerreisspunkt erreichte.»

Das Element der Verklärung, wie wir es genannt haben, ist weit deutlicher im Fall des Kommunismus als in dem des Faschismus. Immer wieder ist vom «Glauben» die Rede, und auch von einem Glauben, der mit dem der Religionen verglichen wird. Manès Sperber (der in dem Crossman-Band nicht vertreten ist) beschreibt eindringlich, wie der Verlust des Glaubens an den Gott seiner Väter – vor allem: seines Vaters – ihn langsam reif machte für die Ersatzreligion des Kommunismus. Arthur Koestler schildert seine «Konversion» zum neuen Glauben, als er persönlich reif dafür war, weil er in einer «sich desintegrierenden Gesellschaft, die nach Glauben dürstete», lebte und weil er der «Verlockung der neuen Offenbarung, die vom Osten kam», erlag.

Hier treffen wir auf einen wichtigen Unterschied zum Faschismus, der die religiöse Qualität des intellektuellen Glaubens an den Kommunismus beträchtlich verstärkte. Wo der Faschismus unter anderem durch Führung in Versuchung führte, stand im Kommunismus die abstraktere, nachhaltigere Kraft der Geschichte, und vor allem der Hoffnung. Der Faschismus war eine Gegenwartsideologie, der Kommunismus eine der Zukunft. Auch wenn die frühen Kommunisten nahezu alle ihre Intourist-Reise in die Sowjetunion machten und sich dort durch Potemkinsche Dörfer verführen liessen, war der reale Sozialismus doch (noch) nicht das gelobte Land, sondern allenfalls ein erster Schritt auf dem Weg zum Paradies auf Erden.

Dabei war die Hoffnung von einer eigentümlichen Gewissheit getragen, denn sie war für die Bekehrten nicht einfach der Wunsch nach einer besseren Welt, sondern der Glaube an die historische Notwendigkeit ihrer Heraufkunft. Das ist es, was Furet meint, wenn er «die Geschichte» an der Stelle Gottes sieht. Die perfekte, gute Gesellschaft wird kommen, weil die Geschichte es so will. Das ist Marx in der brutalsten Version der «historischen Notwendigkeit»: «Es handelt sich nicht darum, was dieser oder jener Proletarier oder selbst das ganze Proletariat als Ziel sich einstweilen vorstellt. Es handelt sich darum, was es ist, und was es diesem Sein gemäss geschichtlich zu tun gezwungen sein wird.» Auf dem Weg zum Ziel wird es allerlei Ab- und Umwege geben, doch kann, ja muss man diese ertragen, denn das eherne Gesetz der Geschichte ist so unerforschlich wie Gottes Wille im religiösen Kontext. So sollte man zuweilen – 1933 in Deutschland, dann wieder gegen Ende des Spanischen Bürgerkriegs – nicht einmal den Faschismus bekämpfen, denn er ist nur ein unvermeidlicher Schritt auf dem Weg zur Revolution und damit dem erhofften Ziel.

Die Erfahrungen, die den Anlass geben für die kommunistische Hoffnung, sind dabei durchaus verständlich. Die meisten Bekehrten fanden die Lage der Arbeiter und die Ungleichheiten der kapitalistischen Gesellschaft unerträglich. Der nächste Schritt war dann schon fragwürdiger; denn insbesondere im «Rosa Jahrzehnt» vom Beginn der Wirtschaftskrise 1929 bis zum Hitler-Stalin-Pakt 1939 sahen viele Intellektuelle die Hoffnung auf Gleichheit oder doch auf Gerechtigkeit nur bei den Kommunisten in guten Händen. «Wie konnten diese Intellektuellen den Dogmatismus des Stalinismus akzeptieren?» fragt der skeptische Engländer Crossman. Er selbst «empfand nie die leiseste Versuchung», aber er war eben ein unverbesserlicher Nonkonformist, dem die praktische Politik der Labour Party eher einleuchtete als die religiösen Versprechungen der Kommunisten. Richard Wright, der schwarze amerikanische Autor, macht in seinem Beitrag zum Crossman-Band die Qualität der Versuchung als Hoffnung deutlich durch die Schilderung seines Bruchs mit den Kommunisten:

«In meinem Herzen wusste ich, dass ich nie wieder so schreiben können würde [wie zuvor], nie das Leben mit so einfacher Klarheit erfahren würde, nie wieder so leidenschaftliche Hoffnung ausdrükken und nie wieder ein so totales Engagement des Glaubens eingehen würde.»

Religion, selbst noch Ersatzreligion, ist selbst schon eine Art Bindung. Der Name, der das Wort *ligare* für binden enthält, zeigt, dass es sich um Ligaturen handelt. Doch braucht der religiöse Glaube Kirche, um Bindung verbindlich zu machen. Der Kommunismus hatte die entsprechende Organisation in der Form der Partei. Während der Faschismus eine Welt versprach, in der alte Bindungen an Blut und Boden neu erfunden und gestaltet werden, bot der Kommunismus eine bestimmte Bindung hier und jetzt, nämlich die an die alles fordernde Partei mit ihrem fast unaufgebbaren totalen Anspruch. Vor allem für Intellektuelle war diese Bindung die eigentliche Erfüllung, und dies nicht nur für einen Sommer, sondern meist für viele Jahre, oft ein Jahrzehnt, manchmal noch länger.

Die Schilderung der Aufnahme in die Partei und der Folgen ist bei den später Enttäuschten der dramatischste Teil ihrer Lebensbeichte. Zu ihr gehört die Aufgabe von zwei Kernwerten der intellektuellen Existenz, der Freiheit und der Wahrheit. Stephen Spender gehört im Grunde nicht zu denen, deren Gott versagte; seine Mitgliedschaft in der Kommunistischen Partei dauerte nur ein paar Wochen im Winter 1936–37. Dafür ist er in der Lage, den Preis und den Schmerz der Zugehörigkeit lebhaft – und sehr englisch – zu beschreiben. Sein Partei-Mentor Chalmers legt ihm nahe, einen Roman zu schreiben, in dem Kommunisten als durchaus unsympathische Leute dargestellt werden, die Kapitalisten dagegen als wohlwollend, aber eben «historisch» im Irrtum. «Die Geschichte» kehrt sich nämlich nicht um den guten oder bösen Willen, daher auch nicht um gute oder böse Taten, und die Partei vertritt die Geschichte. Chalmers «akzeptierte die gegenwärtigen Methoden, denn seine Hoffnung war auf die Zukunft fixiert, und das war alles».

Spenders Schilderung des tieferen *sacrificium intellectus* schmerzt noch beim Lesen. «Wenn das Opfer der intellektuellen Freiheit für ein paar tausend Leute [er meint Intellektuelle] der Preis ist, der gezahlt werden muss für das Brot der Millionen, dann sollte man vielleicht die Freiheit opfern.» Bei Koestler, der der Partei wirklich verfallen war, klingt das eher noch härter:

> «Sowohl moralisch als auch logisch war die Partei unfehlbar: moralisch, weil ihre Ziele richtig waren, das heisst im Einklang mit der Dialektik der Geschichte, und diese Ziele rechtfertigten alle Mittel; logisch, weil die Partei die Speerspitze des Proletariats war, und das Proletariat die Verkörperung des aktiven Prinzips in der Geschichte.»

So lernten die Bekehrten, jeden Winkelzug der Parteitaktik vor sich und anderen zu rechtfertigen. Da sie sich damit immer stärker von den einfachen Wertvorstellungen entfernten, die sie in die Partei gebracht hatten, wurde aus der Versuchung bald eine Verstrickung. Manès Sperber, der Psychologe, spricht von dem «überpersönlichen Beziehungszwang», der darin besteht, «verfolgend und verfolgt um den Kommunismus kreisen zu müssen».

François Furet beschreibt das Geschick der «Gläubigen und Enttäuschten» an Hand von drei intellektuellen Lebensläufen, denen von Pierre Pascal, Boris Souvarine und Georg Lukàcs. Für sie alle gilt, dass in kritischer Zeit der Bolschewismus durch die Partei «sicherer Hafen und Gefängnis zugleich» war. «Die politische Freiheit zählt wenig, wenn Menschen in der wiedergewonnenen und aufrechterhaltenen Gleichheit eine neue Moral der Brüderlichkeit entdecken, von einem Christus verkündet und von der Welt des Geldes verraten.»

Die Bindung an die Partei und damit an die Bewegung – im doppelten Sinne der Organisation und des Ganges der Geschichte – ist so eng, so stark, dass der Bruch eine traumatische Erfahrung für alle wird, die ihn vollzogen haben. Die meisten der hier Zitierten haben mit dem Kommunismus gebrochen, und viele haben das so empfunden wie Richard Wright. Für diese Erfahrung gibt es im Faschismus einschliesslich des Nationalsozialismus kaum Parallelen. Gewiss, schon 1934 waren viele der ursprünglichen Enthusiasten enttäuscht. Sie wendeten sich ab, zum stillen Mitläufertum, zu

Formen der inneren Emigration. Die Option des Opportunismus blieb indes immer offen. Das war im Fall des Kommunismus nicht der Fall und auch nicht möglich. Der Anspruch hatte von Anfang an einen absoluten Charakter; sein Verlust war lebensbedrohend. Das galt sowohl objektiv für alle im sowjetischen Einflussbereich als auch subjektiv für diejenigen, die feststellen mussten, dass sie «mit einer Illusion geschlafen haben», wie Koestler es im Hinblick auf die biblische Geschichte von Jakob, Rachel und Leah formuliert. Ignazio Silone sagt auf seine Weise, warum es nicht leicht ist, sich von der Kommunistischen Partei zu befreien: «Etwas davon bleibt und hinterlässt seine Zeichen auf dem Charakter, die man sein ganzes Leben mit sich herumträgt. Es fällt auf, wie leicht erkennbar die Ex-Kommunisten sind. Sie bilden eine Kategorie für sich, wie ehemalige Priester und frühere aktive Offiziere.»

5 ES GAB UNVERSUCHBARE: KARL POPPER, RAYMOND ARON, ISAIAH BERLIN ZUM BEISPIEL

Gemeinschaft, ein Führer und verklärende Romantik der Sprache einerseits, die Partei, die Hoffnung auf das Paradies auf Erden und die Aura des Religiösen andererseits – das waren die Versuchungen der Unfreiheit im 20. Jahrhundert. Bindung, Führung und Verklärung waren die Merkmale des Faschismus; Bindung, Hoffnung und Verklärung die des Kommunismus. Es ist nicht völlig überraschend, dass vor allem in der *pink decade*, den Jahren von den Anfängen der Wirtschaftskrise bis zum Hitler-Stalin-Pakt und dem Beginn des Zweiten Weltkrieges, öffentliche Intellektuelle der einen oder anderen dieser Versuchungen verfielen. Armut, Arbeitslosigkeit und sozialer Zerfall schienen allgegenwärtig, und gewählte Parlamente wie Regierungen zeigten wenig Erfolg bei ihrer Bewältigung. Über allem lagen die Schatten des Zweifels, die der Kataklysmus des Ersten Weltkrieges hinterlassen hatte und die der täuschenden Morgenröte bloss versprochener Zukünfte einen besonderen Lockreiz verliehen.

Doch gab es diejenigen, die den Versuchungen der Unfreiheit nicht erlagen, und sie vor allem sind das Thema dieser Erwägungen und Untersuchungen. Drei von ihnen geben besonderen Anlass zur näheren Betrachtung, nämlich Karl Popper, Raymond Aron und Isaiah Berlin. Sie gehören derselben Generation an, sind nämlich alle im ersten Jahrzehnt des 20. Jahrhunderts geboren. Sie sind öffentliche Intellektuelle, die durch ihre Werke, ihre Vorträge und Vorlesungen, ihre publizierten Äusserungen und auf andere Weise nachhaltig gewirkt haben. Sie hatten ihre Sinne am Puls der Zeit; in der Tat hat die Zeit sie mindestens vorübergehend aus ihrer Heimat vertrieben. Auch darum waren sie internationale Gestalten, berühmt in ihrer Zeit, wenngleich alle drei sich ein wenig um ihr Nachleben sorgten. Ich kannte Popper, Aron und Berlin gut und empfinde für jeden der drei ein Gefühl wie es väterlichen Freunden zukommt.

Alle drei waren übrigens Juden, jedenfalls wurden sie es wieder durch Hitlers Verfolgung, denn Popper und Aron waren getaufte Christen. Die Versuchung des Nationalsozialismus war also für sie schwerlich relevant. Sie hätten mit Fritz Stern sagen können: «Mir ist die Versuchung erspart geblieben – nicht aus Verdienst meinerseits, sondern weil ich vollblütiger Nichtarier bin, dem die Versuchung verboten war.» In den folgenden Abschnitten werden uns andere begegnen, für die das nicht galt, und die dennoch den Versuchungen zu widerstehen suchten. Norberto Bobbio vor allem, der italienische Rechtsphilosoph und öffentliche Intellektuelle ist ein Beispiel.

Raymond Aron erlebte immerhin die schicksalhafte Zeit um den 30. Januar 1933 in Berlin. Er war bereits fast drei Jahre in Deutschland gewesen. Der junge Philosoph, mit 25 schon ausgestattet mit dem Abschluss der École Normale und der Agregation, also der Qualifikation zum Hochschullehrer, suchte 1930 ein Thema. Dabei kam er auf Deutschland, das Land Husserls und Heideggers, aber auch Max Webers. Er nahm eine vom französischen Aussenministerium vermittelte Stelle als Lektor an der Universität Köln an. Die Deutschen, die er dort traf, gefielen ihm trotz des immer spürbaren Nationalismus und des Zeitgeistes. Als er Artikel für kleinere französische Zeitungen zu schreiben begann, zeigten diese seine Sympathie. Vor allem aber zeigten sie seine Lebensentscheidung zu einer bestimmten Art der intellektuellen Wahrnehmung und Wirkung: «Von Anfang bis Ende gab ich mich als Beobachter, und selbst wo ich mich innerlich engagierte, geschah es auf fast kühle Weise.»

Das galt noch, als Aron an das Institut Français in Berlin gewechselt hatte, das er bis zum Oktober 1933 leitete. (Dann gab er den Stab an seinen *petit camarade* der École Normale, Jean-Paul Sartre weiter, während er selbst vorübergehend Sartres Position als Philosophie-Lehrer am Lycée in Le Havre wahrnahm.) In Berlin erlebte er also die Machtergreifung Hitlers, hörte mit Abscheu die ersten Reden des Reichskanzlers, schrieb aber auch «nicht als Jude, sondern als Franzose» manches, was er selbst später als «Konzession an den Zeitgeist» bezeichnete. «Der Protest der gesunden Vitalität gegen Verfeinerung und Skeptizismus verdient weder Verachtung noch Ironie.» Die Wahl der Worte erinnert an Adornos «Kritik» des vertonten Baldur von Schirach. Vor Schlimmerem indes bewahrte ihn «mein Temperament», so dass er später sagen konnte: «Auf jeden Fall hat mich die faschistische Versuchung nicht gestreift.»

Arons erstes Buch war ein direktes Resultat seiner Jahre in Deutschland. *Die deutsche Soziologie der Gegenwart* galt genau genommen Max Weber, dessen Gestalt dem französischen Philosophen-Soziologen lag. Wie Weber versuchte Aron, Gelehrsamkeit und Engagement in Fragen der Zeit zu verbinden; wie Weber gelang das Aron nur zum Teil. Sein Lebenswerk umfasst zwei Dutzend zum Teil umfängliche Bücher und hunderte, wenn nicht tausende von Aufsätzen und Artikeln. Dabei stehen drei Themenbereiche für Aron im Vordergrund, nämlich die Philosophie der Geschichte, die Theorie der internationalen Beziehungen und die kritische Analyse zentraler Fragen der Zeit.

Arons Freunde mögen es bedauern, aber die gelehrten Werke des Meisters zur Geschichtsphilosophie und zur internationalen Politik haben nicht das Echo gefunden, das ihr Autor sich erhofft hatte. Das gilt auch für das zweibändige Werk über Clausewitz und den Charakter des Krieges in Geschichte und Gegenwart. War da zu viel Gelehrsamkeit bei einer Thematik, die eher Stellungnahme herausfordert? Oder blieb Aron immer am Rande der *scientific community*, die auf ihre eigene, mysteriöse Weise bestimmt, wer in den Kanon der Hochschulen aufgenommen wird und wer nicht?

So haben die zeitbezogenen Bücher Arons Ruf bestimmt. *Das Opium für Intellektuelle* war eine frühe Kritik derer, die der kommunistischen Versuchung verfielen. *Die algerische Tragödie* zog Aron mitten in die erregte Debatte um den nordafrikanischen Krieg, der mit der (von ihm erwünschten) Unabhängigkeit Algeriens endete. Die *Achtzehn Vorlesungen zur Industriellen Gesellschaft* bestimmten die

Sprache eines Jahrzehnts, in dem die USA und die Sowjetunion als zwei Versionen desselben modernen sozialökonomischen Modells gesehen wurden. Diese und andere Bücher hatten ihren Tag; sie waren Bestseller für ein Jahr oder mehr. Sie ergänzten die Zeitungsartikel, die Aron zumindest in Paris zur Stimme einer leicht angelsächsisch angehauchten Vernunft machten.

Es gibt mehrere Biographien Raymond Arons. Indes sind seine Freunde sich einig, dass seine *Mémoires* das Buch sind, das am längsten dauern wird. Auf den 750 Seiten der französischen Version ist es Aron gelungen, die Unvereinbarkeiten seines Lebens und seiner geistigen Gestalt zu überwinden und deren innere Einheit in seiner Person plausibel zu machen. Insoweit hat Aron dann doch das Dilemma, an dem Weber zerbrach, gelöst, nämlich Wissenschaft als Beruf und Politik als Beruf in einer Existenz zusammenzubringen.

In den frühen 1930er Jahren war Karl Popper noch ganz mit seinem philosophischen Werk beschäftigt. Er war Lehrer in Wien und hörte daher das Donnergrollen von jenseits der Grenze, wurde aber selbst erst zwei, drei Jahre später davon betroffen. Der zur Zeit von Hitlers Machtergreifung 31-jährige suchte kein Thema; er hatte es. Im Umfeld des «Wiener Kreises» war er in das Grenzgebiet zwischen theoretischer Physik und Wissenschaftstheorie geraten und veröffentlichte 1934 sein philosophisches Hauptwerk *Die Logik der Forschung*. Gründlich überarbeitet und um 150 Seiten ergänzt erschien die definitive (englische) Ausgabe 1958 unter dem Titel *The Logic of Scientific Discovery*.

Popper war nach Herkommen und geistigem Zuschnitt Naturwissenschaftler. Er hatte wenig Sinn für die vorherrschenden antirationalen Strömungen der Philosophie, aber auch für diejenigen, die sich von der Sprache allein Auskunft über die Wahrheit der Welt erhofften. Ihm ging es um die wissenschaftliche Methode und ihre Anwendung auch jenseits der (Natur-) Wissenschaften im engeren Sinn. Hier ist denn auch seine eine grosse, in unserem Zusammenhang wichtige Idee angesiedelt. Sie besagt, dass wir im Horizont der Ungewissheit, in dem wir leben, nicht durch die Anhäufung von Beobachtungen («Tatsachen»), also durch Induktion der Wahrheit näher kommen, sondern durch Theorien, also durch Deduktion. Theorien sind die Scheinwerfer, die Ausschnitte der Wirklichkeit beleuchten.

Theorien sind stets nur Hypothesen: Sie können falsch sein, und kein Mass an induktivem Wissen kann ihre Wahrheit beweisen. (Popper spricht von seiner «hypothetisch-deduktiven Methode».) Dagegen kann eine einzige Beobachtung beweisen, dass sie falsch sind. Die Falsifikation gibt Anlass, neue, bessere Hypothesen oder Theorien zu entwickeln. Der Fortschritt der Erkenntnis besteht also in der Widerlegung alter Theorien und deren Überwindung durch neue. Wissenschaft ist ein Prozess von Versuch und Irrtum. Poppers Ansatz blieb umstritten, erwies sich aber als fruchtbar nicht nur für die Logik der Naturwissenschaften.

Mit seinem Buch hatte der 33-jährige sich mitten in die zeitgenössische philosophische Debatte geschrieben. Doch hielt die Zeit andere Prüfungen bereit. Dass er trotz aller Versuche des Vaters zur völligen Assimilation Jude war, konnte Popper nicht entgehen. Der Vater wollte nach eigenem Bekunden seine christliche Umwelt nicht durch sein Judentum verletzen – eine verfehlte Schamhaftigkeit, die auch dem Sohn zuweilen nicht fremd war –; doch verletzte er dadurch die anderen Juden umso mehr. Popper kommentierte diese frühen Erfahrungen später mit der Bemerkung, Antisemitismus sei gleich schlimm für Juden und Nichtjuden. «Jeder Nationalismus und Rassismus ist böse, und jüdischer Nationalismus ist keine Ausnahme.»

Eine biographische Übersicht, die Zeitgeschehen, Lebensereignisse und Werke Poppers synchron darstellt, lässt die Kolumne der Lebensereignisse in den politisch turbulenten Jahren 1933 und 1934 leer. Zunächst veränderte sich für den jungen Wiener-Privatgelehrten nichts. Dann beginnt Popper zu reisen, vor allem nach England, nach Oxford und London, was ihn in die grosse Welt der Physik und der Philosophie einführt. Er ahnt, dass er zu Hause in Wien keine Zukunft hat. Eine Einladung nach Cambridge anzunehmen, würde ihn zum Flüchtling machen, was ihm wenig behagt. Eine zweite Einladung nach Christchurch in Neuseeland, diese auf eine reguläre Professur, nimmt er an und wandert 1937 aus in die Ferne. Dort erst wird er paradoxerweise zum öffentlichen Intellektuellen, insbesondere durch seinen Beitrag zum *war effort* (wie er selbst es nannte), das grosse Werk über *Die offene Gesellschaft und ihre Feinde.* Die zwei Bände dieser Polemik gegen Platon, Hegel und Marx sind nichts anderes als die Anwendung von Poppers Wissenschaftslogik auf die Politik. Auch hier gilt es, den Dogmatismus zu bekämpfen, der in der Praxis zum Totalitarismus führt. Auch hier gilt es, das Prinzip von Versuch und Irrtum durchzusetzen gegen die Zumutungen von Philosophenkönigen, also gegen den Staat als Wirklichkeit der sittlichen Idee und des kommunistischen Paradieses auf Erden. Popper hat diesen Gedanken später in Aufsätzen und Interviews entwickelt, wenngleich sein Herz bei den Naturwissenschaften blieb.

Auch Isaiah Berlin war 1933 noch keineswegs ein öffentlicher Intellektueller. Der offenkundig brillante, aber seltsam gehemmte Graduierte der Philosophie in Oxford hielt sich eher zurück in privaten wie in öffentlichen Dingen. Sein Freund Stephen Spender beobachtete, wie «distanziert von den Leidenschaften, die [ihn und andere] bewegten», Berlin war. Das bezog sich eher auf erotische als auf politische Geschehnisse. Auch diese indes schienen Isaiah Berlin nicht zu engagieren. «Er blieb marginal für die zentralen Bereiche aller Themen des nationalen Lebens», bemerkt Noel Annan, und Michael Ignatieff vermutet, wohl aus gutem Grund: «Als ein Jude, Ausländer und Aussenseiter, fand Berlin, dass er nicht dafür gemacht war, öffentlich Stellung zu nehmen.»

1909 in Riga geboren, mit den betuchten Eltern nach der Revolution 1919 ausgewandert, war Isaiah Berlin sozusagen die andere Versuchung, die des Kommunismus, «verboten». «Ich war nie pro-kommunistisch», sagte er in einem seiner letzten Interviews. «Nie. Manche meiner Altersgenossen gravitierten zum Kommunismus, aber für jemand, der wie ich die Russische Revolution am Werk gesehen hat, war es unwahrscheinlich, dass er versucht sein würde. Ich habe manche schreckliche Dinge in Russland gesehen vor 1919.»

In Oxford konzentrierte er sich auf das Studium, wobei er bald eine unter den einheimischen analytischen Philosophen eher untypische Position bezog. Sie lässt sich vielleicht als Ideengeschichte mit praktischer Absicht beschreiben. Für seine geistige Gestalt ist der Essay kennzeichnend. Vielleicht ist es sogar eher die Vorlesung; denn Berlin war ein begnadeter Dozent, der fast manuskriptlos zentrale wie entlegene Figuren der Geschichte des Denkens im Hörsaal Revue passieren liess. Einmal blies der Wind das Papier, das wie ein Manuskriptblatt schien, vom Podium. Der Student, der es aufhob, sah, dass es nur zwei Worte enthielt: «Rousseau. Liberty».

Die meisten von Berlins Essays wurden von einem Schüler und Assistenten, Henry Hardy, oft Jahre später herausgegeben. Sie kreisten vielfach um Gestalten, die eher in die Vorgeschichte des nationalistischen, ja faschistischen Denkens als in Berlins Welt der Aufklärung gehörten: Hamann, Herder, de Maistre. Immer wieder kam er auf russische Autoren zurück, auf die von ihm verehrte Achmatova, auf Pasternak, auf seine beiden Lieblingsschriftsteller Turgenew und Tolstoj. Dem letzteren verdanken wir einen der schönsten Essays von Berlin, der den Titel trägt «Der Igel und der Fuchs».

Berlin nimmt hier eine Fabel von Archilochos auf, in der sich der zunächst dunkle Satz findet: «Der Fuchs weiss viele Dinge, aber der Igel weiss eine grosse Sache.» Der Aphorismus dient Berlin zur Unterscheidung von zwei ganz verschiedenen geistigen Charakteren: denen nämlich, die aus einer Vision, einer zentralen Idee, einem ordnenden Prinzip denken, und denen andererseits, die viele Ziele und Zwecke verfolgen, welche oft nicht zusammenhängen und einander manchmal widersprechen. Die einen sind zentripetal, die anderen zentrifugal, die einen konzentriert, die anderen diffus. «Die erste Art von intellektueller und künstlerischer Persönlichkeit gehört den Igeln, die zweite den Füchsen.»

Nun geht Berlin daran, die Geisteswelt einzuteilen. Dante wird zum Igel, Shakespeare zum Fuchs; Platon und Pascal sind Igel, Aristoteles und Erasmus Füchse. Wir haben Popper als Igel beschrieben, der eine zentrale Idee verfolgt; doch fehlte es ihm vor allem in seinen späteren Jahren nicht an Fuchs-Qualitäten. Aron war sicher ein Fuchs, wenn er auch immer wieder versucht hat, ein grosses Werk zu schreiben, das ihn doch noch zum Igel macht. Und auch Berlin selbst wäre nur zu gerne ein Igel gewesen. In gewisser Weise war er es. Zwar nicht «Rousseau», aber «liberty» scheint als tragendes Thema durch alle seine denkgeschichtlichen Essays. Berlin «stellte die vorherrschenden Klischees der Freiheit in Frage» (Noel Annan). Von seinen zwei Begriffen der Freiheit wird noch zu sprechen sein.

Es war eine Überraschung für Isaiah Berlin selbst und für andere, als er 1934 – notabene als erster Jude – zum Fellow des All Souls College gewählt wurde, dem er mit zeitbedingten Unterbrechungen sein Leben lang treu blieb. Zu Recht bemerkt Berlins Biograph Michael Ignatieff über den jungen Fellow und seine Zeit: «Jedes Engagement zu vermeiden, war zwar eine Versuchung, aber keine Option.» Doch kam Berlin dem so nahe, wie das in den 30er Jahren ging. Er war und blieb bekennender Zionist, die einzige Sache, die nach Berlins Meinung eine klare Stellungnahme erlaubte. Ausserdem schrieb er ein Buch über Marx. Es ist eine bemerkenswerte Tatsache, dass die drei Unversuchbaren sich alle ausgiebig mit Marx beschäftigten. Isaiah Berlins Biographie wird noch heute gelesen. Der zweite Band von Poppers *Offener Gesellschaft* ist eine erbarmungslose Kritik von (Hegel und) Marx. Arons posthum von seinen Schülern veröffentlichter Band *Le Marxisme de Marx* ist nur ein Zeugnis seines lebenslangen Interesses. Alle drei Autoren waren fasziniert von Marx' historisch-soziologischem Ansatz und abgestossen vom Dogmatismus jenes Verständnisses von historischer Notwendigkeit, das andere Intellektuelle, wie wir gesehen haben, so einnahm.

Als Aron bemerkte, dass die «faschistische Versuchung» ihn nicht gestreift habe, fügte er hinzu: «Ich hätte von der anderen, der kommunistischen Versuchung berührt werden können.» Isaiah Berlin wurde schon aus biographischen Gründen nicht von dieser Versuchung berührt. Karl Popper erzählt in seiner Autobiographie eine später noch ausgeschmückte, rührende Geschichte. Der 17-jährige Schüler war bei Kriegsende beeindruckt vom Pazifismus der Kommunisten. Im Frühjahr 1919 zeigten er und seine Schulfreunde sich von solcher Propaganda überzeugt. Dann schreibt Popper den klassischen Satz: «Für zwei oder drei Monate betrachtete ich mich als einen Kommunisten.»

Er trat nicht etwa in die Partei ein, sondern betrachtete sich nur so, und die Betrachtung dauerte nicht lange. Der Grund für die Abkehr lag dann laut Popper in einer etwas konfusen Geschichte, nämlich dem Zusammenstoss von Polizei und jungen Sozialisten und Kommunisten in der Wiener Hörlgasse, bei dem mehrere junge Leute ums Leben kamen. Das hätte Popper eigentlich in seinem Antikapitalismus bestärken sollen, aber nach seiner Darstellung wurde ihm schlagartig klar, «dass die marxistische Theorie selbst eine sehr fragwürdige Angelegenheit war» und er «unverantwortlich gehandelt» habe.

In Wahrheit hatte er gar nicht gehandelt. Er fand es nur nützlich festzuhalten, dass er wenigstens als 17-jähriger ein ganz normaler, nämlich versuchbarer angehender Intellektueller war, wenngleich seine konstitutionelle Immunität sich bald durchsetzte. Auch Aron schildert seine Erfahrung mit dem radikalen Sozialismus in merkwürdig verschämtem Ton. «1925 oder 1926» – so genau weiss er es nicht mehr – schrieb er sich im 5. Arrondissement, also mitten im Intellektuellenviertel auf dem linken Seine-Ufer, bei der Sozialistischen Partei ein. Er war 20. «Wie kam es zu dieser Mitgliedschaft?» fragt er sich in den *Mémoires*. «Hier bin ich meinen Lesern eine Antwort schuldig, die sie nicht ohne Schmunzeln zur Kenntnis nehmen werden.» Die Erklärung besagt, dass er etwas für die Benachteiligten tun wollte, «für das Volk oder für die Arbeiter». Zum Schmunzeln?

Aron, der immer Selbstkritische, konstatiert selbst, er habe eine Art «Verpflichtung zum Engagement» empfunden. Der «freie Intellektuelle», der er bald wieder wurde (die Mitgliedschaft in der SFIO dauerte nicht lange), war ihm zumindest vorübergehend nicht genug. Doch wurde er für den Rest seines Lebens bestimmend. Aron ging seinen Weg als einer der führenden Intellektuellen Frankreichs, einer der ganz wenigen zudem, die unversucht blieben vom «Opium der Intellektuellen», dem Kommunismus und dem Totalitarismus überhaupt. Nach kurzem Kriegsdienst im meteorologischen Dienst der französischen Armee emigrierte er nach London.

Dort wirkte er im Umkreis, aber nicht im Bann General de Gaulles, gab *La France Libre* heraus. Nach der Rückkehr war er für kurze Zeit Mitglied im persönlichen Kabinett von de Gaulles Kulturminister André Malraux. Dann, als Professor und später Mitglied des Collège de France, wirkte er vor allem als Kommentator und Leitartikler im *Figaro* und später in *L'Express*.

Karl Popper kehrte 1946 aus der Emigration zurück. Friedrich von Hayek, damals Professor an der London School of Economics, hatte sich an ihn erinnert. Ausserdem zirkulierte das Manuskript der *Open Society*, so dass gute Gründe für die Berufung an die LSE sprachen. Dort wirkte er bis zur Emeritierung und darüber hinaus als Professor der Logik und Wissenschaftlichen Methode. Er blieb ein oft zorniger, immer polemischer Dozent. Als seine Bücher eine zunehmende Wirkung vor allem unter politischen Führern zeigten, kamen diese – oder luden sie ihn ein –, um von ihm Rat zu holen. Er war stolz darauf, dass dies für politische Führer aller demokratischen Richtungen galt, und brachte auf diese Weise manche seiner oft idiosynkratischen Meinungen unter die Leute.

Isaiah Berlin blieb in Oxford und wurde dort zur Legende. Er hielt seine beliebten, wenngleich nicht immer verständlichen Vorlesungen. Nicht nur Noel Annan berichtet von seiner «phänomenalen Sprechgeschwindigkeit». «Wenn er redete, musste seine Zunge sprinten, um mit seinen Gedanken mitzuhalten.» Im Krieg wurde er, wie so viele britische Intellektuelle, für «intelligente» Aufgaben eingesetzt, zuerst an der Botschaft in Washington, später in Moskau. In dieser Zeit wurde der so gerne Desengagierte endgültig zum öffentlichen Intellektuellen, wobei auch er weniger durch seine Publikationen als durch den direkten Kontakt mit Führenden wirkte.

Parteipolitisch waren Popper, Aron und Berlin nicht leicht einzuordnen. Sie spielten auch gerne mit der Ambivalenz ihrer Positionen. Alle drei hätten – und haben – mit Popper gesagt, dass «Freiheit wichtiger ist als Gleichheit». Alle drei haben aber auch dem Sozialen einen bleibend hohen Stellenwert gegeben. Am Ende des ersten Bandes der *Offenen Gesellschaft* betont Popper eher überraschenderweise sein Programm für *both security and freedom*, für

Sicherheit wie auch Freiheit. Für Aron blieb die Sorge um die Benachteiligten und Zukurzgekommenen, die Arbeiter, ein Lebensthema. Berlins Lob des Pluralismus wird vor allem mit seiner gleichzeitigen Präferenz für Freiheit und für Gerechtigkeit begründet. Waren sie am Ende «Liberalsozialisten» im Sinne von Norberto Bobbio? Das wohl nicht, wohl aber waren sie Liberale von besonderer Art.

6 ANMERKUNGEN ZUR FREIHEIT, MIT UND AUCH GEGEN ISAIAH BERLIN

Faschismus und Kommunismus waren Versuchungen der Unfreiheit. Daran besteht wenig Zweifel schon vor jeder tieferen Erörterung des Begriffs der Freiheit. Die Kombination von fragloser Bindung, absoluter Führung oder paradiesischer Hoffnung, und quasi-religiöser Verklärung ist ein Rezept für die Ersetzung offener Gesellschaften durch totale Staaten. Die Intellektuellen, die durch solche Aussichten verführt wurden, haben selbst erkannt, dass von ihnen das *sacrificium intellectus* verlangt wurde, gerade das aufzugeben, was für die Tätigkeit konstitutiv ist, die Freiheit. Wie sagte es doch Heidegger in seiner schwiemeligen Art? Der Begriff der Freiheit wird zu seiner Wahrheit zurückgebracht, aus der sich Bindung und Dienst entfalten.

Wer den Versuchungen der Unfreiheit widersteht, hat ein anderes Verhältnis zur Freiheit. Sie vor allem ist ihm teuer. Sogar das Wort «heilig» verwendet Isaiah Berlin, wenn er von der Freiheit spricht. Freiheit ist im Kern immer die Fähigkeit und der Wille zu tun und zu lassen, was man will. Freiheit ist das Fehlen von Zwang. Damit ist nicht der Zwang durch natürliche Grenzen gemeint. Isaiah Berlin bemerkt mit Recht, dass es exzentrisch wäre zu sagen, jemand sei unfrei, weil er nicht mehr als drei Meter hoch springen oder nicht die «obskureren Seiten von Hegel verstehen» kann. Der Mensch ist ein «Wesen, das sein eigenes Leben führt» und führen will. «Das ist Freiheit, wie sie von Liberalen in der modernen Welt verstanden worden ist, von den Tagen des Erasmus (manche würden sagen, von Occam) bis zu unseren.»

Die Erinnerung an die fundamentale Bedeutung von Freiheit hat jedoch nur Sinn, um den Grundimpuls zu verstehen, der Freunde der Freiheit leitet. Es ist – auch das sagt Berlin – ein anarchischer Impuls, der auf alle, auch die notwendigsten Beschränkungen unwirsch reagiert. Für praktischere Zwecke folgt aus diesem Grundimpuls zweierlei. Das eine ist eine Art Richtungshinweis, ein Wegweiser. Freiheit in der wirklichen Welt bedeutet immer, dass die Zwänge, die Begrenzungen des Tuns und Wollens von Individuen so gering wie möglich gehalten werden. «Je grösser die Sphäre der Nichteinmischung desto grösser ist meine Freiheit.» Die zweite praktische Folge des abstrakten Freiheitsbegriffs ist, dass Freiheit verfasst werden muss, um wirklich zu werden. Friedrich von Hayek nennt es die «Verfassung der Freiheit». Wir werden zudem gerne von der liberalen Ordnung sprechen.

Hier beginnen denn auch die Probleme. Jede Verfassung der Freiheit bedeutet Begrenzungen der Freiheit. Das gilt noch für die oft leichthin ausgesprochene Maxime, dass die Freiheit des einen dort enden muss, wo die Freiheit anderer beeinträchtigt wird. Es gilt noch stärker, wenn ein Begriff wie Gemeinwohl eingeführt wird. Isaiah Berlin sagt mit Recht immer wieder, dass derlei Regeln nötig und richtig sein mögen, aber als das verstanden werden müssen, was sie sind, nämlich eben Begrenzungen der Freiheit. Es müssen gute Gründe für derlei Begrenzungen gegeben werden, aber Prinzipien, aus denen solche Gründe sich ableiten lassen, gibt es nicht. Die liberale Ordnung ist immer schon nicht mehr die reine Freiheit.

Insoweit Isaiah Berlin in seinen vielen Schriften ein beherrschendes Thema hat, liegt dieses in seiner Herausforderung an die gängigen Ideen über Freiheit, insbesondere an die soziale Verfälschung liberaler Grundsätze. Seine Oxforder Antrittsvorlesung von 1958 über «Zwei Begriffe der Freiheit» und die diversen Essays und Kommentare, die er selbst dazu geliefert hat, gehören zu den bleibenden und bedeutenden Schriften des praktischen Philosophen. Sie haben übrigens eine breite Debatte ausgelöst, die wir hier vernachlässigen müssen. Drei Aspekte seiner Theorie sind für unseren Zusammenhang wichtig: einer, an dem Berlin wohl einen Fehler macht, einer, an dem er einen Fehler eingesteht, und einer, an dem er eine These von grosser und nachhaltiger Bedeutung entwickelt hat.

Zuerst also der Fehler. Berlin spricht von «zwei Begriffen der

Freiheit». Er meint damit das, was er «negative» und das, was er «positive Freiheit» nennt. «Negative Freiheit» ist jene Freiheit von Zwang, von der hier die Rede ist. (Es ist zumindest ein Fehler der Präsentation, sie «negativ» zu nennen, denn sie ist etwas überaus Positives, ja für viele, wohl auch für Berlin selbst, der oberste Wert.) Freiheit in diesem Sinne ist in gewisser Weise ein formaler Wert. Sie umfasst jene konstitutionellen Freiheiten, die uns die Chance geben, möglichst weitgehend wir selbst zu sein, von der Unversehrtheit der Person (*habeas corpus*) bis zur Meinungs- und Koalitionsfreiheit. «Die Freiheit, von der ich spreche», sagt Berlin an einer Stelle seines Selbstkommentars, «ist die Chance des Handelns, nicht das Handeln selbst.»

«Positive Freiheit» hingegen ist für Berlin ein materialer Begriff. Hier wird der Wille und das Handeln von Menschen nicht in seinem Erscheinungsbild genommen, sondern als bestimmt durch etwas, das gleichsam über dem Alltagshandeln steht. Die moralische Instanz, die damit meist gemeint ist, wird dann durch einen Taschenspielertrick rasch zu einer realen Macht, «einem Stamm, einer Rasse, einer Kirche, einem Staat, der grossen Gemeinschaft der Lebenden und der Toten und der noch Ungeborenen». Diese Aufhebung des konkreten Individuums in einem moralischen Ganzen ist geradezu eine Aufforderung an Usurpatoren, sich als Vertreter dieses Ganzen aufzuspielen und im Namen des Ganzen die tatsächlichen Wünsche von Menschen zu ignorieren, ja sie im Namen einer «wahren Freiheit» zu unterdrücken.

Berlins Fehler ist es, diesen Platonismus oder Hegelismus mit dem Wort «Freiheit» zu ehren. Der Fehler überrascht, denn Berlin selbst bringt starke Argumente gegen eine andere Verfälschung der Freiheit vor. Das ist die Verwechslung bestimmter sozialer Werte mit der Freiheit. (Oberflächliche Leser meinen übrigens vielfach, dass er diese mit «positiver Freiheit» meint.) Es ist sinnvoll anzunehmen, dass Freiheit unvollkommen bleibt, solange sie nicht allen zukommt. Es ist einsichtig, dass es soziale Verhältnisse gibt, die die Ausübung von Freiheitsrechten erschweren, wenn nicht unmöglich machen. Vielleicht ist es zuweilen nötig, ein Stück Freiheit zu opfern, um gerechtere Verhältnisse zu schaffen. «Aber nichts ist gewonnen mit der Verwirrung der Begriffe ... Ein Opfer vergrössert nicht das, was geopfert wird, nämlich die Freiheit, wie gross auch immer das moralische Bedürfnis danach oder der moralische Gewinn dafür sein mag. Alles ist, was es ist: Freiheit ist Freiheit, nicht Gleichheit oder Fairness oder Gerechtigkeit oder Kultur, oder menschliches Glück oder ein ruhiges Gewissen.»

Das ist ein starkes Argument, das wir uns voll zueigen machen. Die Freiheit, die ich meine, ist eben keine soziale Freiheit; eine solche gibt es nicht. Sie ist aber auch keine «positive Freiheit», nicht einmal der Möglichkeit nach. Mit anderen Worten, das was Berlin leider «positive Freiheit» nennt, ist tatsächlich Unfreiheit. Es gibt nur eine unteilbare Freiheit, und diese braucht keine schmückenden oder abträglichen Beiwörter.

Dies ist in der Tat der Punkt, an dem Isaiah Berlin seine stärkste These entwickelt, die des Pluralismus. Freiheit ist nicht Gleichheit – nicht einmal, was immer der Begriff bedeutet, Gerechtigkeit –, aber das heisst nicht, dass Gleichheit oder Gerechtigkeit Unwerte sind. Es heisst das noch nicht einmal in einer liberalen Ordnung, in der Freiheit als höchster Wert gilt. In der Tat ist der «Glaube an die Freiheit» – Berlin sagt: an die «negative Freiheit» – «vereinbar mit der Entstehung von grossen und anhaltenden sozialen Übelständen». Daraus folgt eine vielleicht schmerzliche, aber wesentliche Einsicht: «Nicht alle guten Dinge sind vereinbar, geschweige denn alle Ideale der Menschheit.»

Es gibt mit anderen Worten eine Mehrzahl von respektablen Werten, die einander an kritischen Punkten widersprechen können. Das ist eine schlichte Tatsache, die wir ertragen müssen. Genauer gesagt muss der Konflikt von Werten in einer liberalen Ordnung ausgetragen werden. Berlin führt den Gedanken nicht weiter; aber hier liegt eine der fundamentalen Begründungen für demokratische Institutionen. Nicht immer gewinnt die Freiheitspartei in ihren Auseinandersetzungen die Oberhand; möglicherweise ist das sogar die Ausnahme. In aller Regel hat die Gerechtigkeitspartei die stärkeren Bataillone. Darum sind in der liberalen

Ordnung demokratische Prozesse eingebettet in eine Herrschaft des Rechts, die elementare Freiheiten dem Parteienkampf entzieht. Doch bleibt für diesen ein breiter Raum. «Die einfache These, an der mir liegt, ist dass dort, wo letzte Werte unversöhnlich bleiben, eindeutige Lösungen im Prinzip nicht gefunden werden können.»

Es bleibt der Punkt, an dem Berlin selbst einen Fehler seiner ursprünglichen Thesen korrigiert hat. In der Antrittsvorlesung zeigt er Schwierigkeiten mit dem Gedanken dessen, was in Nazi-Deutschland zuweilen «innere Emigration» genannt wurde. Berlin spricht vom «Rückzug in die innere Zitadelle». Kann eine solche passive Existenz frei genannt, gar für äusserste Freiheit gehalten werden? Wird man frei, wenn man nicht mehr will, was nicht zu haben ist? In der späteren Einleitung zu einer neuen Ausgabe der Essays korrigiert Berlin den Eindruck, er habe diese Möglichkeit offen halten wollen. Freiheit bedeutet, dass Möglichkeiten des Handelns bestehen, ob Menschen sie nutzen wollen oder nicht. Es mag Menschen glücklich machen, nicht zu wollen, was sie nicht haben können, «aber es vergrössert ihre bürgerliche oder politische Freiheit nicht».

Das ist eine wichtige Korrektur. Im Blick auf moderne Gesellschaften kann man, ja muss man wohl noch einen Schritt weiter gehen. Auch Apathie kann Freiheit zerstören, ungenutzte Möglichkeiten schwinden dahin; so eröffnen sich Chancen für Usurpatoren. Es ist also möglicherweise nicht genug, nur von der «Chance des Handelns» und nicht vom Handeln selbst zu sprechen. Es gibt auch so etwas wie eine Entropie der Freiheit. Daher ist tätige Freiheit nötig.

Derlei Erwägungen führen indes bereits über die Fragestellung hinaus, um die es hier zunächst ging. Die Versuchungen der Unfreiheit sprechen die Schwäche von Intellektuellen an, die die Freiheit nicht ertragen können. Das sind viele. Die sie andererseits ertragen, widerstehen auch diesen Versuchungen. Dabei ist der Glaube an die Freiheit – die eine, unteilbare und beiwortlose Freiheit – ihr Leitstern. Aber um dem Leitstern zu folgen, sind innere Kräfte nötig, die ich als Tugenden beschreiben werde. Die Antwort auf die gestellte Frage ist also eine Tugendlehre der Freiheit, der wir uns jetzt zuwenden.

DIE ANTWORT IST EINE TUGENDLEHRE DER FREIHEIT

7 DER MUT DES EINZELKAMPFES UM WAHRHEIT

Glaube, Liebe, Hoffnung, die christlichen Tugenden, haben wenig mit der Freiheit zu tun, von der hier die Rede ist. Man mag sie allenfalls in der Rubrik der «positiven Freiheiten» ansiedeln, die wir jedoch verworfen haben. Doch ist es etwas anderes mit den klassischen Kardinaltugenden, *fortitudo*, *iustitia*, *temperantia* und *prudentia*, also Mut, Gerechtigkeit, Besonnenheit und Weisheit. Sie sind nicht nur fast unbegrenzt interpretierbar und auch in der Geschichte immer neu interpretiert worden, so dass wir hier ohne Skrupel eine weitere Interpretation anbieten können, sondern ihr Kern trifft auch unverändert gültige Tugenden. Das altertümliche Wort besagt ja, dass für wertvoll erachtete Verhaltensweisen durch unsere Anstrengung erreicht werden können. Tugenden sind gleichsam allgemeine Werte plus individuelle Mühe. In diesem Sinne eignet sich die von Platon zuerst vorgeschlagene Tugendlehre auch für die Beschreibung der Haltung, die liberale Geister befähigt, den Versuchungen der Unfreiheit zu widerstehen.

Beginnen wir also mit der *fortitudo*, der Tapferkeit, oder besser dem Mut. Es fällt auf, dass keiner der drei Helden, die als unversuchbar angepriesen wurden, sich selbst für sonderlich mutig hielt. Karl Popper war eigentlich immer etwas ängstlich. Insbesondere in Anwesenheit von Autoritäten machte sich der ohnehin kleingewachsene Mann eher noch kleiner. Das neuseeländische Exil während des Krieges hat auch eine symbolische Bedeutung: Popper war im Wortsinn weit weg vom Schuss. Raymond Aron zeigte seine Schwäche nicht so deutlich. Er war immer ein sehr privater Mann. Doch im Epilog zu seinen Memoiren reflektiert er über die Tatsache, dass er nie ein «Kissinger», ein Berater der Mächtigen geworden ist. Er hätte es nicht gekonnt, sagt er, denn er hätte Dinge vollbringen müssen, zu denen er nicht fähig gewesen wäre, wie zum Beispiel junge Menschen in den Krieg und damit den Tod zu schicken. «Mein Hang zu Skrupeln und meine Abscheu vor der Gewalt hätten mich für einen Posten, wie ihn der Ausnahme-Intellektuelle Kissinger einnahm, nicht besonders geeignet gemacht.»

Besonders markant war in dieser Hinsicht das Selbstbild Isaiah Berlins. «Ich bin ein Feigling», sagte er Mal um Mal, wenn man ihn traf. Die grossen Ereignisse seiner Zeit fanden ihn sämtlich in einem sicheren Hafen. Er teilte die Sorge um seine Feigheit mit dem von ihm hoch geschätzten Turgenew. Beiden wurde ihr gesellschaftlicher Erfolg als Ergebnis der ständigen Anpassung an *the great and the good*, die «Grossen und Guten», wie man sie in England nennt, und damit als Zeichen fehlenden Mutes ausgelegt. Berlins Biograph Ignatieff sagt es mehrfach: «Das Thema des Mutes verursachte ihm wirkliche Besorgnis.» Ignatieff betont indes auch, wie merkwürdig dies ist bei einem Mann mit Berlins Fähigkeit, «offen, empfänglich, unängstlich angesichts von Meinungen, Temperamenten und Leidenschaften zu bleiben, die seinen eigenen fremd waren». Ignatieff geht noch einen Schritt weiter. Das Lob des romantischen Heldentums ist eine Form der «moralischen Tyrannei». «Menschen sollten nicht danach beurteilt werden, ob sie bereit sind, ihr Leben zu riskieren, sondern danach, ob sie moralisch und politisch ihren klaren Kopf behielten, wenn andere ihren verloren.»

Vielleicht ist die Alternative, die Ignatieff hier postuliert, ein bisschen zu einfach. Das Leben riskieren oder einen klaren Kopf behalten – das sind nicht die einzigen Möglichkeiten, Mut zu zeigen. Es gibt auch die besondere Form des Mutes, für die die deutsche Sprache den Ausdruck Zivilcourage kennt. Diese bedeutet, dass man zwar nicht in den Krieg zieht für seine Überzeugungen, geschweige denn weil ein Führer es befiehlt, aber auch nicht wegläuft, ja dass man unter Umständen eingreift, wenn anderen Unrecht geschieht. Alle drei hier Beschriebenen zogen es vor, nicht in solche Situationen zu geraten, und fanden mancherlei Wege, um dies zu vermeiden. Wenn sie dennoch unausweichlich wurden, zeigte nur Aron Zivilcourage im strengen Sinn.

Doch ist das nur ein Teil der Wahrheit. Die vermeintliche Feigheit, die Skrupel, die bedeutende Intellektuelle plagten, ja noch ihr Mangel an Zivilcourage im praktischen Leben, verdecken nämlich den Mut, den dieselben Intellektuellen zeigen, wenn es darum geht, ihre Meinung in einer fremden, ja feindseligen Umwelt zu vertreten. Die gegen Strömungen der Zeit Immunen stehen oft allein. Sie haben kraft Definition keine Partei, die für sie auf die Barrikaden geht oder auch nur ihre geliebten Studierstuben schützt. Sie denken selbst, und als solche müssen sie auch selbst und oft ganz allein ihre Auffassungen vertreten. Joachim Fest sagt in einer klugen Bemerkung über Hannah Arendt, sie habe «die Isolierung, in die sie schon früh geriet, als Preis der Freiheit bereitwillig in Kauf genommen».

Einsamkeit als Preis der Freiheit, das ist eine neue Version der Formel, die Wilhelm von Humboldt zum Merkmal der von ihm erfundenen Universität erklärte. Humboldt sprach mit einem eigentümlichen Wort vom «Selbstaktus» der Einsicht in die reine Wissenschaft, für die «Freiheit und hülfreich Einsamkeit» nötig sind. «Aus diesen beiden Punkten fliesst zugleich die ganze äussere Organisation der Universitäten.» Das hat nur teilweise zu tun mit dem hier gemeinten Mut zum Einzelkampf um die Wahrheit. Schon dass der Staat die Bedingungen für «Freiheit und hülfreich Einsamkeit» schafft, ist bedenklich. Zudem ist die Einsamkeit für Humboldt selbstgewählt, als Methode der gerade entstehenden Geisteswissenschaften, nicht ungewolltes Resultat einer querdenkenden Individualität. Von öffentlichen Intellektuellen, die möglicherweise auch dem preussischen Staatsminister für Kultus kritisch gegenüberstanden, ist schon gar nicht die Rede.

Die Einzelkämpfer um Wahrheit (wie sie hier mit sanfter Ironie genannt werden) wissen, dass sie *die* Wahrheit nicht finden werden. Sie verkünden also keine Wahrheit, sondern begeben sich auf die Suche nach ihr. Dass sie in einem Horizont der Ungewissheit ihr Geschäft treiben, ist immer mitgedacht. Poppers Insistenz auf Versuch und Irrtum als dem Schicksal des Wissenschaftlers wie des Politikers hat hier ihren Platz.

Das ist an sich schon ein einsames Unterfangen, selbst noch

wenn es in Gemeinschaft mit anderen – im Team von Wissenschaftlern, in der politischen Partei – unternommen wird. Für den öffentlichen Intellektuellen gilt das in gesteigertem Masse. Er oder sie braucht dafür etwas, was besser noch als Einsamkeit die Lebenslage beschreibt, nämlich Unabhängigkeit. Raymond Aron hat diese ein Leben lang gezeigt. Seine kurze Parteimitgliedschaft war eine Verirrung. Sein gespanntes Verhältnis zu seinem *petit camarade* Jean-Paul Sartre beruhte auch darauf, dass Sartre immer neu bereit war, seine Unabhängigkeit preiszugeben für eine modische Zugehörigkeit zu diesem oder jenem. Der General, also de Gaulle, behagte Aron nicht, weil er noch im Londoner Exil zu viel Ergebenheit von seinen Mitarbeitern forderte, sie also gleichsam mit Haut und Haaren wollte. Später, als der *Figaro* den Eigentümer wechselte und Aron seine Kolumnen einer Art Zensur unterwerfen musste, verliess er die lukrative und einflussreiche Position und ging zu *L'Express*. Aron hatte ein unbändiges Bedürfnis nach Unabhängigkeit, und das ist ein Teil der Tugend, um die es hier geht.

Wenn daher von Mut die Rede ist, geht es nicht um Märtyrertum. Märtyrer zeigen gewiss einen besonderen Mut, wenn sie für ihre Sache das letzte Opfer bringen. Auch sie würden ihre Sache als die Wahrheit bezeichnen. Doch ist ihre Sache in der Regel eine Gewissheit, die die hier Gemeinten gerade nicht für sich in Anspruch nehmen. Märtyrer können dies nur darum sein, weil sie einem einschränkungslosen Glauben folgen und zudem oft den Rückhalt in einer gedachten oder wirklichen Gemeinschaft haben, die sie als solche anerkennt.

Für unabhängige Intellektuelle wie sie hier beschrieben werden, gibt es solchen Rückhalt gerade nicht. Gewiss, im mörderischen 20. Jahrhundert forderte auch diese Haltung manchmal das letzte Opfer, das des eigenen Lebens. Die Bücher von Primo Levi oder von Alexander Solschenizyn sind auch Zeugnisse der hier gemeinten Freiheitstugend des Mutes. In der Regel aber handelt es sich eher um das Durchhalten einer Haltung, die der amerikanische Soziologe David Riesman als «Innenlenkung» beschrieben hat. Den geistigen Kompass haben innengelenkte Intellektuelle in sich selbst, und dieser Kompass ist etwas anderes als ein Radargerät, das Signale von aussen aufnimmt, um auf diese zu reagieren.

Karl Popper war unerbittlich und ganz und gar angstfrei in der Verteidigung seiner kritischen Philosophie. Was immer an der Geschichte von «Wittgensteins Poker» sein mag – ob also Wittgenstein drohend zum Kamingeschirr griff, als Popper ihn in Cambridge allzu scharf attackierte oder nicht –, auch physische Bedrohung hätte ihn nicht von seinen Meinungen abgebracht. Für Isaiah Berlin schildert Ignatieff eindringlich die kontroversen Positionen, die er einnahm: die «tragische Wahl» zwischen positiver und negativer Freiheit, die grossen Auseinandersetzungen mit E. H. Carr, T. S. Eliot, Arthur Koestler, der «idiosynkratische Pfad» zwischen Geschichte und Philosophie, den er ohne Mentoren oder Schüler beschritt. «Das mag nicht Mut verlangt haben, aber es zeigt gewiss ein Temperament, das bereit war, intellektuelle Risiken einzugehen.»

Man kann getrost von Mut sprechen, wenn öffentliche Intellektuelle ihre Position unbeirrt in einer ihnen nicht gewogenen Umwelt vertreten. Das gilt desto stärker, wenn sie dabei auch noch bereit sind, zuzuhören und gegebenenfalls ihre Position zu korrigieren: nicht um sich anzupassen, sondern aus besserer Einsicht. Diese Verbindung von Bestimmtheit und Selbstkritik ist es, die in der Tugendlehre der Freiheit ihren Platz hat.

8 DIE GERECHTIGKEIT DES LEBENS MIT WIDERSPRÜCHEN

Von der Gerechtigkeit als einer Tugend zu sprechen, widerstrebt zunächst unserem Sprachgefühl. Wir bezeichnen mit Gerechtigkeit eher eine Ordnung der Gesellschaft als einen Leitstern des Verhaltens. Das war jedoch nicht immer der Fall. Gerecht sein hiess auch, ein angemessenes Urteil zu haben, wenn Streitfälle auftreten. Salomon kommt einem in den Sinn. Gerechtigkeit war sodann in einem frühen Verständnis der Sinn für die richtige Ordnung der menschlichen Dinge. Das konnte, musste aber nicht die platonische Harmonie der Stände, gar die Herrschaft der Philosophenkönige sein. Man kann auch ganz unplatonisch, sogar vorsokratisch argumentieren, dass der Konflikt der Vater aller Dinge ist. So wird hier unter Gerechtigkeit der Sinn dafür verstanden, dass es im Zusammenleben der Menschen Gegensätze und Widersprüche gibt, die sich nicht ausräumen lassen, sondern die anständig ertragen werden müssen.

Das ist ein grosses, ja ein fundamentales Thema der Geschichte des Nachdenkens über die gerechte, die erstrebenswerte Gesellschaft. Es führt zu einem tiefen Antagonismus, der etwas zu tun hat mit Isaiah Berlins zwei «Freiheiten», auf den aber die hier entworfene Tugendlehre eine eindeutige Antwort sucht. Man könnte bei Platon beginnen, den Antagonismus aufzuzeigen – man könnte es auch an Hand von Berlin, Aron und Popper tun –, doch ist der Ansatz bei Hegel und denen, die diesen überwunden zu haben glaubten, am fruchtbarsten.

In berühmten Paragraphen seiner Rechtsphilosophie («Der Staat ist die Wirklichkeit der sittlichen Idee») entwickelt Hegel eine Argumentation, die hier von beträchtlicher Relevanz ist. Diese beginnt mit einer polemischen These:

> «Wenn der Staat mit der bürgerlichen Gesellschaft verwechselt und seine Bestimmung in die Sicherheit und den Schutz des Eigentums und der persönlichen Freiheit gesetzt wird, so ist das Interesse der Einzelnen als solcher der letzte Zweck, zu welchem sie vereinigt sind, und es folgt daraus ebenso, dass es etwas Beliebiges ist, Mitglied des Staates zu sein.»

Das richtet sich gegen Kant, für den «die allgemein das Recht verwaltende bürgerliche Gesellschaft» die höchste Aufgabe ist. Ihre Lösung, also «die vollkommen gerechte bürgerliche Verfassung» verlangt eine Gesellschaft, «die die grösste Freiheit, mithin einen durchgängigen Antagonism ihrer Glieder und doch die genaueste Bestimmung und Sicherung der Grenzen dieser Freiheit hat, damit sie mit der Freiheit anderer bestehen könne». Zu einer solchen «Freiheit unter äusseren Gesetzen» zwingt «die sonst für ungebundene Freiheit so sehr eingenommenen Menschen die Not», nämlich die «ungesellige Geselligkeit», die Anlass zu Gegensätzen und Kämpfen gibt.

Hegel findet das alles unbefriedigend. Er erkennt an, dass Rousseau in seinem Sinne einen Schritt weiter gegangen ist als Kant, indem er nämlich «den Willen als Prinzip des Staates aufgestellt» hat. Das bezieht sich auf Rousseaus Idee der *volonté générale* als Grundlage des Gesellschaftsvertrages. Dieser ist jedoch für Hegel nicht genug, denn er ist nur die Übereinkunft der Einzelwillen, so dass «die Vereinigung der Einzelnen im Staat zu einem Vertrag [wird], der somit ihre Willkür, Meinung und beliebige, ausdrückliche Einwilligung zur Grundlage hat». Hegel will mehr. Er sucht – und behauptet – einen «objektiven Willen, [der] das an sich in seinem Begriffe Vernünftige ist, ob es von einzelnen erkannt und von ihrem Belieben gewollt werde oder nicht».

Die Denkfigur ist uns schon vertraut. Sie kehrt in der Versuchung des Kommunismus und der Partei, die «objektiv» immer Recht hat, wieder. Schon Rousseaus «allgemeiner Wille» ist eine gewagte Konstruktion, weil er Einstimmigkeit impliziert, wo es doch der Natur der Sache nach Stimmenvielfalt gibt. Ist es nicht die «Natur der Sache», die hier wirkt, so ist es doch die des Menschen, von der Kant an der zitierten (übrigens von Isaiah Berlin gerne verwendeten) Stelle sagt: «Aus so krummem Holze, als woraus der Mensch gemacht ist, kann nichts ganz Gerades gezimmert werden». Es gibt also keine «vollkommene Auflösung» der Widersprüche, nicht einmal in der gerechten Verfassung, sondern allenfalls «die Annäherung zu dieser Idee».

Hegel wie Rousseau sind grosszügig im Gebrauch des Wortes «Freiheit». So kann man sogar Isaiah Berlins Begriff der «positiven Freiheit», der hier seinen Ursprung hat, verstehen. Doch sind tatsächlich beider Theorien mit Recht zur Ahnenreihe des Totalitarismus gezählt worden. J. L. Talmon hat das für Rousseau getan, dessen oppositions- und minderheitenloser «allgemeiner Wille» eine Art Einladung zur Herstellung von 99,9%-Wahlergebnissen ist. Karl Popper hat dann Hegels Staatstheorie als gefährlichen Vorläufer des totalen Staates mit seiner geschlossenen Gesellschaft enthüllt. Beide Thesen sind nicht unumstritten. Auch bewegen wir uns in einem Gelände, in dem Bestätigung und vor allem Falsifizierung (im strengen Sinne von Popper) schwierig ist. So muss eine Entscheidung getroffen werden. Sie fällt hier für Kant und gegen Rousseau, vor allem aber gegen Hegel.

Das heisst, dass es Widersprüche gibt, die sich nicht auflösen lassen. Das können unvereinbare Werte sein, wie sie Isaiah Berlin als Grundlage seines Programms des Pluralismus dargestellt hat. Es gibt auch soziale Konflikte, die in keiner denkbaren Synthese «aufgehoben» werden. Popper sagt es auf seine Weise: «Es kann keine menschliche Gesellschaft geben ohne Konflikt.» Gäbe es sie, dann würden dadurch «menschliche Werte von grösster Bedeutung zerstört». Das sollte uns «an dem Versuch hindern, sie herzustellen». Die Antwort ist daher nicht die Suche nach Einstimmigkeit, geschweige denn die nach einer höheren, «objektiven» Wahrheit, sondern die Schaffung von Institutionen, die es erlauben, Gegensätze ohne Zerstörung der Grundfreiheiten auszutragen. Kants «vollkommen gerechte bürgerliche Verfassung» ist die Antwort, wobei selbst hier noch ein kleiner Zweifel an dem Wort «vollkommen» erlaubt sein muss.

Einfach ist das Leben mit Widersprüchen nicht. Angesichts der Unauflösbarkeit von Antagonismen gewinnen immer wieder Versuchungen des ewigen Friedens Raum. Das können Sehnsüchte nach einer vermeintlich ursprünglichen Welt sein, es kann sich auch um Hoffnungen auf eine ideale Endgesellschaft handeln, in der alle Kämpfe und Widersprüche der Wirklichkeit aufgehoben werden. Rousseaus «Zurück zur Natur» enthält das Versprechen der Rückkehr zum Paradies; Marx' «Reich der Freiheit» ist die Aussicht auf den Himmel auf Erden. Karl Popper hatte beide im Sinn, als er seine Mahnungen aussprach. «Wir können nicht zurückkehren zur angeblichen Unschuld und Schönheit der geschlossenen Gesellschaft. Unser Traum vom Himmel lässt sich auf Erden nicht realisieren.» Beides endet in Angst und Schrecken, wenn wir versuchen, es zu finden. «Wenn wir Menschen bleiben wollen dann gibt es nur einen Weg, den Weg in die offene Gesellschaft.»

Führt man diese Erwägungen zu ihrem praktischen Schluss, dann treten zwei Aspekte ins Visier. Der eine ist die Natur der «gerechten Verfassung» im Sinne von Kant, also der liberalen Ordnung. In modernen Begriffen gesprochen hat diese zwei Kernelemente, die Herrschaft des Rechts und die politische Demokratie. Manche würden die Regeln der Marktwirtschaft dieser Liste noch anfügen. Das ist die Gerechtigkeit, wenn Freiheit verstanden wird wie das hier entwickelt worden ist. Es ist die Ordnung, die dem krummen Holz der menschlichen Natur gerecht wird. Das ist mehr als ein Wortspiel; es zielt auf die Tugend des Sinnes für die rechte Ordnung der Gesellschaft, von der wir hier ausgegangen sind. Sie ist ein Schutz vor den Anfechtungen und Versuchungen der Unfreiheit.

Der zweite Aspekt führt noch einen Schritt weiter und hat es im strengen Sinn nicht mehr mit der Tugend der Gerechtigkeit zu tun. Heraklits Fragment, demzufolge der Streit, gar der Krieg der Vater aller Dinge sein soll, ist oft als Hobbessche Drohung mit dem Krieg aller gegen alle missverstanden worden. Was den Krieg betrifft, ist das Missverständnis begründet; er verrät das Scheitern jeder Ordnung. Der Streit, allgemein der Konflikt aber findet in der liberalen Ordnung nicht nur seine Bändigung, sondern auch seine Verwandlung von einer zerstörerischen in eine produktive, eine schöpferische Kraft. Kant wusste das. Für ihn ist der gebändigte Konflikt die Quelle des Fortschritts. «Alle Kultur und Kunst, welche die Menschheit ziert, die schönste gesellschaftliche Ordnung sind Früchte der Ungeselligkeit, die durch sich selbst genötigt wird, sich zu disziplinieren und so durch abgedrungene Kunst die Keime der Natur vollständig zu entwickeln.» Gebändigter Streit ist Quelle des Neuen, und darin, dass Neues gesucht, erprobt, zeitweilig für gut befunden, dann durch anderes verbessert, auch ersetzt wird, entsteht die reale Hoffnung für Menschen, die im Horizont der Ungewissheit ihre Lebenschancen zu vergrössern suchen.

9 DIE BESONNENHEIT DES ENGAGIERTEN BEOBACHTENS

Die Gerechtigkeit war für die Alten die oberste Tugend. Sie umfasst in gewisser Weise alle anderen. Darum verlangte sie eine abstraktere, fast philosophische Erörterung. Die Besonnenheit (*temperantia*) hingegen führt uns mitten hinein in das Leben. Sie kennzeichnet Menschen in ihrem Verhalten zur Welt. So wie sie hier verstanden werden soll, nämlich als engagiertes Beobachten, tut sie dies in spannungsreicher, oft fast unerträglicher Weise. Die Mässigung, um die es dabei geht, ist die Zügelung des an sich Ungezügelten. Sie ist das innere Engagement, das doch vor dem Handeln zurückschreckt und im Beobachten eine Erfüllung sucht, die dieses im Grunde nicht geben kann.

Der engagierte Beobachter, *Le Spectateur Engagé*, war der Titel, unter dem die ausgiebigen Gespräche veröffentlicht wurden, die Raymond Aron mit zwei kritischen jungen (Links-)Intellektuellen, Jean-Louis Missika und Dominique Wolton, geführt hat. Aron hatte sich selbst als engagierten Beobachter beschrieben. Seine Gesprächspartner fragten ihn: «Waren Sie nicht ein Wegbereiter, indem Sie zu den Ereignissen Stellung nahmen und sie gleichzeitig analysierten?» Aron bejahte das und setzte dann zu einer ausführlichen Replik an, die er mit dem Hinweis auf seine Assistentenzeit in Köln nach 1932 begann. Damals beschloss er seine «intellektuelle Marschroute»:

> «Ich beschloss damals, ein ‹engagierter Beobachter› zu sein. Ich wollte der Beobachter der sich vollziehenden Geschichte sein, mich bemühen, hinsichtlich dieser sich vollziehenden Geschichte so objektiv wie möglich zu sein und gleichzeitig nicht total distanziert, sondern engagiert zu sein. Ich wollte die Haltung des Akteurs mit der des Beobachters verbinden.»

Das Etikett blieb an Aron haften. Sein Biograph Robert Colquhoun überschrieb das letzte Kapitel der Lebensgeschichte, «The Committed Observer», fügte aber Arons Selbstdefinition nur wenig hinzu. «Es war diese Verbindung von Haltungen – die des Analytikers, des Interpreten und des Handelnden – mit ihren ‹Zwängen, Widersprüchen und Momenten der Grösse›, die Missika und Wolton ‹reizte und faszinierte›.»

Das macht den Gedanken keineswegs klarer. Geht das überhaupt, «Akteur» und «Beobachter» in einem zu sein? «Politik als Beruf» und «Wissenschaft als Beruf» sind nicht nur für Max Weber im Kern unvereinbare Tätigkeiten. Weber schrieb ihnen sogar (ohne damit alle zu überzeugen) unterschiedliche Ethiken zu, die «Gesinnungsethik» der Wissenschaft und die «Verantwortungsethik» der Politik. Dass die *vita activa* und die *vita contemplativa* nicht dasselbe und auch nicht ohne weiteres zu verbinden sind, ist von Aristoteles bis hin zu Hannah Arendt selbstverständlich. Blickt man überdies auf Arons Leben, so war er allenfalls in der kurzen Zeit im Kabinett Malraux so etwas wie ein Akteur.

Und doch ist mit dem Begriff etwas gemeint, das sogar auf eine Tugend zielt. Wie so oft lässt das theoretisch Unvereinbare sich in der Praxis verbinden. Das hat dann allerdings durchaus problematische Resultate. Am 10. Mai 1933 war Aron zusammen mit Golo Mann in Berlin dabei, als unter Goebbels' Anleitung Unter den Linden unliebsame Bücher verbrannt wurden. Es war eine gespenstische Szene, weil die Barbarei des Aktes zwar mit «grossmäuligen Reden» verbunden war, aber «ohne ein Massenpublikum» stattfand. «Diese Bücherverbrennung ohne Publikum machte uns aufgrund ihrer symbolischen Bedeutung schaudern; wegen ihrer lächerlichen Inszenierung brachte sie uns gleichwohl zum Lachen.»

Zum Lachen? Wieviel Distanz vom Geschehenen ist nötig, um diese Reaktion zu erklären? Es gab andere engagierte Beobachter der dramatischen Ereignisse der folgenden Jahre. Der Spanische Bürgerkrieg vor allem hat Träger dieser Tugend angezogen. Manche wollten beobachten, wurden dann aber in die Kämpfe hineingezogen; andere gingen zum Kämpfen, fanden sich dann aber angesichts der Konfusion der Fronten eher in der Rolle von Beobachtern. Von George Orwell wird noch zu sprechen sein. Man kann an Hannah Arendt denken, die ohnehin in den Umkreis derer gehört, von denen hier die Rede ist. Die deutsch-amerikanische Philosophin ist für den Mut des Einzelkampfes um Wahrheit schon zitiert worden. Das Leben mit Widersprüchen fiel ihr möglicherweise schwerer.

1963 schrieb Hannah Arendt ihr Buch *Eichmann in Jerusalem*. Ihre These von der «Banalität des Bösen» war wohl falsch; sie trennte nicht zwischen der Banalität der Person von Adolf Eichmann und dem ganz und gar unbanalen Bösen der Taten, für die er verantwortlich war. (Später sah sie das selbst, wie Joachim Fest belegt, der sie mit den Worten zitiert, sie habe «weder die Massenvernichtung als ‹banal› hinstellen wollen, noch gar das Böse an sich».) Der eigentliche Skandal des Buches indes beruhte wohl darauf, dass sie einen blossen Bericht über einen Prozess schrieb, der doch nach Meinung vieler engagiertere Reaktionen verlangt. Sie mokierte sich über «das Heer jener mehr oder minder ‹freischwebenden› Intellektuellen, für die die Tatbestände selbst nur ein Anlass sind, Einfälle zu produzieren». Sie selbst beabsichtigte, abgesehen von ihrem Epilog, «einfache Berichterstattung». Sie war Beobachterin des Prozesses, bei allem Engagement in den Fragen, um die es ging.

Was heisst unter solchen Umständen Engagement? Es heisst zunächst einmal innere Anteilnahme an der Sache, die da beobachtet wird. Es werden uns noch Intellektuelle begegnen, die so frei schweben, dass die Sache selbst, von der sie reden, eine verfremdete Gleichgültigkeit gewinnt. Sie sind intensive Beobachter, die aber fernab auf den Marmorklippen jedes Engagement vermeiden oder es in ästhetische Urteile auflösen. Das engagierte Beobachten beruht demgegenüber auf einer inneren Beteiligung, die der der Handelnden an Intensität nicht nachsteht. Es ist kein Zufall, dass Hannah Arendt sich den Eichmann-Prozess vornahm oder dass Raymond Aron und Golo Mann den Ort der Bücherverbrennung aufsuchten.

Doch ist dieses formale Engagement nicht alles. Das engagierte Beobachten ist in besonderem Masse der Wahrheit verpflichtet. Hier liegt der Unterschied zu einer bloss engagierten Literatur, die überzeugen, ja missionieren will. Hier liegt auch der Unterschied zum entschiedenen Handeln, das noch im günstigsten Fall bereit ist, Einwände und Bedenken im Namen des angestrebten Ziels beiseitezuwischen. Die Wahrheit entzieht sich für immer unserem Zugriff, aber die Suche nach ihr und der Glaube an ihre Einzigartigkeit sind nicht nur für den blossen Beobachter, den Wissenschaftler zum Beispiel, sondern auch für den engagierten Beobachter bestimmend. Weder Moden noch Interessen dürfen von der Wahrheit ablenken. Man könnte sagen, dass Raymond Aron für dieses Prinzip gestorben ist. Er hatte in einem Prozess Bertrand de Jouvenel gegen die Anschuldigung eines jüdischen Autors verteidigt, er habe faschistische Neigungen gehabt. Vor dem Einsteigen in das Auto, das ihn vom Gericht zur Redaktion vom *L'Express* bringen sollte, sagte er noch: «*Je crois avoir dit l'essentiel*» («Ich glaube, dass ich das Wesentliche gesagt habe»). Es waren seine letzten Worte.

Zur Wahrheit kommt für das engagierte Beobachten die Freiheit. Arons Selbstbeschreibung als engagierter Beobachter endet mit einer Bemerkung über Objektivität. «Je objektiver man sein will», sagt er dort, «umso notwendiger ist es zu wissen, von welchem Standpunkt, von welcher Position aus man sich äussert und die Welt betrachtet». Die öffentlichen Intellektuellen der besonderen Art, von der hier die Rede ist, haben alle neben dem Engagement für die Wahrheit das für die Freiheit in jenem elementaren Sinn, in dem der Begriff verstanden werden soll.

Trotz aller Erläuterungen bleibt das engagierte Beobachten ein Paradox, ein Widerspruch in sich selbst. Infolgedessen finden die, die es pflegen, sich regelmässig zwischen den Stühlen. Von den Wissenschaftlern, mit denen sie häufig Institutionen, meistens Universitäten, teilen, werden sie für Politiker gehalten, von den Politikern dagegen für ziemlich «akademisch». Beide neigen dazu, sie Journalisten zu nennen, was sie in der Tat vielfach sind. Gerade das engagierte Beobachten fordert den öffentlichen Intellektuellen, der vom veröffentlichten Wort lebt, das unter die Leute kommt. In modernen Gesellschaften gibt es Einrichtungen, die speziell für das engagierte Beobachten geschaffen sind, die sogenannten *think tanks*. Da sitzen die engagierten Beobachter auf den Stühlen, nicht zwischen ihnen. Sie beziehen ihr Wissen aus den Universitäten und Forschungsinstituten und bereiten es auf für Politiker, Unternehmer und andere, die Entscheidungen zu treffen haben. Doch ist das gleichsam die bürokratisierte Version der individuellen Haltung, um die es in diesen Untersuchungen und Erwägungen geht. Popper und Berlin hatten keine Zeit und keinen Sinn für Institute der Politikberatung, und während Aron (wie auch Hannah Arendt) diesen nicht völlig fernstand, blieb ihm doch seine Unabhängigkeit das wichtigste Gut. Sie alle hatten die Selbstkontrolle, die Disziplin, eben die Besonnenheit, um für sich ihre «intellektuelle Marschroute» zu bestimmen.

10 DIE WEISHEIT DER LEIDENSCHAFTLICHEN VERNUNFT

Weisheit, die vierte Kardinaltugend, kann vieles heissen, und nicht alle stimmen mit der These überein, dass sie vor allem den rechten Gebrauch der Vernunft bedeutet. Doch ist das der Sinn, den die Weisheit in einer Tugendlehre der Freiheit einnimmt. Auch Vernunft kann vieles heissen. Selbst in der Geschichte des aufgeklärten oder doch von der Aufklärung beeinflussten Denkens war sie alles von der angehimmelten Göttin der Jakobiner bis zur Anweisung zum vernünftigen Alltagsverhalten. Hier halten wir uns an ein Verständnis, das vor allem Karl Popper in Worte gefasst hat.

Im vorletzten Kapitel des zweiten Bandes seines Hauptwerks *Die offene Gesellschaft und ihre Feinde* entwickelt Popper seine Kritik an dem, was er die «Revolte gegen die Vernunft» nennt. Wir erinnern uns: das Buch war sein «Beitrag zur Kriegsanstrengung», der Anstrengung also, die Flut des angewandten Irrationalismus in der Form des Faschismus und Nationalsozialismus, aber auch des marxistischen Kommunismus aufzuhalten. Die «rationalistische Haltung ... wird sowohl von der Rechten als auch von der Linken bedroht.» «Darum ist der Konflikt zwischen Rationalismus und Irrationalismus zum wichtigsten intellektuellen und vielleicht sogar moralischen Thema unserer Zeit geworden.»

Der Kontext erklärt nicht nur den Tenor, sondern auch den direkten, eher groben Stil von Poppers Argumentation. Er hatte sich ausgiebig und mit einigem intellektuellen Gift mit Hegels irrationalem Rationalismus befasst. «Der Staat ist als Wirklichkeit des substantiellen Willens, die er in dem zu seiner Allgemeinheit erhobenen besonderen Selbstbewusstsein hat, das an und für sich Vernünftige.» Es gibt für Popper eine kaum verborgene Verbindung zwischen solchen absoluten (und «orakelhaften») Behauptungen und den Ideen, auf denen moderne totalitäre Regimes beruhen. Popper hielt sich nicht damit auf, die Geschichte des Nachdenkens über Vernunft zu verfolgen. Er erwähnte nicht einmal die grossen Kritiken seines Heros Immanuel Kant, die es mit der «reinen Vernunft» und der «praktischen Vernunft» zu tun haben. Er bahnte sich den Weg durch den begrifflichen und philosophischen Dschungel in einer Weise, die seine Argumentation für die vierte Kardinaltugend, um die es hier geht, nützlich macht.

Rationalismus, sagt Popper, ist «eine Haltung, die so viele Probleme wie möglich durch den Appell an die Vernunft, das heisst an klares Denken und Erfahrung zu lösen sucht». Er ist also Rationalist im engen Sinne; Erfahrung und Experiment sind wichtige Bestandteile des vernünftigen Verhaltens. Das ganze Spektrum der wissenschaftlichen Methode ist rational und vernünftig. Wichtiger noch, Vernunft in diesem Sinne ist nicht eine menschliche Eigenschaft. Wir besitzen sie nicht in dem Sinne, in dem wir Körperorgane oder geistige Fähigkeiten besitzen. Vernunft ist vielmehr «eine Haltung der Bereitschaft, kritische Argumente anzuhören und aus der Erfahrung zu lernen». «Vernunft lässt sich, wie die Sprache, als Produkt des sozialen Lebens beschreiben.»

Dies ist wichtig für Poppers Thesen, denn es bedeutet, dass die Vernunft nicht ungleich verteilt ist unter Menschen. Menschen mögen mehr oder weniger intelligent sein, aber die Haltung des Vernünftigseins ist im Prinzip universell. Sie ist nicht weit von dem entfernt, was in der angelsächsischen Philosophie und Umgangssprache *common sense* genannt wird. Daher kann man von der «rationalen Einheit der Menschheit» sprechen. Daher kann man auch zu dem Schluss kommen: «Autoritarismus und Rationalismus in unserem Sinn sind unversöhnbar, da das Argumentieren, das Kritik einschliesst, und die Kunst des Anhörens von Kritik, die Grundlage des Vernünftigseins sind.»

So weit so gut. Aber dann stellt sich Popper direkt der Frage, warum Rationalismus dieser Art allen Formen des Irrationalismus vorzuziehen sein sollte. Er lässt keinen Zweifel daran (wenn es diesen je gegeben haben sollte), dass er als Person «ganz auf der Seite des Rationalismus» steht. Aber er muss auch anerkennen, dass es keine zwingende rationale Begründung für diese Präferenz gibt. In letzter Instanz unterscheidet den Rationalisten eine irrationale Überzeugung, die sich als «Glaube an die Vernunft» beschreiben lässt. Ein solcher «kritischer Rationalismus, der die Tatsache anerkennt, dass die fundamentale rationalistische Haltung auf einer irrationalen Entscheidung beruht», ist eine Wahl, eine «moralische Entscheidung». Sie kann Argumente ins Feld führen, die sie erklären und stützen, doch sind diese nicht im strengen Sinn zwingend. Allerdings (so argumentiert Popper) ist es ziemlich wahrscheinlich, dass der Irrationalismus am Ende zum Gebrauch von Gewalt und brutaler Macht führt, weil er abweichende Meinungen in einer Welt der Widersprüche nicht toleriert. Irrationalismus akzeptiert zudem die Ungleichheit, die Aufteilung der Menschheit in Freund und Feind, daher Intoleranz und den Missbrauch der Macht. Rationalismus andererseits legt eine unparteiische, tolerante, verantwortliche Haltung nahe. Popper drückt sich vorsichtig aus, wenn er von einer «sehr engen Verbindung» – nicht mehr – «von Rationalismus und Humanitarismus» spricht. Das ist jedoch eine mindestens so enge Verbindung wie «die entsprechende Verquickung des Irrationalismus mit der anti-egalitären und anti-humanitären Haltung». Eine moralische Entscheidung ist zu treffen. «Es ist die Entscheidung, ‹sich zu binden› an die Vernunft.»

Für die Tugendlehre der Freiheit, um die es hier geht, bleiben zwei besonders schwierige Fragen. Die eine ist die der Religion oder genauer, des Verhältnisses derer, die sich an die Vernunft gebunden haben, zum religiösen Glauben. Blicken wir auf die bisher erwähnten Helden der hier erzählten Geschichte, so zeigen sie alle eine gewisse Verlegenheit bei diesem Thema. Sie äussern sich selten und ungern dazu. Mit Max Webers Worten könnte man sagen, sie sind alle «religiös absolut unmusikalisch». Sie sind dies jedoch in einer charakteristischen und vielleicht eher unerwarteten Weise. Popper spricht ganz sachlich von den praktischen Fragen der Assimilation des Juden an seine christliche Umwelt, aber spart dann das eigentliche Thema des Glaubens aus. Spinoza, sagt er an einer Stelle seiner

Autobiographie, «gab mir eine lebenslange Abneigung gegen das Theoretisieren über Gott». In Klammern fügt er noch hinzu: «Ich denke noch immer, dass die Theologie auf dem Fehlen des Glaubens beruht.» Mit anderen Worten, der religiöse Glaube ist etwas Privates, Persönliches, jenseits aller rationalen Argumentation, etwas das sich der Welt der Vernunft entzieht, über das man nicht zu reden braucht.

Bei Raymond Aron und Isaiah Berlin wird eine solche Haltung noch deutlicher. In Arons langer Autobiographie findet man manches über seine «Idee der Vernunft», aber nach Hinweisen auf religiösen Glauben muss man suchen. «In gewisser Weise bin ich ein Mensch des Aufklärungszeitalters geblieben», schreibt Aron im Epilog zu seinem Buch. «Gewiss verwerfe ich die Dogmen der Kirche nicht mit dem Wort Aberglauben. Ich sympathisiere oft mit gläubigen Katholiken, die in weltlichen Dingen eine totale Freiheit des Denkens an den Tag legen.» Mit anderen Worten, solange die Religion sich in weltliche Dinge nicht einmischt, sondern transzendent bleibt, ist sie akzeptabel – für andere. Aron kann sie tolerieren, sogar achten, aber für sich selber braucht er sie nicht.

Bei Isaiah Berlin wird eine ganz ähnliche Haltung noch deutlicher. Er respektiert religiöse Empfindungen und die jüdische Tradition im besonderen, «weil sie Menschen über die Grenzen ihrer Vernunft belehrt». (Dies ist Michael Ignatieffs Formulierung, übrigens wie bei Aron im Epilog zu seinem Buch.) Religion, schreibt Berlin selbst, «lebt nicht von ihren moralischen Implikationen», sie ist vielmehr «transzendent, absolut, ordnet Dinge, die in menschlichen Begriffen erschreckend sind». Berlin ging durchaus in die Synagoge, vor allem solange seine Mutter noch lebte, aber nicht in die Reform-Synagoge, denn er bestand darauf, dass «wenn er schon praktizieren musste, dieses so authentisch, so traditionell, so nahe am alten Glauben geschehen sollte wie möglich».

Isaiah Berlin, schreibt sein Biograph, «war ein Skeptiker und kein Häretiker». Er teilte den Popperschen Glauben an die Vernunft, war aber wie Popper und Aron überzeugt, dass die Vernunft nicht alles ist. Was indes jenseits der durch Vernunft bewältigbaren

Welt geschieht, entzieht sich dieser völlig; es gehört in eine Sphäre des erlaubten Irrationalismus. Das ist wichtig, weil es den Beginn einer Antwort auf eine zweite schwierige Frage an den Rationalisten enthält, die Frage der menschlichen Emotionen. Wir haben Poppers Definition der Vernunft durch «klares Denken und Erfahrung» zitiert. Tatsächlich fügt Popper dieser noch hinzu: «und nicht durch den Appell an Emotionen und Leidenschaften». Die Formulierung kehrt mehrfach wieder bei Popper. «Der Irrationalist besteht darauf, dass Emotionen und Leidenschaften und nicht die Vernunft die Hauptquellen menschlichen Handelns sind.» Müssen wir also wählen zwischen zwei Arten des Glaubens, dem an die Vernunft und dem an «Emotionen und Leidenschaften»?

Hinter dieser Frage steckt eine Kritik des Rationalismus, die ernstzunehmen ist. In ihrer einfachsten Form besagt sie, dass die Vernunft kalt ist, die Leidenschaft aber heiss. Überdies ist Vernunft eher oberflächlich, während Leidenschaft in die Tiefe reicht. Gewiss können Menschen auf Grund kühler Vernunftgründe handeln, aber häufig werden sie durch brennende Leidenschaften getrieben. Kein noch so hohes Mass an Vernunft kann die Leidenschaft zügeln. Im normalen Leben normaler Menschen sind (um Kant als hier ganz unverdächtigen Zeugen zu zitieren) «die missgünstig wetteifernde Eitelkeit, die nicht zu befriedigende Begierde zum Haben oder auch zum Herrschen» stärker als alle Vernunft. Der Glaube an die Vernunft leidet daher an einer entscheidenden Schwäche, die auch dadurch nicht vergeht, dass man *Raison* zur Göttin einer aufgeklärten Revolution erhebt.

Solche Einwände sind nicht ohne Kraft. Sie richten sich überdies nicht nur gegen die Vernunft, sondern auch gegen die in ihrem Namen geschaffenen Institutionen. Die Wissenschaft ist kalt, auch wenn manche sie mit Hingabe, ja mit Besessenheit betreiben. Die Demokratie ist kalt, und mit Recht wird die Frage gestellt, wofür Soldaten sterben, wenn sie in einen Krieg ziehen, der im Namen der Demokratie geführt wird. Die Marktwirtschaft ist kalt; es ist jedenfalls leichter, Empörung gegen ihre Exzesse und Ungleichheiten zu mobilisieren als Begeisterung für ihre Stärken. Hier begegnet uns eine der fundamentalen Schwächen der liberalen Ordnung: sie ist fast kraft Definition eine Sache des Kopfes, nicht des Herzens.

Doch kann das nicht das letzte Wort zum Thema sein. Im *Lob der Torheit* lässt Erasmus von Rotterdam seine Sprechpuppe Stultitia ein sehr wichtiges Argument entwickeln. Die Leidenschaften hören einfach nicht auf die Vernunft, sondern wischen sie beiseite. Während indes die Vernunft beiseite gewischt werden kann, lässt sie sich nicht zum Schweigen bringen. «Sie tut das einzige, was sie kann, und schreit sich heiser mit der Wiederholung von Formeln der Tugend.» Schreien, das was Albert Hirschman «Stimme» nennt, ist die Waffe der Vernunft, und zwar eine lästige, nachhaltige, letzten Endes damit starke Waffe. Wer an die Vernunft glaubt, darf nicht aufhören, die Stimme zu erheben, wenn irrationale Leidenschaften das Feld der öffentlichen Debatte zu erobern drohen.

Überdies kann es möglicherweise doch so etwas geben wie eine Leidenschaft der Vernunft. In seiner Rede über «Politik als Beruf» führt Max Weber die Trias von Tugenden ein, die er «Leidenschaft, Verantwortungsgefühl, Augenmass» nennt und gibt dann eine merkwürdige Definition der ersteren:

> «Leidenschaft im Sinn von Sachlichkeit: leidenschaftliche Hingabe an eine ‹Sache›, an den Gott oder Dämon, der ihr Gebieter ist.»

Sachlichkeit als Leidenschaft und Sachen, die einen Gott oder Dämon als Gebieter haben, stellen allerlei Fragen, doch stehen diese auf einem anderen Blatt. Es ist auch zu bedenken, dass hier von Politik die Rede ist, also gerade nicht vom Beobachten, wie engagiert es auch sein mag. Doch bleibt Webers Frage relevant, «wie heisse Leidenschaft und kühles Augenmass miteinander in derselben Seele zusammengezwungen werden können». Insbesondere da für ihn «Politik mit dem Kopfe gemacht [wird], nicht mit anderen Teilen des Körpers oder der Seele» ist seine Antwort relevant, wonach «menschlich echtes Handeln ... nur aus Leidenschaft geboren und gespeist sein» kann. Gilt das wohl auch für das Praktizieren der Tugenden der Freiheit, von denen hier die Rede ist? Die Leidenschaft der Vernunft ist gewiss eine leise Passion. Noch ihr Schreien kann im allgemeinen Lärm untergehen. Doch bleibt der leidenschaftliche Impuls, die Tugenden zu praktizieren, die vor der Unfreiheit schützen.

Einfach allerdings – das sei freimütig zugegeben – ist die Beziehung von Vernunft und Leidenschaft nicht. Popper wird mit einer Kritik an David Hume zitiert. Er unterstellt Hume, gesagt zu haben, die Vernunft sei die «Sklavin der Leidenschaften, und sie soll es sein und bleiben».

> «Ich bin durchaus bereit zuzugeben, dass ohne Leidenschaft noch nie etwas Grosses erreicht wurde; aber ich glaube an das genaue Gegenteil von Humes Behauptung. Die Bändigung unserer Leidenschaften durch die sehr begrenzte Vernünftigkeit, deren wir fähig sind, ist nach meiner Ansicht die einzige Hoffnung für die Menschheit.»

Indes unterschätzt Popper hier Hume. In dessen *Treatise on Human Nature* wird eines von drei Büchern den *Passions* gewidmet. Hume definiert diese sorgfältig. Sie schliessen Stolz und Demut, Liebe und Hass, Böswilligkeit und Grossmut ein, aber auch (als «direkte Leidenschaften») Freude und Hoffnung und vor allem Neugier und die Liebe zur Wahrheit. Damit beantwortet Hume die Frage, die Popper unbeantwortet lässt, woraus eigentlich die Vernunft ihre Kraft zieht.

11 ERASMUS VON ROTTERDAM WAR VORBOTE DER LIBERALEN TUGENDEN

Das ist es also, was man braucht, um den Versuchungen der Unfreiheit zu widerstehen: die Fähigkeit, sich auch wenn man allein bleibt nicht vom eigenen Kurs abbringen zu lassen; die Bereitschaft, mit den Widersprüchen und Konflikten der menschlichen Welt zu leben; die Disziplin des engagierten Beobachters, der sich nicht vereinnahmen lässt; die leidenschaftliche Hingabe an die Vernunft als Instrument der Erkenntnis und des Handelns. Das sind Tugenden, Kardinaltugenden der Freiheit. Schafft ihr Befolgen eigentlich sympathische Zeitgenossen? Handelt es sich um Tugenden, die man allen Menschen empfehlen möchte, um eine bessere Welt möglich zu machen?

Die drei beispielhaften Intellektuellen für die Anwendung der Kardinaltugenden, auf die wir uns bisher berufen haben, waren keine einfachen Menschen. Sie alle hatten Anhänger, wenngleich keine Schüler, aber sie hatten auch Verächter, die nicht viel von ihnen hielten, auch wenn diese nicht gleich mit dem Kamingeschirr auf sie losgingen. Popper, der selbst nicht zimperlich war im Austeilen von Invektiven, musste sich bald von (ehemaligen) Anhängern die Frotzelei «Die offene Gesellschaft, von einem ihrer Feinde» anhören. Sachliches und Persönliches mischte sich in den Angriffen. Auf der Linken galt Isaiah Berlin als bar jedes sozialen Gewissens wegen der «negativen Freiheit» (Charles Taylor), aber auch als dem Establishment ergeben. Auf der Rechten andererseits warf man ihm vor, seine Prinzipien gegen linke Gegner der Freiheit nicht verteidigt zu haben (Roger Scruton) und sowieso ein ganz oberflächlicher Denker zu sein. Raymond Aron sah sich gleichermassen von rechts wie von links attackiert, musste sich vor allem aber anhören, ihm «fehle Leidenschaft», er sei ein «subtiler Opportunist, ein kalter Fisch».

Die drei konnten solche Kritik ertragen; hatten sie doch den

Mut der Einzelkämpfer für Wahrheit. Sie waren übrigens nicht die einzigen ihrer Art; manche andere werden uns noch begegnen. Zudem standen sie in einer Tradition, einer mindestens 500-jährigen Tradition. So kann denn der geheimnisvolle Fremde auf die Bühne treten, der von den Anfängen dieses Buches an seinen Schatten vorausgeworfen hat: Erasmus von Rotterdam. Erasmus ist ein Vorbote der Tugenden der Freiheit. War er gar ihr Idealtypus? Sein Leben und Wirken kann als Resümee der bisherigen Erwägungen dienen. Seine Person zeigt die Stärken und Schwächen derer, die immun sind gegen Versuchungen ihrer Zeit, insonderheit Versuchungen der Unfreiheit.

Erasmus war ein öffentlicher Intellektueller, wie er im Buche steht. Als Sohn eines prominenten Priesters und einer Ärztin, also illegitim in jedem Sinne, 1469 (oder 1467?) in Rotterdam geboren, kannte er normale Bindungen an Familie, Heimat und Lebensumwelt nicht. Sogar der Landessprache, also dem Holländischen, war er (wie sein Biograph Johan Huizinga es ausdrückt) früh schon «entfremdet». «Erasmus, der sich ebenso gut oder besser als in seiner Muttersprache lateinisch ausdrücken konnte, kannte das Gefühl nicht, sich schliesslich doch allein unter seinen Landsleuten ganz zu Hause zu fühlen.» Indes, Privilegien und die Erfahrung einer prekären Randexistenz begleiteten ihn von seinen Anfängen in gleichem Masse. Mönche zogen ihn auf und bildeten das Talent, das den «wandernden Scholaren» zum Star seiner Zeit machte. Selbst 1492 zum Priester geweiht, gelang es ihm, der Disziplin seines (Augustiner-) Ordens zu entkommen und das Leben eines besessenen Autors, eines Kritikers und Polemikers, und in zunehmendem Masse eines Beraters der Einflussreichen in Kirche und Staat zu führen.

Hat er die Reformation erfunden? Es ist gesagt worden, dass «Erasmus das Ei legte und Luther es ausbrütete», doch wollte der Urheber mit der Kreation nichts zu tun haben. Die Wirkungen dieser Verleugnung kann man, wie wir sehen werden, tragisch nennen. Bis zu seinem Tode im Jahre 1536 wanderte Erasmus kreuz und quer über die Landkarte Europas, lebte in Paris und Löwen und Basel, brachte einige Zeit in Italien und viele Jahre in England zu, wenngleich er sich nie sehr weit von einem seiner geliebten Drucker, also Aldus, Frobenius und anderen entfernte. Seine zahlreichen Traktate und Pamphlete, Übersetzungen und Ausgaben, Anthologien und Dialoge, ganz zu schweigen von einem schier endlosen Strom von (meist zur Veröffentlichung bestimmten) Briefen, machten ihn zu einem Bestseller-Autor in der Frühzeit der Druckerpresse. Nur die Bibel, der ein so grosser Teil seiner Gelehrsamkeit gewidmet war, hatte eine höhere Auflage als seine Schriften.

Dies ist nur ein Augenschein eines Mannes, der zu seiner Zeit durchaus umstritten war, dessen Ruhm aber die Jahrhunderte überdauert hat. Dank der Zeichnungen und Porträts von Albrecht Dürer und Hans Holbein dem Jüngeren ist er durch das von ihm eingeläutete Zeitalter der Moderne hin eine vertraute Gestalt geblieben. Die Silhouette seines Kopfes in vergoldeten Seidenfäden ziert noch die Krawatte, die die Erasmus-Universität in Rotterdam Gastdozenten zur Erinnerung überreicht. Hundert Kilometer weiter südlich, in Brüssel, wird sein Name verwendet für ein europäisches System des Studentenaustausches, das Erasmus-Programm, wie auch für europäische Lehrstühle an den Universitäten der postkommunistischen Länder, die Erasmus-Professuren.

Doch ist hier keine Biographie von Erasmus, nicht einmal die des exemplarischen öffentlichen Intellektuellen beabsichtigt. Es geht vielmehr um die Tugenden der Freiheit, die gegen die Versuchungen der Unfreiheit immunisieren. Da ist sogleich zu bemerken, dass die Prüfungen der turbulenten Reformationszeit von ganz anderer Art waren als die des 20. Jahrhunderts. Es ging nicht eigentlich und jedenfalls nicht direkt um Freiheit und Unfreiheit (obgleich sowohl Erasmus als auch Luther mit den Begriffen umgingen). Es ging eher um die fast unausweichliche Notwendigkeit, Partei zu nehmen in einem zunehmend existentiellen Streit. In dem Masse, in dem die Kritik der Kirche zur Spaltung führte, mussten öffentliche Intellektuelle sich entscheiden. Erasmus selbst hatte diese Kritik in der ihm eigenen ironischen Art begonnen. Aufrührerische – oder vielleicht nur konsequentere – Geister wie Martin Luther hofften daher auf ihn als väterlichen Freund, wenngleich er tatsächlich befreundet war mit dem mutigen Verteidiger der Institutionen, Thomas More. In diesem Dilemma vertrat Erasmus dann in Worten und Taten, aber auch durch Schweigen und Nichtstun die Tugenden, um die es uns geht, mit all ihren Licht- und Schattenseiten.

Das klingt kryptisch und lässt sich doch ganz deutlich machen an Beispielen. Thomas More war ein Teilzeit-Intellektueller. Der Autor von *Utopia* war keineswegs, wie Kautsky meinte, «der erste der grossen kommunistischen Utopisten»; er war ganz im Gegenteil Jurist, Staatsmann und ein Verteidiger der Institutionen. Am Ende des hypothetischen Lobes der Gleichheit in *Utopia* lässt More den Leser nicht im Zweifel über seine eigene Präferenz für Hierarchie und Ordnung. Erasmus hatte den zehn Jahre Jüngeren bei seinem ersten England-Besuch 1499 kennengelernt. More hatte ihn bei dem jungen zukünftigen Heinrich VIII. eingeführt, der Mores Schicksal werden sollte. Erasmus und Morus sahen sich oft und diskutierten gerne bis spät in die Nacht. Erasmus widmete ihm sein schönstes Buch, *Das Lob der Torheit*, das schon mit seinem lateinischen Titel *Moriae Encomium* auf den Namen des Freundes Thomas More anspielt.

Im *Lob der Torheit* versteckt sich Erasmus hinter Stultitia, eben der Torheit, die allerlei Sottisen von sich gibt wie:

> «Die christliche Religion scheint im Ganzen verwandt mit einer Art Torheit, während sie keinerlei Beziehung hat zur Weisheit.»

Das dürfte More bei aller Gemeinsamkeit in der Kritik der allzu starren Kirche nicht gefallen haben. Auch Erasmus musste es Kritikern erklären als «Satire», ja als «Scherz» und eben als Meinung von Stultitia. Meistens war er denn auch vorsichtiger, so sehr, dass More ihn mit dem aus der Hinterhand servierten Kompliment pries:

> «Wenn zum Kampf herausgefordert, strebst du nach Frieden und hältst deine Feder zurück, ohne doch je die Wahrheit unverteidigt zu lassen. Du mässigst selbst deine Gegner, so dass Dinge nicht aus Zorn ausser Kontrolle geraten.»

Vielleicht lag hier der Grund, warum Erasmus dem Freund in seinem Konflikt mit Heinrich VIII. immer wieder zur Zurückhaltung riet. More, als Lordkanzler der erste Minister des Königs, vertrat die alten Institutionen und weigerte sich daher, den Eid auf den der römischen Kirche entfremdeten König zu leisten. Das führte zu seiner Verhaftung, Anklage, Verurteilung und Enthauptung, und nach seinem Tod zur Heiligsprechung als St. Thomas More.

Und Erasmus? Nur eine briefliche Äusserung von ihm ist aus der Leidenszeit von More überliefert: «Hätte sich doch Morus nur nie mit dieser gefährlichen Angelegenheit eingelassen und die theologischen Dinge den Theologen überlassen.» Seine Biographen notieren die Tatsache mit einiger Verlegenheit. Huizinga fragt, ob «uns Äusserungen entgangen sein» könnten, die einen verständnisvolleren Erasmus bekunden. Peter Ackroyd hat den sehr englischen Kommentar: «Das ist vielleicht nicht ganz so mitfühlend, wie die Umstände es erfordert hätten, aber es zeigt das Mass der wirklichen Distanz zwischen More und seinem alten humanistischen Freund.»

Es zeigt vor allem, wie stark Erasmus ein Mann des Kopfes und nicht des Herzens war und stellt aufs Neue die Frage nach Leidenschaft und Vernunft. Erasmus, vielmehr Stultitia, hat sie selbst gestellt. «Jupiter» wollte die Düsternis des Lebens erhellen und hat den Menschen daher «mehr Leidenschaft als Vernunft gegeben – man könnte rechnen, im Verhältnis von vierundzwanzig zu eins. Überdies hat er die Vernunft auf eine winzige Ecke des Kopfes begrenzt und den ganzen Rest des Körpers den Leidenschaften überlassen.» «Damit nicht genug hat er noch Zorn in der Brust, die das Herz beherrscht, und Begierde, die sich überall hin bis zu den Genitalien ausbreitet, als wilde Tyrannen gegen die Vernunft gehetzt.» Fast möchte man meinen, dass hier ein früher kritischer Rationalist am Werke ist. Er empfiehlt in einem seiner Dialoge, sich auf die Vernunft, nicht die Gefühle zu verlassen. «Was Emotionen bestimmen, geht vorüber; rationale Entscheidungen gefallen im Allgemeinen für immer.»

In dieser Grundhaltung lag denn auch der tiefe Grund seines Disputs mit Martin Luther. Stefan Zweig, dessen Pathos zuweilen die Substanz seiner Thesen erdrückt, sagt es mit eindringlichen Gegenüberstellungen:

«In Fleisch und Blut, in Norm und Form, in Geisteshaltung und Lebenshaltung, vom äusseren Leib bis zum innersten Nerv gehören [Erasmus und Luther] gleichsam verschiedenen, feindgeborenen Charakterrassen an: Konzilianz gegen Fanatismus, Vernunft gegen Leidenschaft, Kultur gegen Urkraft, Weltbürgertum gegen Nationalismus, Evolution gegen Revolution.»

Gesehen haben sich Erasmus und Luther nie. Lange Zeit unterstützte Erasmus indes den fünfzehn Jahre Jüngeren in Wort und Schrift. Auch galten beide als Verbündete im Kampf gegen die versteinerte, ja korrupte Realität der Kirche. *Aut Erasmus Lutherat, aut Erasmissat Lutherus*, hiess es: mal luthert der Erasmus, mal erasmust der Luther. Dabei hatte allerdings Erasmus immer schon ein ungutes Gefühl. Der jüngere Luther verehrte zunächst den älteren Erasmus als Heros der Reformbewegung. Je stärker diese Bewegung aber wurde und je deutlicher Luther sich an ihre Spitze stellte, desto mehr zog Erasmus sich zurück. Er habe Luther gar nicht gelesen, sagte er immer wieder, und als Luther sich 1519 direkt an ihn wandte, erhob er sein vermittelndes, friedenssuchendes Temperament zur Doktrin: «Mir scheint, durch gewinnende Bescheidenheit werde mehr erreicht als durch Ungestüm. So hat Christus die Welt unterworfen.» Da waren jedoch die Würfel schon gefallen, und Erasmus hatte Mühe, sich aus den Wirbelstürmen zu befreien, in die die Reformationsbewegung ihn zog.

Als es dann 1524–26 zur offenen Auseinandersetzung kam, mit den Streitschriften über den freien und den unfreien Willen, war Erasmus nicht mehr sein stärkstes Selbst. Überhaupt tat er sich schwer mit der direkten Auseinandersetzung. Luther traf einen Kern des Wesens von Erasmus, als er ihm 1524 schrieb: «Bleibe nur, wenn es dir beliebt, was du immer behauptetest, sein zu wollen: ein blosser Zuschauer unserer Tragödie.» Oder war der «blosse» dann doch ein engagierter Zuschauer?

Die Geschichte nahm eine tragische Wendung mit dem Schicksal Ulrich von Huttens. Hutten hatte Erasmus in früheren Jahren fast inbrünstig verehrt und war von Erasmus mit grossen Worten gepriesen worden. Der «Ritter ohne Furcht und Tadel» war ein tollkühner, wilder junger Mann, der die Kerze seines Lebens an beiden Enden entzündete. Jetzt, 1522, war der gerade 35-jährige sterbenskrank und klopfte an Erasmus' Tür, um Hilfe zu finden. Aber Erasmus, selbst krank und ängstlich ob körperlicher wie geistiger Infektion, liess ihn nicht ein. Ganz Basel sah es und wusste auch, dass Hutten sich nur mit äusserster Mühe zu Zwingli in Zürich schleppte. Der Schweizer Reformator gab ihm auf der Insel Ufenau ein Asyl zum Sterben.

Hutten hatte immerhin noch die Kraft, eine böse Schrift gegen den einstmals Verehrten zu verfassen, *Expostulatio cum Erasmo*. «Deine eigenen Bücher werden den Kampf miteinander auszufechten haben.» Erasmus antwortete, wie so oft mit starken Worten und schwachen Argumenten. Doch in dieser Antwort (Hutten sah sie nicht mehr) stehen Sätze, die besser als alle Kommentare die Eigenart von Erasmus kennzeichnen:

> «In vielen Büchern, in vielen Briefen, in vielen Streitgesprächen habe ich immer wieder erklärt, dass ich mich weigere, mich in die Angelegenheiten irgendeiner Partei einzumischen. Wenn Hutten mich beschimpft, weil ich mich nicht zur Unterstützung Luthers geschlagen habe, wie er es gerne von mir gehabt hätte, dann hat er vergessen, wie ich vor drei Jahren ausdrücklich betont habe, dass die lutheranische Partei meiner Grundhaltung fremd ist und dies auch immer bleiben würde; ich fügte sogar hinzu, dass ich nicht nur mich selbst von ihr fernhalten wolle, sondern meine Freunde ermutigt habe, dasselbe zu tun. Ich kann diese meine Haltung nicht verändern. Mit der lutheranischen Partei meine ich die Gruppe von Personen, die mit ganzem Herzen alles akzeptieren, was Luther geschrieben hat, jetzt schreibt oder zu einem zukünftigen Zeitpunkt schreiben wird. Man wird eine solche Selbstaufgabe sogar unter den fähigsten und anerkanntesten Männern finden; aber was mich betrifft, so habe ich häufig zu meinen Freunden gesagt, dass wenn die Lutheraner mir nur unter der Bedingung wohlgesonnen sind, dass ich uneingeschränkt mit ihren Meinungen übereinstimme, dann mögen sie denken was sie wollen, ich kann es nicht. Ich liebe die Freiheit, und ich will nicht und kann nicht irgendeiner Partei dienen.»

Deutlicher ist das Bedürfnis – und der Preis – der Unabhängigkeit des liberalen Geistes wohl selten formuliert worden. Dass Erasmus bereit und in der Lage war, zur Not allein und nur seinem inneren Kompass folgend auf die Suche nach Wahrheit zu gehen, steht ausser Zweifel. Er war der intellektuelle Einzelkämpfer *par excellence*. Nicht ganz so deutlich ist seine Fähigkeit, mit Widersprüchen zu leben. Er ertrug diese wohl, konnte auch nicht umhin zu sehen, dass es unvereinbare Positionen gab, mochte den Streit aber nicht; er war erklärtermassen ein Mann des Friedens. Gerne sagte er, er wolle «nur untersuchen, nicht richten, nur prüfen, nicht entscheiden», obgleich er dabei immerhin bereit war, «von jedem Beliebigen zu lernen, wenn etwas Richtigeres oder Zuverlässigeres vorgebracht werden sollte». Daraus spricht schon der engagierte Beobachter, der Erasmus gewisslich war. Zugleich war er von der Leidenschaft der Vernunft ergriffen; denn es war Leidenschaft, auch wenn er diese gerne durch Ironie dem direkten Blick der Umstehenden entzog.

Erasmus wird oft ein Humanist genannt. Er ist vor allem ein früher Repräsentant des modernen liberalen Geistes. Darum wird er hier ins Feld geführt, mit all seinen Schwächen. Worin bestand die nachhaltige Wirkung des Erasmus von Rotterdam? Sie bestand darin, dass er in erregten Zeiten einen klaren Kopf behielt. In einer manichäischen Welt brachte er es fertig, nicht Partei zu nehmen, sondern den Durchblick zu behalten. Das hat ihm so viele Gegner wie Freunde beschert. Es hat manche dazu verleitet, ihn für ihre Seite in Anspruch zu nehmen und andere, ihn der Gegenseite zuzuschieben. Seine Bücher wurden auf den Index gesetzt, aber auch immer wieder gedruckt. Seinen Namen umgab eine Aura der Klarheit, der Verlässlichkeit. Wer von Wahrheit und vor allem Freiheit sprechen wollte, fand es nicht schwer, sich auf Erasmus zu berufen. Hätte er stärker Partei nehmen sollen? Gewiss, er war kein Morus und kein Luther, kein Heiliger und kein Reformator, aber eben dadurch war er der Vorbote der liberalen Tugenden.

12 ERASMIER SIND REPRÄSENTANTEN DES LIBERALEN GEISTES

Erasmus von Rotterdam hatte keine Schüler. Sie hätten so wenig zu ihm gepasst wie zu denen, um die es in diesen Erwägungen und Untersuchungen geht. Auch Popper, Aron und Berlin hatten nicht eigentlich Schüler. Wohl aber gibt es Gesellschaften, Vereinigungen und Institute, die nicht nur durch ihren Namen an sie erinnern. Sie alle hatten und haben Anhänger, die die Meister preisen und sich bei wichtigen Fragen auf sie berufen. Bei Erasmus ist das frühzeitig schon dadurch deutlich geworden, dass sein Name in allerlei grammatisch überraschenden Wendungen gebraucht wurde. Wir haben das Verbum *erasmissare* kennengelernt. *Non sumus omni Erasmi*, schrieb ihm Thomas More einmal; wir können ja nicht alle Erasmusse sein. Viel später sprach ein deutscher Theologe von der «Wahlverwandtschaft» einer «geheimen Gemeinschaft verwandter Geister», die er die *societas Erasmiana* nannte. So zögere ich nicht, von Erasmiern zu reden, wie das im Titel dieses Kapitels geschieht.

Erasmier sind sicherlich keine *geheime* Gemeinschaft und im Grunde auch nicht eine *Gemeinschaft*. Sie sind einfach Männer und Frauen, die die Tugenden der Freiheit mit Erasmus teilen. Sie sind öffentliche Intellektuelle, die in ihrer Zeit den Versuchungen der Unfreiheit widerstanden. Sie sind damit Repräsentanten dessen, was man den liberalen Geist nennen kann, womit eine intellektuelle Grundhaltung gemeint ist, die sich durch die Kardinaltugenden kennzeichnen lässt, von denen die Rede war. Vor allem aber vertreten sie einen Begriff von Freiheit, der ebenso eng definiert wie emphatisch ist. Wie sagte es doch Isaiah Berlin? Menschen wollen ihr eigenes Leben führen. «Das ist Freiheit, wie sie von Liberalen in der modernen Welt verstanden worden ist, von den Tagen des Erasmus bis zu unseren.»

Die drei Erasmier des 20. Jahrhunderts, von denen bisher vor allem die Rede war, mögen die Tugenden der Freiheit gemeinsam haben, sind aber sehr verschiedene Charaktere. Nur Aron war sozusagen aus Überzeugung ein öffentlicher Intellektueller. Isaiah Berlin wurde in diese Rolle hineingezogen und suchte zeitlebens Stellungnahmen zu aktuellen Fragen zu vermeiden. Karl Popper entdeckte seine Stellung als öffentlicher Intellektueller spät, genoss sie dann aber, ohne darum sein Selbstbild als Erkenntnistheoretiker (und Naturwissenschaftler) geringer zu schätzen. Nur Aron wurde in einer seiner Lebensrollen zum Journalisten. Alle drei waren Professoren, aber nur Popper lebte auf seine einsame Weise ganz in der akademischen Welt. Sie hatten einander übrigens nicht viel zu sagen, auch wenn sie sich respektierten. Aron «fühlte sich Popper in gewisser Hinsicht sehr nahe»; für Berlin war Aron «die einzige französische Figur, die er respektierte»; Popper erwähnt am Rande, dass er 1936 Isaiah Berlin von Freddie Ayer vorgestellt wurde; aber von einer konkreten *societas Erasmiana* kann nicht die Rede sein.

Michael Ignatieff meint, Berlin und Aron seien intellektuell zu eitel gewesen, um Freunde zu sein. Das mag stimmen, ist aber bestenfalls ein Teil der Wahrheit. Erasmier sind eben Einzelkämpfer; es würde ihre Position eher schwächen, wenn sie, die doch Parteien nicht mögen, eine Partei bildeten. Daher ist hier also von einer Anzahl, allenfalls einer Kategorie von Erasmiern die Rede. Dabei sind allerdings weit mehr als nur die drei Genannten zu bedenken. Hannah Arendt zum Beispiel ist mehrfach schon erwähnt worden. Auch sie war übrigens, wie eine beträchtliche Zahl der Erasmier einer bestimmten Generation, von Profession Philosophin. Sie war überdies, wie so manche Erasmier, von denen hier die Rede sein wird, geprägt von Husserl, und in dessen Nachfolge von Jaspers und von Heidegger. Und auch dies teilt sie mit anderen Erasmiern, dass die Umstände der Zeit sie von der reinen Philosophie zur praktischen, insonderheit politischen Philosophie trieben.

Doch sind das ganz flächige Beschreibungen einer ungewöhnlichen Frau, deren Emotionen zu stark waren, um sie zur Erasmierin reinsten Wassers zu machen. Sie war in jedem Sinn eine freischwebende Intellektuelle. 1906 geboren, in Königsberg und Berlin aufgewachsen, bewies sie früh schon eine explosive Unabhängigkeit des Wesens. Als Studentin in Marburg wurde sie Heideggers Geliebte. Die väterliche Verehrung für Jaspers gab ihr einen gewissen Halt. Nach der Promotion über den Liebesbegriff bei Augustinus wurde sie zur freischaffenden Autorin, zunächst mit ihrem schönen Buch über Rahel Varnhagen. Ihr erster Mann, Günther Stern, bekannt als Günther Anders, teilte mit ihr die vagierende Intellektualität, dann auch die Emigration.

Hannah Arendt floh 1934 über Prag und Genf nach Paris, wo sie bis zur allerletzten Minute, noch nach dem deutschen Einmarsch nämlich, blieb, um 1941 mit ihrem zweiten Mann, Heinrich Blücher, über Lissabon nach New York zu entkommen. In Paris hatte sie vor allem für zionistische Organisationen gewirkt; diese Tätigkeit setzte sie in New York fort. Dann, mit ihrem Buch über die *Ursprünge des Totalitarismus*, gewann jedoch das Schreiben die Oberhand. Sie wurde zur öffentlichen Figur, zur vielgesuchten Dozentin, regelmässig lehrend in Princeton, dann an der New School for Social Research in New York. Sobald der Krieg zuende war, begann sie wieder nach Europa zu reisen. Sie war immer Europäerin, ja wegen der von ihr geliebten Muttersprache Deutsche geblieben. Als sie 1975 starb, war sie eine Berühmtheit auf beiden Seiten des Atlantik.

An erasmischen Zügen fehlte es ihr nicht. Kaum einer hat wie sie den Mut bewiesen, die eigene Position unter Gegnern, ja Feinden zu vertreten. So war es für sie eine schlichte Lebenstatsache, dass man mit Gegensätzen leben muss und kann. Mit dem engagierten Beobachten tat sie sich allerdings schwerer. Sie hätte es gerne gepflegt, aber immer wieder obsiegte der Wunsch nach Engagement. Der führte zumeist nicht weit. Sie hatte eine merkwürdige Neigung zu vielleicht originellen, am Ende jedoch eher abwegigen Ideen. Die zionistischen Freunde hielten zum Beispiel wenig von ihrem Vorschlag, Palästina durch Integration in das britische Commonwealth zu sichern. Mit einem Seufzer zog sich Hannah Arendt auf die Beobachtung, die Analyse zurück.

Hier vor allem geriet sie immer wieder auf seltsame Abwege. Vernunft und Leidenschaft waren ihr gleichermassen wichtig, aber fanden keine Einheit. Schon die junge Studentin wurde von Heidegger gefangen, weil (wie sie meinte) bei ihm Denken und Leben, Vernunft und Leidenschaft eins geworden seien. Sie waren es jedoch nicht, weder bei Heidegger noch bei Arendt. Immer wieder machten beiden Einschüsse emotionaler Energie die rationale Argumentation zunichte. Hannah Arendts Werk ist voll von Beispielen. Insoweit das Totalitarismus-Buch vom Totalitarismus und nicht vom Antisemitismus handelt, beruht es auf der These, dass dem politischen Phänomen «eine hochatomisierte Gesellschaft» mit «Wettbewerbsstrukturen und der entsprechenden Einsamkeit des Individuums» zugrunde liegt. Die Zerstörung von Bindungen war zwar von frühester Jugend an Hannah Arendts persönliche Erfahrung, beschrieb aber schwerlich die in traditionalen Strukturen verhakte Gesellschaft der verspäteten Nation Deutschland. Auch ihr Buch *Vita Activa* beginnt mit Definitionen, deren Schwäche – darunter das völlige Fehlen der *vita contemplativa* in der Analyse – die restliche Argumentation beeinträchtigen. Von dem Denkfehler der «Banalität des Bösen» in *Eichmann in Jerusalem* war schon die Rede.

Hannah Arendt war eine warmherzige und zugleich geistig fast überlebendige Frau, eine zentrale Figur im intellektuellen Leben der Zeit vor und nach dem Zweiten Weltkrieg. Sie war immun gegen die beiden grossen Versuchungen – ausser dass sie sich in einen Mann nachhaltig verliebte, der den Nazis verfiel, und einen anderen heiratete, der Kommunist war. «Es war nie klar, wofür oder wogegen sie war», hat man über sie gesagt. So war sie eine Erasmierin mit kleinen, und vielleicht nicht ganz so kleinen Fehlern.

Das galt auch, wenngleich auf ganz andere Weise, für Norberto Bobbio. Der Turiner war ebenfalls Philosoph, allerdings zum Unterschied von Hannah Arendt mit einer (fast) ganz normalen Karriere als Professor. In der Tat zeigt sein Lebenslauf wenig von der inneren Dramatik seines Lebens im faschistischen und dann im republikanischen Italien. 1909 geboren, wuchs er in Mussolinis Regime auf, studierte in seiner Heimatstadt Turin, aber auch in Marburg Jurisprudenz und Philosophie. Was die Philosophie betraf, so war für ihn wie für andere Erasmier Husserl ein Augenöffner. Doch galt sein Blick nicht in erster Linie dem Sein, dem Leben, sondern dem Recht, der reinen Form. Als Rechtsphilosoph stand Bobbio daher unter dem Einfluss von Kelsen. Er pries dessen Klarheit, schätzte die Konzentration auf Verfahrensfragen (z. B. der Demokratie) und bekannte sich zu einer eigenen Art des Rechtspositivismus. Die drei Bände seiner Rechtstheorie, zuerst in den 1950er Jahren veröffentlicht, wurden Standardwerke in Italien.

Noch Bobbios lange akademische Karriere in Siena, in Padua und von 1948 bis zu seinem Tod 2004 in Turin, scheint auf den ersten Blick undramatisch. Doch täuscht der erste Blick. Bobbios politisches Interesse war früh erwacht; er gehörte Oppositionsgruppen gegen den Faschismus an. Von der Rechtsphilosophie führte ihn sein Weg mehr und mehr zur politischen Philosophie. In der Nachkriegszeit wurde er zunehmend zu einem (parteilosen) Sprecher der liberalen Linken. In der Nachfolge Benedetto Croces war er nicht nur ein öffentlicher Intellektueller, sondern geradezu ein Staatsintellektueller, was Präsident Pertini wohl auch veranlasste, ihn 1984 zum Senator auf Lebenszeit zu ernennen.

Bobbio wirkte, wie sich das für Erasmier gehört, durch seine zahlreichen Schriften, in späterer Zeit auch durch Artikel in Tageszeitungen, Interviews und öffentliche Äusserungen jeder Art. Ein Erasmier war er gewiss. Am Ende schrieb er sogar über eine ganz ähnliche Haltung. «Meine Bewunderung hat immer den Gelehrten gegolten, die niemals Verrat begangen haben.» (Er meint den *trahison des clercs*, also den intellektuellen Verrat an Wahrheit und Freiheit.) Er war nach eigener Bekundung ein engagierter Beobachter, oder wie er es nannte, ein «vermittelnder oder engagierter Intellektueller». So gerne er von einer *cultura militante* sprach, betonte er doch, dass diese «sich nicht in direktes politisches Handeln übersetzen» lässt. Seine Leidenschaft war sicherlich die der Vernunft. Auch ging er seinen Weg nach dem eigenen inneren Kompass.

Doch war sein Weg als Erasmier nicht ganz so geradlinig wie der von Aron oder Berlin oder Popper. «Einige unvermeidliche Kompromisse mit unserem Gewissen», wie er es im Alter ausdrückte, schlossen fast alle in der Zeit des Faschismus. Von Bobbios (verzeihlichem) Sündenfall wird noch zu sprechen sein. Schwieriger ist es mit seinem Verhältnis zum Kommunismus. Er hatte seine eigene Weise, mit Widersprüchen zu leben. Er sprach gelegentlich von seinen «Oxymora», «nämlich Verbindungen wie Liberalismus und Sozialismus, Aufklärung und Pessimismus, Toleranz und Unnachgiebigkeit und viele andere». Früher hatte er einen «dritten Weg» gesucht. «Auf der Rechten gibt es den Irrtum des agnostischen oder konservativen Liberalismus, der zur Freiheit ohne Gerechtigkeit führt. Auf der Linken gibt es den Irrtum des autoritären Kollektivismus, der zur Gerechtigkeit ohne Freiheit führt.» Bobbio wollte beide verbinden – und warum auch nicht? Doch glaubte er an eine intellektuelle Verbindung, nicht an den Pluralismus à la Berlin. Er sah sich als «Liberalsozialisten». Das bedeutete vor allem, dass die Freiheit als Grundlage der Demokratie «nicht mehr nur als negative Freiheit verstanden wird, wie in der politischen Tradition des Liberalismus, sondern auch als positive Freiheit». Hier beruft Bobbio sich (fälschlich) auf Kant, vor allem aber auf Rousseau. Kann man sich noch wundern, dass er für die Kommunisten eine Schwäche hatte, ja Mao, einen der grossen Massenmörder des Jahrhunderts, bewunderte?

Da gibt es mancherlei mildernde Umstände. Auch ist alles nicht ganz so einfach bei Bobbio. Was bleibt, ist dennoch ein Erasmier mit gewissen Einschränkungen. Vielleicht ist es am Platze, zwischen reinen, durch keine noch so milde Anwandlung von Versuchung der Unfreiheit getrübten Erasmiern und solchen zu unterscheiden, deren Verhalten hier und da zweifelnde Fragen zulässt. Dann würden vor allem unsere glorreichen Drei, also Popper, Aron und Berlin, als reine Erasmier gelten. Norberto Bobbio erreichte dieses Prädikat nicht ganz, und auch Hannah Arendt ist eine Erasmierin mit einigen Abstrichen. Theodor W. Adorno, der ironische Beobachter, zeigte nur Spuren des Engagements, das den Erasmier definiert; dennoch gehört auch er zu denen, die allenfalls dem ersten Hauch der Versuchungen der Unfreiheit verfielen. Noch schwerer indes sind andere zu platzieren. Wohin gehören die Renegaten wie Arthur Koestler und Manès Sperber, die nach ihrer Abkehr vom Kommunismus entschiedene und wortgewaltige Erasmier wurden? Dann sind da die englischen Intellektuellen, von denen bisher nur am Rande die Rede war, also Stephen Spender und vor allem George Orwell. Sie sind, wie noch zu zeigen sein wird, ein besonderer Fall, weil sie eben aus dem Erasmier-Land England kommen.

Popper, Aron, Berlin; Arendt und Bobbio; Koestler, Sperber, Spender, Orwell, Adorno – das sind zehn Gestalten, zehn öffentliche Intellektuelle, deren Wirken, deren Tugenden und Untugenden jedenfalls zu bedenken sind, wenn von den Erasmiern die Rede ist. Dabei heisst «bedenken», dass sie auf den Prüfstand der Zeit gestellt werden. Sie alle sind im ersten Jahrzehnt des 20. Jahrhunderts geboren. Die Versuchungen der Zeit, an denen sie gemessen werden, sind daher die Versuchungen des Totalitarismus. Der Zehnerclub ist natürlich nicht exklusiv. Im folgenden werden ihm noch eine Reihe von Namen hinzugefügt, manche davon einschränkungslos, manche mit Vorbehalt. Dabei schälen sich einige Gestalten heraus, die eine eigene Erwägung verdienen, wie zum Beispiel der Angepasste, der innere Emigrant, der Renegat. Das Ziel bleibt, hinter allen Unterschieden der Lebensgeschichte und des Temperaments die Verhaltensweisen zu erkunden, die öffentliche Intellektuelle immun machen gegenüber den Versuchungen der Unfreiheit. Als Erasmier können sie gelten, wenn sie die Prüfungen der Zeit bestehen.

AUF DEM PRÜFSTAND DES 20. JAHRHUNDERTS

13 JAHRGANG 1902 ODER DIE VIELGEPRÜFTEN

Die Erasmier-Kandidaten, die bereits in dieser Untersuchung aufgetreten sind, haben eines gemeinsam, das schon ein-, zweimal erwähnt worden ist. Sie sind allesamt im ersten Jahrzehnt des 20. Jahrhunderts geboren. Der älteste unter ihnen ist der am 28. Juli 1902 geborene Karl Popper, der jüngste der am 18. Oktober 1909 geborene Norberto Bobbio. Sie gehören also alle einer Generation an, wie man es früher gesagt hätte. Heute sprächen zumindest sozialwissenschaftlich Angehauchte eher von einer «Sozialisationskohorte». Das besagt immerhin, dass ähnliche Erfahrungen sie geprägt haben. Was sind das für Erfahrungen?

Im Jahre 1928 veröffentlichte der deutsche Autor Ernst Glaeser ein Buch mit dem Titel *Jahrgang 1902*. Das ist kein bedeutendes Buch wie die grossen Kriegsbücher von Erich Maria Remarque (*Im Westen nichts Neues*) oder auch von Ernst Jünger (*In Stahlgewittern*), aber zu seiner Zeit wurde es viel gelesen, weil eine Generation sich in ihm wiederfand. Es geht um einen Jungen, der vor dem Grossen Krieg in einer westdeutschen Kleinstadt aufwächst. Das ist eine enge Welt mit ihrem Antisemitismus im Alltag, ihren rigiden Strukturen von Rang und Status, und ihren noch einigermassen erträglichen Konflikten zwischen etwas liberaleren und prononciert nationalen Erwachsenen. Die erste und einzige Reise führt den namenlosen deutschen Jungen gerade in den Augusttagen des Jahres 1914 in die Schweiz, wo er sich zum Ärger der Eltern mit einem gleichaltrigen französischen Jungen anfreundet. Als der Kriegsausbruch sie trennt, sagt Gaston noch: «La guerre, ce sont nos parents, – mon ami ...»

Das war bestenfalls halb wahr. Der Krieg wird zwar von den Eltern des Jahrgangs 1902 angezettelt und geführt, jedoch zum bestimmenden Ereignis wird er für die, die mit seinen Folgen leben müssen, also eben die am Anfang des mörderischen 20. Jahrhunderts Geborenen. Die «Eltern» waren überdies durchaus nicht alle einer Meinung. Da gab es die, die nicht glauben konnten, dass ein zivilisiertes Europa (wie sie es sahen) in einen «Bruderkrieg» ziehen könnte, diejenigen auch, die auf die Solidarität eines vermeintlich kriegsunwilligen Proletariats aller Länder bauten. Dann gab es die wachsende Zahl derer, die von düsteren Vorahnungen geplagt wurden. Zu ihnen gehörte der Vater von Ernst Glaesers jungem Helden, dem indes ein Anwaltskollege entgegnet: «Das wäre ja grossartig, das wäre ja eine herrliche Erfrischung nach der langen, faulen Zeit des Friedens!» Und der Schulrektor des Jungen fügt im August 1914 noch hinzu: «Endlich ist der faule Frieden vorbei. Die eiserne Zeit beginnt. Wir wollen unserem Schöpfer danken, dass wir sie erleben dürfen.»

Das war die böse Vorgeschichte der Zeit der Prüfungen, um die es hier geht. Bei Glaeser steht wenig zu lesen über deren eigentlichen Beginn, also das Ende des Krieges und die Folgen. Von Interesse sind allenfalls zwei Nebenbemerkungen. «Weihnachten 1917 war vorüber», heisst es einmal, «die russische Revolution hatte auch in unserer Stadt das Fest sehr hoffnungsvoll gestaltet.» Das war wohl vor allem die Hoffnung auf das baldige Ende des Krieges. Dann aber kamen Soldaten auf Urlaub und fügten einen anderen Ton hinzu: «Man müsste es eigentlich so machen wie die Russen. Dann wäre der Schwindel vorbei ...»

Noch waren die Jungen des Jahrgangs 1902 Opfer, jedenfalls Objekte der Ereignisse der Zeit. Sie wuchsen in der Zwischenkriegszeit auf. Die russische Revolution stabilisierte sich. Rosa Luxemburg nannte sie schon 1918 «das mächtigste Ereignis des Weltkrieges». 1922 marschierte Benito Mussolini mit seinen Schwarzhemden auf Rom und begann, in Italien ein faschistisches Regime zu etablieren. Adolf Hitlers «Marsch auf München» ein Jahr später scheiterte, aber die deutsche Demokratie blieb bedroht. Die Generationserfahrungen (Bernd Rüthers zählt sie auf) waren verwirrend, auch traumatisch: «Dolchstosslegende, Versailles als

‹Schandvertrag›. Inflation und Depossedierung als ‹Schuld der Republik›», später dann «Besetzung des Ruhrgebiets ... Verelendung im Gefolge der Weltwirtschaftskrise, das ‹Versagen von Weimar›».

So wurden aus Opfern Täter, auch Täter des Bösen. Als Heinrich Himmler, Reinhard Heydrich und Werner Best 1936 den «SS-Sicherheitsdienst (SD)» aufbauten, der Hitlers Massenmorde «organisierte und exekutierte», gingen sie systematisch vor. Ihr «Assessoren-Kindergarten» künftiger Mörder nahm nur Einserjuristen mit «straffer Haltung» aus «völkisch gesinnten Familien» auf, die zu «häufigen Funktionswechseln» bereit waren, vor allem aber «bedingungslosen Gehorsam gegenüber der NS-Führung» zeigten. Das erste Auswahlkriterium indes war: «jugendliches Lebensalter (Jahrgänge 1900–1910), Angehörige der ‹Kriegsjugendgeneration›». Mit Recht betont Rüthers, dass dieser Vorgang «die Verführbarkeit junger intellektueller Eliten deutlich macht».

Michael Wildt spricht im gleichen Zusammenhang von der «Generation des Unbedingten». Seine Untersuchung ergibt, dass nicht weniger als 60 Prozent der Akteure des Reichssicherheitshauptamtes, also der Schlüsselagentur der Naziverbrechen, in der Dekade zwischen 1900 und 1910 geboren sind. Sie – und diejenigen, die sie anwarben – huldigten einem Kult der Jugend: «Jugend nicht im Sinne des üblichen genealogischen Generationenkonfliktes, sondern als Entwurf einer neuen Welt, die aus dem Zusammenbruch der alten den Appell wie die Unbedingtheit ihres Anspruchs begründete.»

«Unbedingt» waren indes nicht nur die Henker des Naziregimes, sondern auch viele der von ihnen Gehenkten. Es gibt eine andere Seite der hier hervorgehobenen Generation. Nahezu alle der adligen Offiziere des «Kreisauer Kreises» und dann der versuchten Revolte vom 20. Juli 1944 gehörten derselben Generation an. Das galt nicht nur für den Attentäter Claus Schenk Graf von Stauffenberg (*1907) selbst, sondern auch für die Grafen Schulenburg (*1902), Schwerin (*1902), Yorck (*1904), von Moltke (*1907), für Henning von Tresckow (*1901) und Hans von Dohnanyi (*1902), Hans-Bernd von Haeften (*1905) und Adam von Trott (*1909). Sie alle liessen ihr Leben für ein Deutschland des Anstands und der Ehre, das ihre Generationsgenossen im Reichssicherheitshauptamt beschmutzt und für alle Zeiten beschädigt hatten.

Es gibt nach alledem mancherlei Gründe, diese Studie auf Menschen zu beschränken, die zwischen 1900 und 1910 geboren sind. Dennoch liegt in der Begrenzung eine gewisse Willkür. Das wird an den Rändern der gewählten Generation besonders deutlich. Warum den 1899 geborenen Friedrich von Hayek ausschliessen? Oder den 1911 geborenen Czeslaw Milosz? Gab es nicht auch ältere Erasmier wie Salvador de Madariaga (*1886)? Oder jüngere wie Vaclav Havel (*1936)? Diese und andere öffentliche Intellektuelle werden durchaus nicht übersehen. Doch hat die informierte Willkür der Beschränkung auf die Generation von 1900–1910 angesichts des sonst unbegrenzbaren Universums der öffentlichen Intellektuellen einen praktischen Sinn. Sie hat darüber hinaus auch ihren historischen Sinn. Diese Menschen waren alt genug, um engagiert am Geschehen der Zeit teilzunehmen, aber noch nicht so gefestigt in ihren Positionen, um unversuchbar zu sein.

Die Unschuld der am Beginn des 20. Jahrhunderts Geborenen war früh schon dahin. Die Prüfungen folgten einander in beängstigendem Tempo. Sie waren immer auch Versuchungen. Wie sie wirkten und wie viele ihnen verfielen, haben wir am Anfang dieser Untersuchungen und Erwägungen gesehen. Da wurde auch deutlich, wie die beiden Versuchungen der Unfreiheit sich aneinander hochschaukelten. Schon Mussolini, der wie so viele Faschisten ursprünglich aktiver Sozialist gewesen war, wollte Italien vor dem Bolschewismus bewahren. Das veranlasste manche seiner Gegner, für ihren Antifaschismus Freunde bei den Kommunisten zu suchen. Nach Hitlers Machtergreifung 1933 wurde die Wechselbeziehung noch ausgeprägter. Dann verwirrten der Spanische Bürgerkrieg und der Hitler-Stalin-Pakt das Bild. Erst mit Nazi-Deutschlands Angriff auf die Sowjetunion schien es wieder klarer. Doch war 1945 nur für den Faschismus, nicht aber für die Versuchungen der Unfreiheit das Ende. Bis dahin vergingen noch fast 45 gespannte Jahre des Kalten Krieges.

Wenn in den folgenden Abschnitten der liberale Geist auf den Prüfstand gestellt wird, werden wir nicht in erster Linie dem Gang der Ereignisse folgen, so wichtig dieser im Hintergrund bleibt. Vielmehr geht es hier um charakteristische Reaktionen öffentlicher Intellektueller. Dabei rücken vornehmlich solche ins Blickfeld, die Erasmier sind, sein könnten, zu bestimmten Zeiten waren. Es ist also nicht von der «intellektuellen Elite» des «Assessoren-Kindergartens» der SS-Führung die Rede. Es ist auch nicht die Rede von denen, die wie Ernst Bloch oder Georg Lukács den Bannkreis kommunistischer Betörung nie ganz verlassen haben und jedenfalls keine Repräsentanten des liberalen Geistes wurden. (Sie gehörten überdies einer älteren als der hier interessierenden Generation an, denn beide sind 1885 geboren.) Uns interessieren die, die vom Baum liberaler Erkenntnis zumindest gekostet haben, auch wenn sie das erst spät taten oder sich von den Früchten der tätigen Freiheit aus irgendwelchen Gründen wieder abwandten.

Ursprünglich wollte ich diesem Teil der Untersuchung den Titel geben: «Es gab viele Weisen des Versagens angesichts der Versuchungen der Unfreiheit». Das hätte manche der hier Erwähnten getroffen, darunter nicht zuletzt den Autor von *Jahrgang 1902*, Ernst Glaeser. Als Manès Sperber, damals französischer Kulturoffizier, ihn nach dem Krieg in Mainz traf, musste er feststellen, dass Glaeser gleich mehrere dieser Weisen ausprobiert hatte. Der mittlerweile 44-jährige «trank und rauchte viel zu viel», um sich über seine krause Lebensgeschichte wegzutrösten. Der Erfolg des frühen Romans hatte ihn in linke Kreise geführt. Er reiste in die Sowjetunion und pries diese in Berichten. Dann aber emigrierte er in die Schweiz. Er verliess diese jedoch vor Kriegsbeginn und «söhnte sich mit dem Dritten Reich aus», wurde Kriegsberichterstatter und journalistischer Propagandist. Nun suchte er Unterstützung bei der französischen Besatzungsmacht, darunter bei Sperber, vor allem aber bei Malraux, und fand diese auch.

Das ist eine knappe und auch zu herbe Biographie eines öffentlichen Intellektuellen, der sich nicht viel hat zuschulden kommen lassen. Immer wieder muss man sich angesichts der totalitären Versuchungen daran erinnern, nicht zu ungnädig mit denen zu sein, die ihnen ausgesetzt waren. Damit ist nicht nur gemeint, dass manche der im folgenden an Personen dargestellten Haltungen durchaus kein persönliches Versagen zeigen. Wie könnte das erzwungene Exil oder gar der Widerstand mit dem Risiko von Verhaftung, Folter und Tod als Versagen beschrieben werden? Mir war jedoch auch bewusst, dass es leicht, vielleicht zu leicht ist, vom sicheren Hort normaler Zeiten über Haltungen wie die Anpassung oder die innere Emigration zu urteilen. Noch die Anfälligkeit junger Intellektueller für eine Ideologie, die doch zu versprechen schien, den Armen und Benachteiligten der Welt zu helfen, verdient mehr als die einfache Abwertung, insbesondere wenn ihr eher früher als später die Einsicht in die Tugenden der liberalen Ordnung gefolgt ist.

Diese Mehrdimensionalität der Untersuchung hat auch einen persönlichen Grund. Meine eigenen Erfahrungen sind zu vielfältig und komplex, um Manichäer zu sein. Es gibt nicht nur gut und böse, nicht einmal nur Erasmier der vollendeten Art unter den Gerechten dieser Welt. Oder sollten diese Gerechten lieber Freunde der Freiheit genannt werden? Noch wer einen strengen Freiheitsbegriff vertritt, wie wir es tun, kann Verständnis haben für das breite Spektrum vom «Liberal-Liberalen» à la Hayek zum «Liberal-Sozialisten» à la Bobbio.

Meine Mutter gehörte zum Jahrgang 1902. Ihre Erzählungen vom «Steckrübenwinter» während des Ersten Weltkrieges, dann von der Inflation, als sie ihr Sekretärinnengehalt innerhalb von Minuten ausgeben musste, bevor es weiter entwertet wurde, klingen in meinem Gedächtnis nach. Stärker noch erinnere ich mich an die Geschichten der turbulenten Zeit vor 1933, als mehrfach Steine durch die Fenster der elterlichen Wohnung geworfen wurden und die Eltern sich fragten: Waren es dieses Mal Nazis oder Kommunisten?

Mein Vater, Jahrgang 1901, war zwar als sozialdemokratischer Politiker eine sehr öffentliche Person in seiner Heimatstadt Hamburg, aber ein Intellektueller war er nicht. Zwar hatten die Einrichtungen der Arbeiterbildung den Volksschüler zum Lesen angeregt; auch schrieb der junge Journalist täglich nicht wenige Zeilen; aber seine Maxime war Engagement, nicht Beobachtung. Auch hätte er in seinen jungen Jahren wohl der Gerechtigkeit den Vorrang vor der Freiheit gegeben. Erst als die Freiheit bedroht war, wusste er, dass ohne sie alles nichts ist. Für den Mann des Widerstandes bedeutete das bei den Nazis Verfolgung, am Ende Lager und Zuchthaus. Für den Mann der Freiheit bedeutete es bei den Kommunisten nach dem Krieg erneut drohende Verfolgung, als er die Zwangsvereinigung seiner Sozialdemokratischen Partei mit den Kommunisten ablehnte.

Das alles ging naturgemäss nicht spurlos an mir vorbei. Als Fünfzehnjähriger erfuhr ich am eigenen Leibe, was Totalitarismus für Unbotmässige bedeutet. In Berlin, wo ich das Kriegsende erlebte, habe ich im Kalten Krieg gesehen, dass die Freiheit immer gefährdet ist und daher der tätigen Verteidigung bedarf. Ich habe aber auch begriffen, dass tätige Freiheit gelernt sein will, und dass dabei, wie bei allem Lernen, Versuch und Irrtum nahe beieinander liegen.

14 DIE LÄSSLICHE SÜNDE DER ANPASSUNG

Anfang der 1930er Jahre war für die meisten öffentlichen Intellektuellen Europas der reale Kommunismus der Sowjetunion, der Bolschewismus, eine weit entfernte Welt. Für manche Objekt von Phantasien der Hoffnung, allenfalls Ziel einer eher kurzen Besuchsreise, verlangte er keine tägliche Stellungnahme, keinen lebensverändernden Positionsbezug. Das änderte sich erst fünfzehn Jahre später, als nach dem Zweiten Weltkrieg kommunistische Regimes halb Europa eroberten und den Rest bedrohten. Der Faschismus indes stand 1930 bereits vor der Tür. In Italien hatten Mussolinis Schwarzhemden schon 1922 die Macht ergriffen. In Deutschland bewegten sich die Nationalsozialisten zielstrebig auf dem Weg zur Macht, die sie am 30. Januar 1933 in aller Form übernahmen. Dass dasselbe in anderen Ländern geschehen könnte, war eine klare und allgegenwärtige Gefahr. Es bedeutete für Intellektuelle, dass sie sich im einen Fall, dem des Kommunismus, ausserhalb der Sowjetunion freimütig äussern konnten, im anderen, dem des Faschismus, aber gezwungen waren, sich auf neue Realitäten einzustellen. Das galt vor allem in Deutschland und in Italien. Wer im Land blieb, musste sich auf die eine oder andere Weise mit dem Regime arrangieren.

Hier liegt der Grund, warum es bei den vom Faschismus Versuchten oft nicht ganz leicht ist zu sagen, ob sie Überzeugungstäter waren oder aber Opportunisten. Mitwirken aus Überzeugung ist sicher keine lässliche Sünde für Liberale; Mitlaufen aus Gründen der Existenzsicherung, manchmal einfach um zu überleben, stellt hingegen andere Fragen. Norberto Bobbios Erfahrung macht diese fast überdeutlich. Nahezu niemand hat je daran gezweifelt, dass Bobbio kein Faschist war. Als 23-jähriger schon schloss er sich in Turin der Widerstandsgruppe «Gerechtigkeit und Freiheit» an. Als diese

1936 von der Polizei aufgelöst und ihre führenden Vertreter ins Gefängnis gesteckt wurden, hatte Bobbio Glück, nur zu Hausarrest verurteilt zu werden. So war es für das intellektuelle Italien und sogar für Bobbio selbst ein Schock, als 1993 ein Brief des Turiner Rechtsphilosophen an den Duce Mussolini aus den Archiven ans Tageslicht kam.

Der Brief stammt vom 8. Juli 1935. Der 25-jährige Dozent Bobbio stand unter Antifaschismus-Verdacht und sah seine Lebenschancen gefährdet. «Exzellenz», schrieb er an den Duce, «seit meinem Studienbeginn 1928 bin ich Mitglied der Faschistischen Partei und der faschistischen Universitätsgruppe.» Mehr noch, «ich bin in einer patriotischen und faschistischen Familie aufgewachsen.» Aktiv sei er als Faschist an der Universität gewesen, indem er eine Studentenzeitung herausgegeben, Reisen organisiert und Vorlesungen über den Marsch auf Rom gehalten habe. Das Studium habe ihn befähigt, «meine politischen Meinungen zu konsolidieren und meine faschistischen Überzeugungen zu vertiefen». Die Beschuldigung des Antifaschismus «verletzt mich daher tief und beleidigt mein Bewusstsein als Faschist», für das es Zeugen unter den Freunden in der faschistischen Bewegung gebe.

Ob infolge des Briefes oder aus anderen Gründen, Bobbios Karriere nahm ihren Gang, und sein Antifaschismus wurde eher noch aktiver. Doch war er von der Veröffentlichung des vergessenen Briefes tief schockiert. «Eine Diktatur korrumpiert die Seelen von Menschen», schrieb er. «Sie zwingt einem Heuchelei, Lügen und Unterwürfigkeit auf.» Er habe seine «faschistischen Nachweise» zwar übertrieben, aber im Kern die Wahrheit geschrieben. Da gebe es keine Rechtfertigung.

> «Um sich unter einer Diktatur zu retten, braucht man Charakterstärke, Hochherzigkeit und Mut, und ich erkenne an, dass ich seinerzeit, als ich den Brief schrieb, diese nicht hatte. Ich habe keine Schwierigkeit mit der Prüfung meines Gewissens, wie ich das schon viele, viele Male getan habe.»

Die Reaktion der intellektuellen Öffentlichkeit war geteilt. Viele indes wiesen auf den Kontext und die Lage junger Intellektueller hin, die im Lande geblieben waren. Auch wenn sie «privat» dem Regime feindselig gegenüberstanden und sogar illegal tätig wurden, «mussten sie nach aussen den Anschein wahren, der es ihnen erlaubt, ihre eigenen Geschäfte zu verfolgen».

War der Brief (dem noch einige Erklärungen an den Minister und sicher andere bestätigende Stellungnahmen folgten) eine lässliche Sünde? Ich denke, ja. In seiner Umgebung zweifelte niemand an Bobbios Überzeugungen. Er schädigte niemanden mit seinen Äusserungen. Er zog sich auch nicht zurück ins Kämmerlein der inneren Emigration; im Gegenteil wurde er zum militanten Antifaschisten. Seine Reue angesichts der Veröffentlichung war ehrlich und echt. Nur Heilige können da guten Mutes den ersten Stein werfen.

Norberto Bobbios Duce-Brief war ein einmaliger Akt des bewussten Opportunismus. Jedermann kannte seine liberalen und sozialen Überzeugungen, die mit dem Faschismus unvereinbar waren. Auch hielt seine Anpassung an das Regime sich in engen Grenzen, er stand durchweg der Suche nach freiheitlichen Alternativen näher als der Unterstützung von Mussolini. Er war ein Erasmier, der auf der Skala der Perfektion sicherlich nicht weit von der Spitze eingeordnet zu werden verdient. Schwieriger verhält es sich mit dem nachdenklich stimmenden Fall des deutschen Politologen und Publizisten Theodor Eschenburg, dessen autobiographische Notizen einen tiefen Einblick in die Wirkungen des Drucks auf Anpassung im nationalsozialistischen Deutschland erlauben.

Der 1904 geborene Lübecker Bürgersohn Eschenburg wurde in der westlichen Bundesrepublik Deutschland der Zeit nach 1945 zu einem öffentlichen Professor von beträchtlicher Ausstrahlung. Seine zahlreichen Artikel in der Wochenzeitung «Die Zeit», seine sonstigen öffentlichen Stellungnahmen, seine Bücher und seine Lehrtätigkeit als Professor der «wissenschaftlichen Politik» in Tübingen errangen ihm verdientermassen die Beschreibung als *Praeceptor Germaniae*. Unerbittlich mass er die Verfassungswirklichkeit an der Verfassung und fand dabei viele der politischen Akteure fehlbar.

Sein Wort hatte Gewicht. Er kam aus einer Familie, in der sich hanseatische Bürgertugenden (der Grossvater war Bürgermeister von Lübeck gewesen) mit Loyalität zur Monarchie (der Vater war Seeoffizier) mischten.

Die Versuchung des Kommunismus hat ihn nie berührt. Seine Dissertation über «Das Kaiserreich am Scheideweg. Bassermann, Bülow und der Block» führte ihn zu Gustav Stresemann, in dessen Umkreis er sich erste politische Sporen verdiente. War es ein demokratischer Umkreis? Jedenfalls war es keiner der Sympathie mit dem Nationalsozialismus. Dass man sich 1936 «auch in unserem Kreis einer Bewunderung der Hitlerschen Taktik nicht ganz verschliessen konnte», war schon das äusserste an politischem Entgegenkommen Eschenburgs gegenüber dem Regime. Das Naziregime stand seinem Ideal des moralischen Staates sehr fern.

Dennoch ist der zweite Band von Eschenburgs Autobiographie geradezu ein Lehrbuch der Anpassung, wenn nicht des Mitläufertums. Zunächst nahm «man» die Nazis nicht ernst. Indes, «gerade weil man den neuen Machthabern nur einen geringen Kredit einräumte, arrangierte man sich mit ihnen». Man hängte zum Beispiel einen Vorhang vor ein Bild des «entarteten Künstlers Max Beckmann, den man je nach der politischen Haltung der Gäste öffnete oder schloss». Im Diskussionsklub der «Quiriten» kam man bald gar «nicht mehr auf den Gedanken, Juden einzuladen». Es «breitete sich die Empfindung aus, man müsse sich nicht partout missliebig machen». Im Nachhinein fragt sich Eschenburg, ob «wir damals viel zu schnell die Flinte ins Korn geworfen» haben; aber seine Antwort lautet eher nein.

Eschenburg, der durchaus politische Mensch, beschloss nach 1933, sich der Politik zu «entziehen», wovon er sich auch «in den zwölf Jahren des Dritten Reiches nicht abbringen» liess. Er wurde Verbandssyndikus für die deutsche Knopf- und Reissverschlussindustrie und verfolgte als solcher eine bewusste Überlebensstrategie. Dabei ging es allerdings nicht ganz ohne Politik. Als Ende 1933 seine Stellung in Gefahr geriet, trat er der «Garde des neuen Regimes», der SS bei. Da er wenig Zeit für die regelmässigen Dienste der Organisation hatte, fand er es im Spätherbst 1934 möglich, um seine ehrenvolle Entlassung nachzusuchen, die er auch erhielt. «Es war eine Episode, nicht sehr rühmlich, aber ich fühle mich durch sie auch nicht sehr belastet.»

Wie Bobbio sah Eschenburg das Korrumpierende an Zeiten der Diktatur, vor allem «jene Mischung aus Wahrheit und Lüge, in die in diesen Zeiten unvermeidlicherweise alles geriet». Mehr als Bobbio aber fand er es nötig, sich anzupassen. «Ich hatte ja schon der Politik Valet gesagt. Nun hörte ich auch auf zu publizieren.» «Nicht aufzufallen und schon gar nicht zu provozieren, wurde zu meiner Devise.» «Wir alle waren Gegner des Regimes, mussten aber unseres Berufes und des Überlebens willen unser Auskommen mit den Machthabern und ihren Funktionären suchen.»

Dahinter steckte immer die Angst vor der Gestapo, vor dem Konzentrationslager und noch Schlimmerem, von dem Eschenburg wie viele eine vage Ahnung, aber kein genaues Wissen hatte. So wurde er immer vorsichtiger. Als beim 50. Geburtstag des Verlegers Ernst Rowohlt frohgemut regimefeindliche Reden im Stil des politischen Kabaretts geführt wurden, machte er sich unauffällig auf den Weg nach Hause. «Ich verspürte keine Lust, wegen einer lustigen, gewagten Nummer in die Bredouille zu kommen.» Dann war da das Treffen mit Ludwig Erhard beim Berliner Nachbarn Karl Blessing im vierten Kriegsjahr 1943. Erhard fehlten zwei Perlmuttknöpfe am Hemd, die ihm der Syndikus der Knopfindustrie schenkte. Als Gegengabe bekam Eschenburg vom Wirtschaftsprofessor ein Papier, in dem Erhard Gedanken zur Wirtschaftspolitik nach dem – als verloren angenommenen – Krieg entwickelte. Zu später Stunde las Eschenburg das Dokument und empfand «mehr Angst als Bewunderung». Er ging zurück zu Blessings Haus und weckte den tief schlafenden Erhard, um ihm das Exposé zurückzugeben und ihn zu warnen. «Nicht eine Stunde länger wollte ich es in meinem Zimmer behalten», und Erhard sei mit den Exemplaren in der zerbeulten Aktentasche in Lebensgefahr. «Erhard meinte, das hätte ich ihm auch am nächsten Morgen sagen können, drängte mich aus der Tür und verschloss sie.»

Wer war da der Erasmier? Eschenburg gelang es, im richtigen Moment immer ausser Landes zu sein. Am 20. Juli war er in Stockholm beschäftigt. Unmittelbar vor Kriegsende sollte und durfte er zu einem internationalen Treffen der Reissverschlussindustrie in die Schweiz. Im Zug nach Lindau sass ihm gegenüber ein älterer Mann, der friedlich ein Buch von Stefan Zweig las. «In einem geeigneten Augenblick flüsterte ich ihm zu, ich wolle mich zwar nicht einmischen, aber an seiner Stelle würde ich ein verbotenes Buch nicht in aller Öffentlichkeit lesen.» Beide kamen heil in die Schweiz. Dort erlebte Theodor Eschenburg das Kriegsende, um dann seinen Weg zum Lehrer und Mahner Deutschlands in Tübingen zu beginnen, wo er zunächst als Staatsrat der südwürttembergischen Regierung amtierte, dann Professor wurde an der Universität, die er später als Rektor leiten sollte.

Ein Erasmier war Eschenburg nur mit Einschränkungen. An seiner leidenschaftlichen Vernunft bestand wenig Zweifel, und auch nicht am engagierten Beobachten der Zeit. Dass er das Engagement aus Opportunitätsgründen suspendieren konnte, zeigte seine Schwierigkeiten mit dem Mut des Einzelkampfes um Wahrheit. Dieser war offenbar bei Ludwig Erhard ausgeprägter. Vor allem aber mangelte es Eschenburg am liberalen Verständnis des Lebens mit Widersprüchen. Er zog klare Verhältnisse vor und sah den Staat als moralische Instanz, um diese Verhältnisse zu schaffen und zu erhalten. Das machte ihn zum natürlichen Gegner des Willkürregimes der Nazis, aber liess ihn auch zögern, den Aufstand des Gewissens vom 20. Juli 1944 zu unterstützen. «Die Organisation eines Staatsstreichs schien mir zu kompliziert zu sein ... Ausserdem war ich mir nicht sicher, ob wirklich die richtigen Leute an der Spitze der Verschwörung standen.»

Eschenburg war also allenfalls ein Erasmier der mittleren Ordnung. Auch dieses Urteil setzt voraus, dass man seine Bemühungen um Anpassung als eine lässliche Sünde betrachtet. Wer das totalitäre Regime erlebt hat, wird das tun. Kritik ist vor allem möglich an dem, was Eschenburg nicht getan hat; es gibt keine Taten, die ihm zur Last liegen. Überdies hat er selbst die Geschichte seines

Opportunismus mit fast naiver Offenheit in seinen Lebenserinnerungen geschildert. Was hätte der 30-jährige 1933 anders machen sollen? Helden sind, wie wir gesehen haben, die Erasmier nicht, und Märtyrer auch nicht.

Anpassung ohne Engagement, aber auch ohne Widerstand ist eine charakteristische Haltung öffentlicher Intellektueller im Faschismus. Man ist gegen das Regime, hält sich aber zurück, entpolitisiert sich und macht Konzessionen, die nicht allzu viel kosten und vor allem andere nicht schädigen. Eine ähnliche Haltung war nach dem Krieg in den vom Kommunismus überrollten Ländern verbreitet. Vor allem in den fast vier Jahrzehnten des Nomenklatura-Kommunismus nach Stalins Tod machten manche zumindest äusserlich ihren Frieden mit dem Regime und gingen ihrer eigenen Sache nach. Sie hörten sozusagen auf, öffentliche Intellektuelle zu sein. Wenn sie dennoch Positionen im öffentlichen, zumindest im bürgerlichen Leben bekleideten, verlangte das ein Mass an Anpassung. Manche sehen den tiefen Konflikt zwischen den ersten beiden Präsidenten der nachkommunistischen Tschechischen (zunächst Tschechoslowakischen) Republik in diesem Licht: Vaclav Havel war ein Mann des Widerstandes gewesen, Vaclav Klaus ein Mann der Anpassung, der daher den berühmten Aufruf zur Freisetzung Havels aus dem Gefängnis nicht unterschrieb.

Es gab andere Alternativen. Leszek Kolakowski, der polnische Philosoph, spricht aus bitterer Erfahrung, wenn er die «Kulturmenschen» genannten Intellektuellen seines Landes beschreibt. Er war selbst Kommunist, dann Dissident und Verfolgter, bevor er ins Exil ging und aus der (britischen) Ferne Polens Weg in die Freiheit aktiv begleitete. Es gab, so schreibt er, eine kleine Zahl meist mittelmässiger, «lautstarker und aggressiver» Intellektueller. Es gab eine beträchtliche Zahl von Dissidenten, die dafür einen hohen Preis bezahlen mussten, der vom Publikationsverbot und Passentzug bis zur Haft reichte. Die Mehrzahl der offiziell als «kreative Intelligenz» Beschriebenen aber «schmeichelte den Mächtigen und pries das kommunistische System, wobei sie sich und anderen erklärten, dies sei nötig, um die ‹kulturelle Substanz› des Landes zu retten und traditionelle Werte vor der Ausrottung zu schutzen».

Kolakowski zeigt sich von solchen Argumenten wenig beeindruckt. «Meist schützten sie tatsächlich nur ihre eigenen Privilegien und Portemonnaies.» Doch schreibt er dies in der überaus freundlichen Einleitung zur englischen Ausgabe einiger Erzählungen von Jaroslaw Iwaszkiewicz. Der bedeutende Schriftsteller und Dichter hatte oft seine Loyalität gegenüber dem kommunistischen Regime erklärt und auch «ein paar zweitklassige Gedichte» über das politisch korrekte Thema des Friedens verfasst, ja er war sogar Vorsitzender des polnischen Schriftstellerverbandes geworden. Indes schrieb er bedeutende Gedichte, Romane und Theaterstücke. «Nie hat er andere verfolgt oder unterdrückt.» Im Gegenteil half er vielen, die von den Autoritäten bedrängt wurden. Gewiss, wenn es brenzlig wurde, «stellte sich im allgemeinen heraus, dass er gerade ausser Landes war in Sizilien oder in Paris». Aber im Kern «war er schlicht ein guter Mensch im reinsten Sinn des Wortes».

Kolakowski ist zu jung (*1927) und Iwaszkiewicz zu alt (*1894), um in die Generation unserer Erasmier zu gehören, aber beider Geschichte passt in unseren Kontext. Kolakowski gehört zu denen, denen Anpassung immer fremd blieb. Der kantige, bissig ironische und doch profunde Philosoph wechselte zwar seinen Glauben – der Marxist erinnerte sich an seine katholischen Wurzeln –, aber suchte nie, sich dem Zugriff der Mächtigen durch Schmeichelei zu entziehen. Der mildere, zutiefst humane Dichter andererseits war einer der vielen, die sich durch Anpassung einen Freiraum schufen, in dem sie nicht nur überleben und schreiben und publizieren, sondern sogar weniger Angepassten helfen konnten.

15 DIE VERWUNDBARE FREIHEIT DER INNEREN EMIGRATION

In Diktaturen zu überleben, ist für Intellektuelle nicht leicht. Doch gibt es sogar öffentliche Intellektuelle, ja Erasmier, die das mit unvermeidlichen, aber verzeihlichen Einschränkungen geschafft haben. Die Anpassung an das Regime, sei es durch gelegentliches Tun, sei es durch regelmässiges Lassen, ist dabei nur eine von mehreren Methoden. Von zwei weiteren ist noch zu sprechen, bevor wir zu Weisen des Verhaltens kommen, die eben nicht zum Überleben *in* Diktaturen verhelfen, darunter der aktive Widerstand und das Exil.

Schon einmal war in unseren Erwägungen die Rede von der «inneren Emigration», von dem, was Isaiah Berlin den «Rückzug in die innere Zitadelle» nennt. Das ist, wie wir gesehen haben, bestenfalls die Illusion der Freiheit; in Tat und Wahrheit aber, also in der Wirkung wird es zur Ermutigung der Unfreiheit. «Was kümmert mich der Schiffbruch der Welt – ich weiss von nichts als meiner seligen Insel!» Hölderlins Rezept versperrt den Schiffbrüchigen noch das Finden der seligen Insel; es verdammt sie zum Ertrinken im endlosen Meer. Ernst Wiechert, der romantische Gebrauchspoet, der die «innere Emigration» für Deutschland in den 30er Jahren empfahl, war denn auch den Nazis durchaus nicht abhold. Von Erasmiertum blieb da keine Spur.

Wenn hier dennoch der Ausdruck «innere Emigration» aufgenommen wird, dann weil es eine Variante des Verhaltens gibt, die sich noch mit erasmischen Tugenden vereinbaren lässt. Es ist dies eine innere Emigration auf Zeit, bezeichnend für potenziell öffentliche Intellektuelle, wenn sie sich in eine Sphäre der geistigen Tätigkeit zurückziehen, die sie vor dem Zugriff von Gestapo und Stasi wenigstens vorübergehend schützt. Zu einem gegebenen Moment ergreifen sie dann aber die Chance, um einen Spalt der Freiheit aufzustemmen zu einem Tor und mehr, zur völligen «Offenheit».

«Offenheit» ist ein Schlüsselbegriff des tschechischen Philosophen Jan Patočka, der als Inbegriff der gemeinten Haltung gelten kann. Seine Helden, die «in der Amplitude» leben, also das bequeme «Leben in der Enklave» des Normalen verlassen haben, «suchen ihr Paradies, aber es ist nicht das Paradies der geschlossenen, sondern der geöffneten Augen». 1907 in Turnow in Ostböhmen als Sohn hochkultivierter Eltern geboren, hatte Patočka als 21-jähriger Student in Paris Edmund Husserl gehört und war tief beeindruckt. So fand er sich 1933 – wie Hannah Arendt und noch andere unserer Erasmier – in Freiburg, wo er, gegen Husserls Rat, alsbald Heidegger verfiel. Mehr noch, er versuchte in seiner Schrift «Die natürliche Welt als philosophisches Problem» das nach Meinung vieler Unmögliche, nämlich «einen Brückenschlag zwischen den beiden so unterschiedlichen Denkern herzustellen». Übrigens hielt er zum Unterschied von anderen, nicht zuletzt von Heidegger, seinem (aus Mähren stammenden) «Landsmann» Husserl als Person die Treue bis zu dessen Tod 1938 und darüber hinaus durch die Pflege seines Nachlasses.

Ein Wort ist nötig über das erregte, für Jüngere erstaunlich anziehende philosophische Klima jener Jahre. Für viele war die weithin dominierende Schulphilosophie zu einer Art Scholastik der Aufklärung geworden. Sie wollten etwas «Echteres» als die subtilen Interpretationen der Neukantianer oder die Zweidimensionalität der Positivisten. Sie suchten eine neue, unmittelbarere Sprache und einen direkteren Zugang zu den tieferen Fragen von Sinn und Bedeutung. Nietzsche hatte diese Wendung angekündigt; Heidegger vollzog sie. Dabei fiel ein grosser Teil der Tradition von Erasmus bis Hegel beiseite. Nur Kant blieb noch, wenngleich nun als umstrittener Ahnherr sowohl des Alten als auch des Neuen. Lieber wandten sich die Jüngeren – wie Heidegger – den Griechen zu, und unter ihnen mit Vorliebe den nur fragmentarisch überlieferten Vorsokratikern.

Das war die gedankliche Welt, die der junge Patočka in den 1930er Jahren mit nach Prag brachte. Die Stadt erlebte gerade eine ihrer häufigen, wenn auch oft kurzlebigen Hochkonjunkturen des Geistes. Es war nicht (wie Patočkas Übersetzer und Biograph Ludger Hagedorn es ausdrückt) «das Aufflackern eines Lichts kurz vor dem endgültigen Verlöschen»; denn das Prager Licht des schöpferischen Geistes flackerte immer wieder auf: nach 1945, im Prager Frühling 1968, vor 1989. Es verlosch allerdings auch immer wieder, wurde vielmehr mehrfach brutal ausgelöscht.

Jan Patočka starb 1977, erlebte also das Auf und Ab davor am eigenen Leibe. In den 1930er Jahren begann seine erfolgreiche Lehrtätigkeit an der Karls-Universität in Prag. Zudem begründete er den *Cercle Philosophique*, in dem auch durchaus praktisch-philosophische Themen wie die Krise der Demokratie erörtert wurden. Dann aber «empfand man, dass die Spindel der Ananke sich im Gegensinn dreht». So Patočka 1936 über die nahenden Nazis! «Ananke», die (historische) Notwendigkeit, das Unausweichliche kam und war nicht Aufruf zum Tun, sondern zum Rückzug. Patočka überlebte den Krieg als Lehrer, nahm nach 1945 mit Begeisterung seine Dozententätigkeit wieder auf, wurde Professor, bis er 1950 als Nicht-Marxist von der Universität verwiesen wurde. Ein Lehr- und Publikationsverbot kam hinzu. Wiederum begannen Jahre der «inneren Emigration». Er wirkte, wie Hagedorn es im Anschluss an Paul Ricoeur mit einem eindringlichen Bild von Pasternak beschreibt, «unter dem Eis der Zeit».

Tatsächlich bedeutete das, dass er sich als Archivar und Bibliothekar durchschlug, nur gelegentlich und «zu unverfänglichen Themen» Vorträge hielt, «abseits der öffentlichen Diskussion», «in grosser Zurückgezogenheit» lebte. Ein solches Leben war ihm übrigens durchaus geheuer. In einer seiner späten «Privatvorlesungen» über «den geistigen Menschen und den Intellektuellen» (1975) spricht Patočka mit Platon von «drei möglichen Haltungen» des geistigen Menschen zum gesellschaftlichen Ganzen. Die erste ist der Weg des Sokrates, «den Leuten [zu] zeigen, wie die Dinge sich in Wirklichkeit verhalten», dabei unter Umständen «in Konflikt zu geraten und zum Sterben bereit zu sein». Das ist nicht Patočkas Haltung, auch wenn es am Ende sein Schicksal beschreiben sollte.

Ebenso wenig ist es die dritte Möglichkeit, «Sophist zu werden», womit Patočka den ewig krittelnden Intellektuellen meint.

> «Die zweite Möglichkeit ist die, die Platon wählt – die innere Emigration, Rückzug aus der Öffentlichkeit, Rückzug vom Kontakt und Konflikt mit der Welt und vor allem mit der Gemeinde, in der Hoffnung, dass wir im philosophischen Suchen etwas finden, dessen Resultate es den geistigen Menschen möglich machen, zu leben und nicht zu sterben – wie etwa eine Gemeinde der geistigen Menschen.»

Patočka sagt es nicht ausdrücklich, aber seine Sympathie für diese Haltung ist unverkennbar. Dabei half es, dass seine philosophischen Arbeiten zwar anders waren als die vorherrschende marxistische Lehre, aber sich nicht direkt gegen diese richteten. Popper oder Aron oder Berlin hätten sich nicht zurückziehen und unanstössige Bücher schreiben können. Patočkas *Aristoteles, seine Vorgänger und Erben* war hingegen kein Schlüsselroman, keine indirekte Attacke auf vorherrschende Lehren, sondern zweckfreie Ideengeschichte. Noch stärker galt das für seine Mitwirkung an der Ausgabe der Schriften von Comenius.

Wagte sich Patočka einmal auf dünneres Eis, so blieb auch das unanstössig, weil esoterisch. In der Tat entwickelte er geradezu eine Theorie der inneren Emigration im Zusammenhang mit seinem Begriff des «Untergrundmenschen». Das ist ein seltsames, nicht ganz leicht verständliches, aber Patočka durchaus vertrautes Wesen, das er mit Hilfe von Kant, Nietzsche, vor allem aber Dostojewskis Iwan Karamasow konstruiert. Der «Untergrundmensch» hat die «Oberfläche der Dinge» durchstossen, ist nicht mehr «naiv» und unterscheidet sich somit vom «normalen Menschen». «Der Untergrundmensch hat sich die Freiheit erkämpft, doch eine schlechthin negative Freiheit, und der Inhalt seines Existierens ist die Nichtigkeit.» (Ist das möglicherweise eine bessere Verwendung des Wortes «negativ» in Verbindung mit Freiheit als die Isaiah Berlins?) Die wirkliche Welt verliert jede Bedeutung. «So steigt in uns … eine tiefe Langeweile auf, ein tiefes Desinteresse, eine Empfindungslosigkeit gegenüber allem und allen.»

Patočka verstrickt sich fast hoffnungslos in die Qualen des «Untergrundmenschen» und sucht doch einen Ausweg. Er findet diesen in seiner Philosophie des Sinns. «Der Mensch steht vor einer ungeheuren Aufgabe: ... sich selbst zu begreifen als ein Wesen, das aus dem Sinn für den Sinn existiert.» Das ist weder Anpassung noch Opposition. Zuweilen spürt man bei Patočka den Heideggerschen Widerwillen gegen die Welt des «Man». So wenn er den Nationalhelden und nachdenklichen Ex-Präsidenten der Tschechen T. G. Masaryk abtut mit den Worten, «sein Philosophieren bewegt sich in der Sphäre der Objektivität», ihm fehle daher «ein eigentlicher Zugang zum Bereich des Existenziellen».

Patočka hat einmal (1976) ein paar Erinnerungen an Husserl (und zugleich an Heidegger) zu Papier gebracht, in denen es vom Leben «der zwei Philosophen» heisst: «Sie schienen sich nicht zu kümmern um die bedrückende politische Wirklichkeit, welche sie umgab und ihre Schicksale nolens volens bestimmte.» Sie gaben ihm damit «ein erstes Beispiel dessen, wie ausserhalb der lauten Offizialität ein geistiges Leben im echten Sinne trotz allem gedeihen kann». Was Heidegger betrifft, ist da ein Fragezeichen am Platze. Doch wurde für Patočka das Beispiel zum Modell. Es mag sein, dass die Freiheit seines Philosophierens in einem subtilen Sinn nicht nur unvereinbar ist mit dem Nomenklatura-Kommunismus und dem Naziregime davor, sondern diese in ein kritisches Licht hüllt. Doch verlangt es besondere Brillen, um dieses Licht auch nur zu sehen. Wichtiger noch, das Licht flackert mühsam und ist nur allzu leicht ausgeblasen. Die innere Emigration in die Zitadelle esoterischen Philosophierens ist nicht nur selbst verwundbar, sondern verführt die Mächtigen zur Besetzung der Räume, die eine bloss innere Freiheit freigibt für die Unfreiheit.

Patočka ging harsch mit dem philosophierenden Präsidenten Masaryk um. Ein zweiter weit über die Grenzen des Landes bewunderter Präsident der Tschechen, der ebenfalls nicht ohne philosophische Ambitionen war, Vaclav Havel, berief sich gerne auf den Philosophen. Patočka ist Havels «Guru» genannt worden; richtiger ist indes wohl, dass Havel in wichtigen Fragen bei Patočka eine Sprache fand, die seinem eigenen Denken entsprach. Das schöne Wort vom «Leben in Wahrheit» zum Beispiel stammt von Patočka. Beide teilten einen Kulturpessimismus, der bei Patočka abstrakt («Zeit des Nihilismus»), bei Havel durchaus konkret (als Ekel vor dem «dichten braunen Rauch» aus den Fabrikschornsteinen) zum Ausdruck kam. Auch ist in diesem Zusammenhang Havels merkwürdige Vorliebe für «antipolitische Politik» zu bedenken, also, ganz à la Patočka, für «eine Politik als eine der Arten, wie man im Leben Sinn suchen und erlangen kann». Hier sind Havels Worte dem Leben in der «inneren Emigration» durchaus nahe.

Das sind indes nur die Worte. Havels Taten, die den Dissidenten in der kommunistischen Zeit ins Gefängnis und nachher in das Schloss des Staatspräsidenten führten, sprechen eine andere Sprache. Das gilt nun auch für Jan Patočka. Während des Prager Frühlings 1968 kehrte er an die Universität zurück. Nach dessen brutalem Ende unter den Panzern des Warschauer Paktes «will sich der zurückhaltende Philosoph nicht mehr in sein Schicksal fügen». In «Untergrund-Seminaren» versammelt er begeisterte Studenten. Seine *samisdat*-»Publikationen» gehen von Hand zu Hand. 1977 wird er neben Vaclav Havel und Jiři Hajek einer der drei Sprecher von *Charta* 77, der Organisation des intellektuellen Widerstandes, die die in Helsinki von den Regierungen beschlossenen Bürgerrechte einforderte. «Und alle waren wir erstaunt darüber, wie er redete: Die Sprache, die er mitbrachte aus seinem politisch schweigsamen Leben, war eine völlig andere als die, die wir sogar von unseren besseren oder gewissermassen verbesserten Funktionären gehört hatten.» Die schlechteren, unverbesserlichen unter den Funktionären duldeten es denn auch nicht. Sie unterwarfen Patočka häufigen Polizeiverhören. Ohnehin gesundheitlich geschwächt, stirbt er an den Folgen eines langen Verhörs am 13. März 1977.

Ist der «innere Emigrant» also doch ein Erasmier? Es fehlt nicht an erasmischen Zügen in seinem Werk und Leben. Er sprach von sich als einem Menschen, «der sein Leben in allerlei Konflikten verbracht hat». Diese ertrug er nicht nur, sondern übersetzte sie in eine Philosophie, die vor allem Fragen stellte und Offenheit suchte. Sein

Glaube an die Vernunft blieb ungebrochen. Am Mut, seine Sache zu vertreten, fehlte es ihm nie. Das alles führt ihn sicherlich zu einem Rang unter den Erasmiern. Nur ein engagierter Beobachter war er nicht, weder engagiert, wenn man von den letzten Jahren absieht, noch Beobachter im Sinne des Interesses an den Fragen der Zeit. Auch zum öffentlichen Intellektuellen musste er durch die Umstände der Zeit gezwungen werden. Niemand wird dem Leben des grossen Tschechen den Respekt versagen, von seinem Werk ganz zu schweigen. Dennoch stellt es ungelöste Fragen des liberalen Geistes in Zeiten der Unfreiheit.

16 AUF DEN MARMORKLIPPEN ODER DAS REINE SCHAUEN

Neben der inneren Emigration gibt es eine weitere Weise des untätigen Überlebens von Intellektuellen in der Diktatur, für die es schwer ist, einen Namen zu finden. Ihr Merkmal ist es geradezu, sich der Benennung zu entziehen. Auch ihr fehlt das Engagement, das zum Handeln, wenigstens aber zum moralischen Urteil anregt. Überdies lässt das Verhalten der Vertreter dieser Position sich nicht eigentlich als «Beobachten» beschreiben. Beobachten impliziert das genaue Hinsehen, damit die ungebrochene Verbindung zu dem, was gemeinhin Realität oder Wirklichkeit genannt wird. Die hier Gemeinten beobachten aber nicht. Sie verfremden die Realität vielmehr, indem sie sie beschreiben; sie verflüchtigen ihren Wirklichkeitsgehalt in einer unverbundenen *clair-obscure* manchmal des Ästhetischen, manchmal auch nur des Entfernten, des Anderen.

Das sind mysteriöse Aussagen, die selbst schon in die eigentümliche Welt gehören, von der hier die Rede ist. So ist es nötig, an Beispielen zu erkunden, worum es geht. Im Jahre 1944 machte Ernst Jünger einem nicht unbeträchtlichen Kreis ein kleines Buch zugänglich, das den Titel *Auf den Marmorklippen* trägt! Der schmale Band, der «ohne eine Gattungsbezeichnung blieb», wurde bald zum Kultbuch. Dolf Sternberger, der bedeutende Publizist und Autor, nannte es «das kühnste Erzeugnis der Schönen Literatur, das während der Zeit des Dritten Reiches in Deutschland ans Licht getreten ist. Die Lektüre erregte und bewegte uns ausserordentlich.» Das Buch schien Sternberger, und nicht nur ihm, «Stärkung» zu bieten; «es wirkte als ein Mittel der Verständigung unter denen, die gegen Bedrohung oder Versuchung der Tyrannei sich festigten».

Auf den ersten Blick überrascht es, dass gerade Ernst Jünger als Beispiel für die Immunität, ja den Widerstand gegen die Versuchung der Unfreiheit gelten sollte. Der Offizier des Ersten Weltkrieges, als 22-jähriger mit dem Pour le Mérite ausgezeichnet, hatte Kriegsbücher wie *In Stahlgewittern* geschrieben. In der Zeit der Krise hatte er mit seinen Werken *Der Arbeiter* und *Totale Mobilmachung* den Nazis Teile ihrer LTI, der Lingua Tertii Imperii, wenn nicht ein Programm geliefert. Im Zweiten Weltkrieg hatte er sich reaktivieren lassen; Fotos zeigen den geschniegelten Major als Besatzer in Frankreich. Nun sollte er allen Ernstes (um noch einmal Sternberger zu zitieren) «unseren elenden Beherrschern das Urteil gesprochen» haben?

Sternberger sagt, er habe das «in Chiffren» getan. Das galt für alle Schriften Jüngers. *Auf den Marmorklippen* ist vom Titel bis zum melodramatischen Schluss ein entzifferungsbedürftiges Werk. Die Handlung, insoweit sie existiert, spielt wohl zwischen den Marmorbrüchen von Carrara und der (ligurischen) Küste, wenngleich das Land auch «Burgund» genannt wird, das sich nun von «Neu-Burgund» bedroht findet. Das Buch beginnt mit der Schilderung einer heilen Welt. «Ihr alle kennt die wilde Schwermut, die uns bei der Erinnerung an Zeiten des Glücks ergreift.» «Ich» und der Freund, «Bruder Otho», leben in der «Rautenklause» «in grosser Zurückgezogenheit». Sie sammeln zur Abwechslung seltene Kräuter (Jünger selbst sammelte Käfer), lesen und reden, geniessen den Wein, erinnern sich an den Krieg, den «die freien Völker von Alta Plana» verloren. Manchmal denken sie an den «Oberförster», vor dem sie auf der Hut sein müssen.

Dann kündigen sich Veränderungen an. «Ich» zeugt mit der Tochter der Haus-Frau der Rautenklause den Sohn Erio. Dieser wächst mit der Natur, vor allem den Lanzenottern auf, die ihnen das Leben retten sollten, als der Oberförster mit seinen Mannen «in unserem Gebiet an Macht gewann». Von allerlei Sentenzen begleitet («Wenn der Mensch den Halt verliert, beginnt die Furcht ihn zu regieren, und in ihren Wirbeln treibt er blind dahin») erkundet «Ich» samt Bruder Otho die Welt des Oberförsters. Dieser «gab die Furcht in kleinen Dosen ein, die er allmählich steigerte und deren Ziel die Lähmung des Widerstandes war». Nicht gar so klein war dann die Entdeckung von «Köppelsbleek», der «Stätte der Unterdrückung in ihrer vollen Schmach». Auch dieser Ort der Folter und des Mordens bleibt indes im Unbestimmten, ja mehr. «Ich» sah «Dinge, die mich erblassen liessen in ihrer Schändlichkeit», suchte aber auch, «bevor ich mich zur Ruhe legte, die Goldbandlilie auf. Die feinen Staubgefässe waren schon beflogen, und die grüngoldene Tiefe des Kelches war mit Purpurstaub befleckt.»

Ein Omen also. Das ganze kulminiert in einer Mitternachtsschlacht von äusserster Brutalität. Der Oberförster schickt nicht nur seine Förster, sondern vor allem seine Bluthunde ins Gefecht. Diesen sind die geschmeidigen Windhunde, über die «Ich» und seine Freunde verfügen, nicht gewachsen. Im finsteren Wald fliegen die Fetzen, meist von Menschenhaut und abgerissenen Gliedern. Immerhin, «es gab noch Edle unter uns, in deren Herzen die Kenntnis der grossen Ordnung lebte und sich bestätigte». Angesichts des abgeschlagenen Kopfes des mutigen «Fürsten», den «Ich» in eine Amphore steckt und bei sich behält, schwört «Ich», «lieber mit den Freien einsam zu fallen, als mit den Knechten im Triumph zu gehn». Er fällt aber nicht. Sohn Erio hetzt die Lanzenottern auf die Bluthunde. Während die Kräutersammlung verbrennt, flüchtet «Ich» samt Bruder Otho ans Meer. Der dortige Ortskommandant Biedenhorn ist ein alter Bekannter, dem «Ich» in Alta Plana das Leben gerettet hat. Jetzt folgt das Gegengeschäft. In Biedenhorns Schiff entkommt «Ich» und segelt zurück nach Alta Plana. Ende der Geschichte: «Da schritten wir durch die weit offenen Tore wie in den Frieden des Vaterhauses ein.»

Es ist nicht ganz leicht zu sehen, warum Dolf Sternberger – und mit ihm mancher andere unter den «Schreibern, Versemachern und Philosophen», wie Jünger die Intellektuellen nennt – diese düstere Anti-Idylle als Ermunterung zum Widerstand empfand. War es nicht mehr das Kolossalgemälde eines Armageddon, aus dem es nur noch für «Ich» ein Entrinnen gab? Jünger, 1895 geboren, war zu alt für den Erasmier-Test; aber der 1907 geborene Sternberger gehört zu unserer Kohorte. Auch er liebte es, «in Verschlüsselungen zu schreiben, durch Gleichnisse, doppelsinnige Redewendungen oder

Fabeln eine Art politischer Flaschenpost an die Leser zu versenden». Indes blieb Sternberger ein Moralist, zum Unterschied von Jünger und wohl auch von Joachim Fest, der seinen Vorgänger in der Position des für das Feuilleton zuständigen Herausgebers der «Frankfurter Allgemeinen Zeitung» als Meister dieser «Swiftschen Kunst» beschrieb. Sternberger verstand zum Beispiel nicht, wie Fest Jahre seines Lebens daran geben konnte, eine Hitler-Biographie zu schreiben. «Wie konnten Sie, um alles in der Welt, das durchhalten?» Fest antwortete mit dem Hinweis auf «Techniken des Bei-der-Sache-Bleibens», doch gehört wohl noch mehr zu einem solchen Unterfangen, nämlich eine Fähigkeit, sich des Urteils, gar des «Dauerabscheus» zu enthalten und ganz auf die Darstellung des Geschehenen zu konzentrieren. Dabei hilft es, wenn der Autor mit entschiedener, allenfalls ästhetisch überhöhter Distanz, gleichsam aus einem gläsernen Käfig heraus schreibt.

Es ist kein Wunder, dass Sternberger und Fest sich auch über den anderen Frankfurter stritten, der besser als alle die Haltung repräsentiert, um die es hier geht, nämlich Theodor Wiesengrund Adorno. Sternberger beschrieb den Modephilosophen seiner Zeit (laut Fest) als den «Mann mit den traurigen Augen und der immer etwas allzu pompös daherkommenden Weltverzweiflung». Der 1903 geborene Sohn eines jüdischen, jedoch voll assimilierten Weinhändlers und einer italienischen Sängerin fand nur mühsam zu einer Karriere zwischen der Musik, der Literatur, der Philosophie und der Soziologie. Als Komponist gescheitert wurde er zum Musikkritiker (als solchen haben wir ihn bereits bei einem kleinen Lapsus 1933 ertappt) und Autor einer *Philosophie der neuen Musik*. Nach einigen Umwegen gelang ihm am Ende der Einstieg in die akademische Laufbahn in der Philosophie. Auch er ging den Weg über Husserl. «Die Phänomenologie verfährt schauend aufklärend, Sinn bestimmend und Sinn unterscheidend», hatte Husserl gesagt. Sie tut «alles in reinem Schauen». Das ist nicht die schlechteste Beschreibung für Adornos Zugang zur Welt, vielmehr für seinen fehlenden Zugang, eben sein Zuschauen.

In Frankfurt Privatdozent, von den Nazis aber der Lehrbefugnis beraubt, wollte Adorno eigentlich Deutschland nicht verlassen. Auch während der ersten Emigration nach England, wo er sich höchst unwohl fühlte, kam er zu ausgedehnten Ferienaufenthalten zurück, und schrieb sogar: «Ich hätte es in Deutschland materiell durchaus aushalten können und auch keinen politischen Anstand gehabt.» Am Ende holte sein väterlicher Freund Max Horkheimer ihn in die USA, wo Adorno sich aufs Neue als Fremder fühlte. Er schrieb indes das (gemeinsam mit Horkheimer publizierte) Hauptwerk des sich links gerierenden Kulturpessimismus, *Dialektik der Aufklärung*. Er arbeitete an der sozialpsychologischen Studie über die autoritäre Persönlichkeit mit. Erst als er 1949 nach Frankfurt zurückkehrte, begann so etwas wie eine Normal-Karriere als Professor der Philosophie und Soziologie und Direktor des Instituts für Sozialforschung.

Die blossen Lebensdaten verbergen mehr als sie aussagen. Adorno stand und steht für den selbst schwer fassbaren Begriff einer «Frankfurter Schule» der «kritischen Theorie». Seine «captatio benevolentiae», die Bitte um das Wohlwollen der Kulturbürokratie nach 1933 zeigt eine Seite seines Wesens. Später wehrte er sich nicht gegen den Duft des Marxismus, der ihn angehaucht hatte, wenngleich die Ökonomie ihm noch ferner stand als die Realität von Gesellschaft und Politik. Sein reines Schauen aus dem Glaskäfig der ästhetischen Verfremdung ist in manchem dem von Jünger eng verwandt, wobei allerdings dieser seine koketten Blicke immer nach rechts, Adorno seine hingegen nach links warf.

> «Wochenschau im Kino: die Invasion der Marianas, darunter Guam. Der Eindruck ist nicht der von Kämpfen, sondern der mit unermesslich gesteigerter Vehemenz vorgenommener mechanischer Strassen- und Sprengarbeiten, auch von ‹Ausräuchern›, Insektenvertilgung im tellurischen Massstab.»

Ernst Jünger? Nein, Theodor Adorno in den *Minima Moralia*, den 1944–45 verfassten «Reflexionen aus dem beschädigten Leben». Darin sticht die zitierte Reflexion übrigens hervor, denn in ihr ist von einem Ereignis, der Eroberung Guams, die Rede. Die in dramatischen Jahren geschriebenen *Minima Moralia* bleiben fast durchweg überaus ereignisfern. Das beginnt schon mit Adornos eigentümlichen Bekenntnis, er habe das Buch grossenteils während des Krieges verfasst, «unter Bedingungen der Kontemplation». Es fehlt nur das «also» zwischen den Aussagen. Für die Praxis waren andere zuständig, Horkheimer zum Beispiel, während er, Adorno, «die Zeit zur Formulierung fand».

Wenn von der grausigen Realität die Rede ist, wird sie mit Taschenspielen der Formulierung vernebelt. «Die von einem Tag zum andern anberaumte Rettung des Vaterlandes trug den Ausdruck der Katastrophe vom ersten Augenblick an, und diese war in den Konzentrationslagern eingeübt, während der Triumph in den Strassen die Ahnung davon übertäubte.» Da bleibt nicht viel von den Schrecken der Konzentrationslager. Gelegentlich werden die Opfer sogar zum Gegenstand des Spotts. Adorno spricht vom Rausch, «welcher noch die prospektiven Opfer des Hitlerregimes dazu trieb, gierig-gelähmt die Zeitungen zu kaufen, in denen die Massnahmen standen, die ihnen selber den Untergang ankündigten». Was um alles in der Welt sollten die «prospektiven Opfer» denn sonst tun? In Unwissenheit ihr Schicksal erwarten?

Moralisches lässt sich in den *Minima Moralia* nur in minimalen Spurenelementen entdecken. Ihr Merkmal – wie das Adornos überhaupt – ist ihre grenzenlose Negativität. Hartmut Scheible spricht vom «vereinzelten Intellektuellen, dessen unaufhebbare Einsamkeit [für Adorno] zur Bedingung von Wahrheit wird». Das mag sein, aber Adorno hebt auch dessen Bedeutung noch auf, wenn er eben den vereinzelten Intellektuellen, den Individuen vorsagt, dass sie «kapitulieren, sobald Organisation und Terror sie einfängt». In der *Negativen Dialektik* wird diese Art der Argumentation zum Prinzip erhoben.

Das reine Schauen ist also etwas ganz und gar anderes als das engagierte Beobachten. Gewiss hat Adorno erasmische Züge; ein Erasmier-Index müsste ihm eine Handvoll Punkte zugestehen. Den grossen Versuchungen der Zeit ist er nicht erlegen. Den Mut, die eigene Position durchzuhalten, hatte er auch dann, wenn es ihm (wie übrigens anderen Erasmiern) an Zivilcourage mangelte. Eine Art von Vernunft war seine Passion. Von den Konflikten der Welt sprach er gern, auch wenn er sie am liebsten hegelisch aufheben wollte. Aber die Distanz des gläsernen Käfigs legt doch immer den Eindruck nahe, dass der öffentliche Intellektuelle Adorno am Ende nicht von dieser Welt ist, noch nicht einmal als diese ein Armageddon erlebt.

Das Preziöse, Gewollte, in seiner Metaphernlust oft unfreiwillig Komische an Adorno ist oft bemerkt worden. «Ein bisschen leichtfertiger Höllenspass und ebenso leichtfertiges Revoluzzergeschwätz, wenn auch immer in feinen Worten», war überdies dabei (um noch einmal Sternberger zu zitieren). Insofern war Adorno, wie Jünger, ein sehr deutscher Intellektueller. Beider Art hatte überdies im Faschismus sein angemessenes Objekt, da dieser, zumal im Fall Albert Speers, selbst eine Neigung zu dem Versuch hatte, seine Grausamkeiten in ästhetische Phantasien zu hüllen. Vielleicht gab es analoge Haltungen bei französischen Intellektuellen zum Kommunismus. Von Jean-Paul Sartre wird noch einmal zu sprechen sein.

In seiner angelsächsischen Version hat das reine Schauen jedenfalls einen ganz anderen Klang. Alistair Cooke, der viele Jahrzehnte lang den Briten durch seinen über den Rundfunk verbreiteten «Brief aus Amerika» die Mysterien der USA erklärte – 1908 geboren gehörte er zu der uns interessierenden Generation –, wurde zuweilen als Hans-Dampf-in-allen-Gassen kritisiert und nach seiner eigenen Position befragt. Er fand es praktisch, entgegnete er, «aus der Beobachtung einen Beruf zu machen». Der Beruf des Reporters wird oft verdammt als «der eines Unentschiedenen, eines moralischen Feiglings, der nicht willens ist, Stellung zu nehmen». Das störe ihn allerdings wenig. Alle vier Jahre nehme er Stellung und gehe zur Wahl. «Unmittelbar danach kehre ich zu meinen Reporter-Gewohnheiten zurück und zu der ständigen Entdeckung, dass im Leben das Ausmass unvereinbarer Standpunkte, Charaktere, Fehler, Idiosynkrasien und Tugenden staunenswert ist.» Auch das ist reines Schauen, ganz ohne Pour le Mérite oder Habilitation.

17 ERASMIER SIND KEINE WIDERSTANDSKÄMPFER

Erasmier widerstehen den Versuchungen der Unfreiheit, aber Widerstandskämpfer sind sie nicht. Das mag manchen überraschen. Ist nicht der Widerstand die vornehmste Weise, den Tyrannen zu begegnen? Preist nicht sogar Ernst Jünger den fürstlichen Helden, der im Kampf gegen den «Oberförster» und seine Bluthunde fällt? Oder ist gerade das Lob aus dieser Quelle kein Zufall? Lebt Jünger in einer gänzlich unerasmischen Welt, in der Leib und Leben ständig gefährdet sind, ja aufs Spiel gesetzt werden? Jedenfalls suchen wir vergebens unter Männern und Frauen des aktiven Widerstandes gegen totalitäre Herrschaft nach jenen öffentlichen Intellektuellen, die wir als Erasmier beschreiben.

Von den drei ersten Namen unserer Liste kam allenfalls Raymond Aron dem aktiven Widerstand nahe. Auch er leistete ihn indes als Redakteur von *La France Libre* im halbwegs sicheren London. Isaiah Berlin ist zuweilen vorgeworfen worden, wie wenig er sich für den direkten Kampf gegen den Faschismus interessierte. Karl Poppers Beitrag zum *war effort* wurde, wie schon bemerkt, in Neuseeland und in Form seines Buches über die *Offene Gesellschaft* geleistet. Norberto Bobbio wurde in der Spätzeit des Mussolini-Regimes zu einer Art Widerstandskämpfer; doch war dies schon der Vorlauf zum nachfaschistischen Italien. Jan Patočka bewegte sich in seinen letzten Jahren am Rande des aktiven Widerstandes und zahlte dafür einen hohen Preis; doch trifft auch für ihn die Beschreibung als Widerstandskämpfer nicht eigentlich zu.

Es ist in diesem Zusammenhang erwähnenswert, dass der Versuch, in Deutschland eine Ausstellung über Liberale im Widerstand zustandezubringen, sich als schwierig erwies. Gewiss waren bekannte (südwestdeutsche) Liberale wie Theodor Heuss oder Reinhold Maier eindeutig Gegner des Naziregimes. Auch waren sie in der Nazizeit immer wieder bedroht. Aber sie waren keine Stauffenbergs und keine Lebers, also weder Attentäter noch konsequente Verfechter eines alternativen Deutschland. Die führenden bürgerlichen Politiker rings um den Putschversuch vom 20. Juli 1944 lassen sich nur in einem sehr vagen Sinn als Liberale beschreiben. Professoren wie Adolf Reichwein oder der Lehrer der Geschwister Scholl, Kurt Huber, wurden als Widerständler zum Tode verurteilt; doch waren sie keine öffentlichen Intellektuellen mit weithin ausstrahlender Wirkung.

Man kann die Eingangsaussage dieses Kapitels auch umkehren und damit auf die Spur einer Erklärung des Phänomens kommen: Widerstandskämpfer sind keine Erasmier. Ihre Tugenden sind von anderer Art. Thomas More fand Erasmus brillant und kühn, aber sein eigener Mut war von anderer Art. Ihn leitete die Loyalität zu seinem Eid und zu den Institutionen, mit denen er aufgewachsen war und denen er sein Leben verschrieben hatte. Für sie zahlte er den letzten Preis.

Erasmische Tugenden waren vielleicht sogar hinderlich für den Widerstand. «Wer hält stand?» fragte einer, der für seinen Widerstand zu Tode kam. Nicht die «Vernünftigen», die «in bester Absicht und naiver Verkennung der Wirklichkeit das aus den Fugen geratene Gebälk mit etwas Vernunft wieder zusammenbiegen zu können meinen». Am Ende «treten sie resigniert zur Seite oder verfallen haltlos dem Stärkeren». Auch die Reinheit eines ethischen Prinzips hilft nicht; wer sie vertritt, «geht dem Klügeren in die Falle». Der «Mann des Gewissens», der sich einsam wehrt, schafft nichts angesichts «der Übermacht der Entscheidung fordernden Zwangslagen». Das «Ausmass der Konflikte, in denen er zu wählen hat, zerreisst ihn». Wer den scheinbar sicheren Weg der Pflicht wählt, «wird schliesslich auch noch dem Teufel gegenüber seine Pflicht erfüllen müssen». «Wer es aber unternimmt, in eigenster Freiheit in der Welt seinen Mann zu stehen, ... wird in das Schlimme willigen, um das Schlimmere zu verhüten», das doch das Bessere sein könnte. Auch die «Freistatt einer privaten Tugendhaftigkeit» führt nicht weiter. «Bei allem, was er tut, wird ihn das, was er unterlässt, nicht zur Ruhe kommen lassen.»

> «Wer hält stand? Allein der, dem nicht seine Vernunft, sein Prinzip, sein Gewissen, seine Freiheit, seine Tugend der letzte Massstab ist, sondern der dies alles zu opfern bereit ist, wenn er im Glauben und in alleiniger Bindung an Gott zu gehorsamer und verantwortlicher Tat gerufen ist, der Verantwortliche, dessen Leben nichts sein will als eine Antwort auf Gottes Frage und Ruf.»

Auch daraus folgt eine Tugendlehre. Vier Begriffe stehen in ihrem Zentrum: «Zucht», «Tat», «Leiden» und «Tod». «Niemand erfährt das Geheimnis der Freiheit, es sei denn durch Zucht.» «Nicht in der Flucht der Gedanken, allein in der Tat ist die Freiheit.» «Nur einen Augenblick berührtest du selig die Freiheit, dann übergabst du sie Gott, damit er sie herrlich vollende.» «Freiheit, dich suchten wir lange in Zucht und in Tat und in Leiden. Sterbend erkennen wir nun im Angesicht Gottes dich selbst.»

Der das schrieb, war der Theologe, besser vielleicht der Pfarrer Dietrich Bonhoeffer. 1906 in Breslau geboren, wurde er nach seinem Studium der Theologie Auslandsvikar in Barcelona. Dort predigte er noch eine der Mode der Zeit entsprechende völkische Theologie. Doch dauerte das nicht. Nach 1933 diente er anderthalb Jahre lang als Pfarrer deutscher Gemeinden in London. Dann schloss er sich der Bekennenden Kirche an, wurde also «Illegaler». Zunächst war das noch eine erträgliche Position, gleichsam ein Exil im Lande; doch führte seine Haltung Bonhoeffer zunehmend in die Nähe des aktiven Widerstandes. 1939 kehrte er kurz vor Kriegsbeginn von einer Amerikareise zurück. Im Krieg unternahm er zahlreiche Auslandsreisen im Auftrag der Widerstandsbewegung und mit dem Ziel, deren Existenz und Ziele bei den Alliierten bekannt zu machen. Im April 1943 verhaftet, konnte er bis zum 20. Juli 1944 hoffen, wieder freizukommen. Danach aber war sein Schicksal besiegelt. Im April 1945 wurde er im KZ Flossenbürg standgerichtlich verurteilt und gehängt.

Pfarrer Bonhoeffer hatte viele Freunde vor allem unter den ad-

Karl Popper (links) im Gespräch mit Friedrich von Hayek (1979)

Raymond Aron (rechts) nach Jahren der Intimfeindschaft vereint mit seinem petit camarade Jean-Paul Sartre zur Unterstützung der Rettung vietnamesischer *boat people* (links André Glucksmann).

Drei grosse Erasmier

Raymond Aron

Isaiah Berlin

Norberto Bobbio

Drei Erasmier mit kleinen Schwächen

Theodor W. Adorno (1968)

Jan Patočka Manès Sperber

Arthur Koestler spricht zum Kongress für kulturelle Freiheit (1950).
In der ersten Reihe unter anderem: Sidney Hook, Alfred Weber, Jules Romain, Ernst Reuter, Trygve Halvdan Lie

Hannah Arendt neben Bundespräsident Theodor Heuss bei der Verleihung des Friedenspreises des deutschen Buchhandels an ihren Lehrer und väterlichen Freund Karl Jaspers (links).

Jeanne Hersch im Gespräch mit Hans-Georg Gadamer (1992)

George Orwell an seinem Lieblingsinstrument

Von Präsident Kennedy
zu Botschaftern ernannt:
George F. Kennan und
John Kenneth Galbraith
(mit Edwin Reischauer)
1962

Theodor Eschenburg
(1969)

Erasmus von Rotterdam (hier nach dem Gemälde von Hans Holbein d. J.) war ein «Vorbote der Freiheit».

ligen Offizieren des Widerstandes. Mehr noch als diese ging er indes bewusst seinen Weg. 1935 kam er aus London zurück, wo er auch hätte bleiben können; er wollte in Deutschland die «Illegalen» stützen. Da war er schon zum entschiedenen Pazifisten geworden. In den Folgejahren wurde ihm klar, dass sein Glauben ihn zwar hielt, die Verfolgung der «Illegalen» aber politische Gründe hatte. «Daraus ergab sich fast von selbst, dass unser Widerstand ein politisches Ziel hatte: die Beseitigung der Unterdrücker.» 1939 sprach alles dafür, dass er in Amerika blieb. Das heisst, fast alles sprach dafür, nur das für Bonhoeffer Entscheidende nicht. Er ging zurück nach Deutschland im klaren Bewusstsein der möglichen, ja wahrscheinlichen Folgen, weil er bei seiner Gemeinde sein wollte, vor allem aber weil er meinte, nur als Mit-Leidender nach dem Unheil das Recht zu haben, am Aufbau einer neuen Welt mitzuwirken.

Bonhoeffer verband auf seltene Weise tätiges Engagement mit der Kraft der Worte. So führt er uns zum Kern der Werte, ja der Lebensstrukturen, die den Widerstand gegen Tyrannen bewegen. Da finden wir eine andere Art von Freiheit als Erasmier sie vertreten. Zucht, Tat, Leiden und Tod begründen allenfalls eine Version der «positiven Freiheit» im Sinne von Berlin. Der umfassende, man möchte sagen fundamentalistische Begriff von Gott verweist auf eine Instanz jenseits aller liberalen Ordnungen. In gewisser Weise ist der aktive Widerständler, der sein Leben aufs Spiel setzt, nicht von dieser Welt. Darin lag wohl auch das eigentümliche Charisma (um das Wort für einmal richtig zu verwenden), das Bonhoeffer umgab.

Bonhoeffer wird geschildert als einer, der das Leben zu geniessen vermochte. Eine eigene Familie hatte er nicht; die platonische Liebe, ja Verlobung in der Zeit seiner Haft hat selbst etwas Unwirkliches. Etwas davon war vielen im aktiven Widerstand und insbesondere im deutschen Widerstand gegen Hitler eigen. Doch gab es auch andere Temperamente. Julius Leber zum Beispiel, der kraftvolle, bedeutende Sozialdemokrat, der nach einem erfolgreichen 20. Juli eine Schlüsselrolle gespielt hätte, war voller elsässischer Lebenslust. Er hatte eine bezaubernde Frau und zwei Kinder, war Reichstagsabgeordneter gewesen und liebte das Leben.

Blickt man auf die Motive seines Tuns, so zeigen sich indes manche Ähnlichkeiten mit Dietrich Bonhoeffer und auch den Offizieren aus dem ihm vertrauten Kreisauer Kreis. 1944 schrieb er seiner Frau aus dem Gefängnis, warum er weder den Selbstmord noch die Emigration gewählt hatte, sondern den «Weg durch den Abgrund des Schicksals in seiner tiefsten Tiefe hindurch, erst hinab und tiefer hinab, um dann wenigstens den Pfad nach oben zu zeigen, der Bewährung verlangt, die Bewährung im Schicksal, in seinem bewussten Erleben». Wo Bonhoeffer Gott sagte, stand für den Katholiken Julius Leber das «Schicksal» oder auch der Weg, «auf den mir die Sterne in meinem Innern voranleuchten». Auch für ihn war nicht Vernunft die Leitschnur, sondern «eine tiefe Leidenschaft, eine Gefühlskraft, die alle Gänge und Räume des inneren Wesens erhellt und dadurch erst Wirklichkeit werden lässt». Auch Leber war überdies vor allem ein «Mann der Tat». «Wichtiger als alle Theorie war Julius Leber der Wille zur Gestaltung», schrieb sein Freund, mein Vater.

Leber, 1891 geboren, war älter als die hier im Mittelpunkt stehenden Erasmier. Marion Gräfin Dönhoff (geboren 1909) gehörte hingegen zu dieser Generation. Ein Jahr nach dem 20. Juli 1944 schrieb sie über das Ereignis und seine Protagonisten, die sie so gut gekannt hatte, ja zu deren Kreis sie gehörte. Auch sie verwendete dabei eine fast religiöse Sprache. Die Widerständler wussten, «dass nur das schwerste Opfer Gnade finden kann als Sühne für Vergangenes und Saat für die Zukunft». Die «Göttin Vernunft» war den «Dämonen Macht und Gewalt» erlegen. Jetzt gab es die «Pflicht» zur Tat «im Namen der Menschenwürde und im Bewusstsein der Ehre eines besseren Deutschlands».

Genug der Beispiele. Sie zeigen eine Haltung, die ganz und gar anders ist als die der Erasmier. Die beispielhaft Genannten werfen auch ein neues Licht auf die Vexierfrage von Mut und Feigheit, die nicht nur Isaiah Berlin so beschäftigte. Jetzt ist nicht mehr von engagierten Beobachtern die Rede, die mit Vernunft Konflikte ertragen; jetzt geht es vielmehr um alles oder nichts. Der Widerstand braucht in seinem Zentrum nicht Erasmier, sondern solche, die das

Zeug zu Märtyrern und Heiligen in sich haben. Das Dilemma der komplexen Beziehung von Erasmus nicht nur zu seinem Freund Thomas More, sondern auch zu seinem Verehrer und Schüler Ulrich von Hutten kehrt auf mannigfache Weise wieder. Da mag man sich wohl für St. Thomas Morus oder auch für den «Ritter ohne Furcht und Tadel» als Vorbild entscheiden. Helden im landläufigen Sinne sind weder Erasmus selbst noch die Erasmier, von denen hier die Rede ist.

Es wäre also abwegig, Dietrich Bonhoeffer, der doch auch ein öffentlicher Intellektueller war, an Erasmus-Massstäben zu messen. (Marion Gräfin Dönhoff stellt eine andere Frage, da sie in ihrem «zweiten Leben» nach 1945 als prägende Journalistin und öffentliche Gestalt erasmische Qualitäten gezeigt hat.) Der Widerstand kennt seine eigenen Masse, an denen gemessen die Erasmier es nicht sehr weit bringen. Dass es dennoch eine Nähe zwischen beiden gibt, liegt auf der Hand. In bestimmten Situationen, wenn nämlich totalitäre Regimes zu zerbröckeln beginnen, gehen Widerständler und Erasmier Hand in Hand. Das Neue, das an die Stelle der Tyrannis tritt, braucht die Leidenschaft der Kämpfer ebenso wie die Vernunft der engagierten Beobachter. Doch löst auch diese Allianz nicht den tiefen Konflikt zwischen Menschen der Tat und Menschen des Wortes.

Erasmier sind keine Widerstandskämpfer, aber dafür kannten sie fast alle das oft bittere Los des Exils. Als Dietrich Bonhoeffer aus Amerika zurückkehrte, um an der Not seines Landes teilzuhaben, hatte Theodor Adorno längst nicht nur Deutschland, sondern Europa verlassen, um in den Vereinigten Staaten seiner Tätigkeit als Autor und Forscher nachzugehen. Schon Erasmus selbst musste mehrfach das Exil suchen, bevor es moderne Nationalstaaten eigentlich gab. Sein Geburtsland Holland verliess er noch aus freien Stücken, aber die Universität Löwen blieb ihm lange Zeit versperrt, und als die Protestanten Basels ihr strenges Regiment führten, rettete sich der kranke und alternde Erasmus für fünf Jahre in das katholische Freiburg im Breisgau.

Karl Popper, Isaiah Berlin und Raymond Aron fanden sich alle im englischen Exil, teils vorübergehend, teils für den Rest ihres Lebens. Politisch eher zur Linken neigende öffentliche Intellektuelle versammelten sich in Paris, von wo sie dann nach dem deutschen Einmarsch neue Asylplätze suchen mussten. Hannah Arendt ging in die Vereinigten Staaten, Manès Sperber floh in die Schweiz, Arthur Koestler nach England. Norberto Bobbio, der die Emigration nie erwog, ist die Ausnahme, nicht die Regel, und wohl eher ein Zeugnis für den vergleichsweise milden Totalitarismus des faschistischen Italien.

Für die Dichter unter den öffentlichen Intellektuellen ist der Weg ins Exil zum *topos* geworden. Der römische Dichter Ovid macht seine Verbannung aus Rom durch Kaiser Augustus und das Leben in der fernen Fremde am Schwarzen Meer zum Thema elegischer Verse in seinen *Tristia*:

> «Tritt das Bild jener schrecklichen Nacht mir wieder vor Augen,
> welche für mich in der Stadt blieb als späteste Frist,
> denk' ich wieder der Nacht, da ich soviel Teures verlassen,
> dringen die Tränen mir jetzt noch aus den Augen hervor.
> Schon war gekommen der Tag, da mir der Wille des Kaisers
> Abschied zu nehmen befahl von dem italischen Strand.»

Nicht nur sittenwidrige Schriften, sondern auch persönliche Animositäten hatten sein Schicksal besiegelt. Zwölf Jahrhunderte später wurde Dante an Leib und Leben bedroht, als die Ghibellinen in seiner Heimatstadt Florenz die Macht ergriffen. Der 47-jährige blieb für den Rest seines Lebens ein Wanderer; er lebte in Bologna und Verona, Venedig und Ravenna, sah aber Florenz nicht wieder. Im Exil schrieb er die *Göttliche Komödie*, in der Vergil ihn (im Ersten Ring der Hölle) zu Ovid und den anderen Grossen Roms führt und ihm Farinata, der Ghibellinen-Held, dann das Elend der eigenen Verbannung sozusagen nachträglich vorhersagt. Noch einmal 600 Jahre später finden die Flüchtlinge vor der preussischen Zensur als der spürbaren Knute des verhassten Obrigkeitsstaates, unter ihnen nicht nur Marx, sondern vor allem Heinrich Heine, traurige Worte über das Leben in der Fremde.

Doch halt! schon bei Heine ist Vorsicht am Platze, wenn wir vom Exil reden. Ian Buruma hat Recht, wenn er bemerkt, dass Heine «Nostalgie für das Deutschland seiner Geburt [verspürte], doch er zog es vor, in Paris zu leben». (Und für Marx gilt die nachdenkliche Feststellung: er «mochte sich noch so sehr beklagen über all die britischen Philister, doch er blieb in London, weil es ihm dort freigestellt war, seine Arbeiter-Utopie zu entwerfen».) Es gibt, so sagt Buruma – übrigens mit aller gebotenen Zurückhaltung –, so etwas wie einen «Kult des Exils», eine bewusste Identifikation von Intellektuellen mit den Verbannten und Ausgestossenen. Exil wird dann zur «Metapher», zum «typischen Zustand des modernen Intellektuellen». Bei Adorno kommt beides eindringlich zusammen; er war wirklich exiliert, hielt aber auch das «sich daheim nicht heimisch Fühlen» für «die einzig richtige moralische Haltung». Buruma, der vor allem den zu seiner Zeit weithin akklamierten «Palästinenser-

Flüchtling» Edward Said (er war ein Kairoer Bürgersohn) im Sinn hat, sieht hier einen Ausdruck der «Spannung zwischen politischem Engagement und intellektueller Unabhängigkeit». Sie wird gelöst, indem «das Engagement quasi weit ab vom Schuss» gesucht wird, durch «eine Verwicklung auf Distanz also».

Es ist zu betonen, dass hier nicht von diesem «*soi-disant*-Exiliertenstatus» die Rede ist. Es mag sein, dass auch der eine oder andere Erasmier im Exil diese Existenz kultiviert hat. Doch besagt die Aussage, dass Exil das charakteristische Schicksal der Erasmier ist, nichts Metaphorisches. Vielmehr ergibt sich dieses Schicksal geradezu als unvermeidliche Folge aus den erasmischen Tugenden. Es ist ja die Rede von totalitären Zeiten. Noch das Wort «unvermeidlich» bedarf dabei der Präzisierung. Peter de Mendelssohn unterscheidet mit Recht zwischen denen, «die auf der Ausrottungsliste der Tyrannen stehen und keine Möglichkeit haben, ihren Namen von ihr zu löschen», und denen, die eine Entscheidung zu treffen haben. Für die ersteren «gibt es nur einen Zwang: den zur Flucht».

Für die letzteren indes gibt es Alternativen. Mendelssohn, der 1908 geborene Autor von Romanen, Biographien und Essays hat selbst mit ihnen gerungen. Er spricht vom «totalen Träumer», dem die Zeitläufte nichts anhaben, auch von «jenem Intellektuellen, der sich auf überhaupt nichts einlässt». «Er macht für die Dauer der Tyrannis den geistigen Laden überhaupt zu.» Auch dieser ist uns schon begegnet. Dann sind da die «Opportunisten», und zwar die «vorsätzlichen und absichtsvollen» wie auch die «unabsichtlichen», die sich ans Mitläufertum gewöhnen. Es gibt diejenigen, die nicht nur mitlaufen, sondern aktiv mitmachen, die «erklärten Anhänger des Ungeistes». Es gibt aber auch dessen erklärte Feinde, die in den Widerstand gehen. Schliesslich bleiben diejenigen, «die dieses riskante Spiel nicht wagen». Sie wählen das Exil aus moralischen Gründen. Diese machen es für sie in einem tieferen Sinn unvermeidlich.

Mendelssohn spricht von sich selbst. (Er emigrierte über Wien nach London und kehrte nach dem Krieg, zunächst als britischer Besatzungsbeamter, zurück und tat viel für den Wiederaufbau einer freien Presse in Deutschland.) Er empfand das Exil als Not in jedem

Sinn des Wortes. «Inneres und äusseres Elend waren einander ja wert und spielten sich den Ball höchst trefflich zu.» Doch waren die Erfahrungen des unvermeidlichen Exils so unterschiedlich wie die Menschen, denen sie widerfuhren.

Karl Popper verliess Wien, als noch Zeit dazu war, 1937. Er hatte England geschnuppert und mit dem Gedanken gespielt, nach Cambridge zu gehen. Doch beschlichen ihn Zweifel, ob die Engländer wirklich begriffen, was in ihrer Nachbarschaft vor sich ging. Der Ruf nach Neuseeland versprach nicht nur Sicherheit in einer englischen Atmosphäre, sondern auch bessere Arbeitsbedingungen, auf die es ihm vor allem ankam. In Neuseeland also, «dem am besten regierten Land der Welt», fand er «eine wundervoll ruhige und angenehme Atmosphäre zum Arbeiten», so dass er «rasch sesshaft wurde, um die Arbeit fortzusetzen, die mehrere Monate lang unterbrochen war». So ging es zehn Jahre lang, ehe er dann doch nach England ging. Dort lehrte er zwar an der London School of Economics, lebte aber ausserhalb der Stadt im friedlichen Buckinghamshire. Nach eigenem Urteil war er hinfort «der glücklichste Philosoph, den ich je getroffen habe». Wer Popper in Penn und später in Kenley besuchte, wird kein Wort der Klage über Exil und Fremde gehört haben, sondern immer nur viele Worte über seine Arbeit. Die Frage der Rückkehr nach Wien stellte sich für ihn nicht.

Für Isaiah Berlin galt das auf andere Weise. Sein Biograph Ignatieff nimmt ihm den Gleichmut nicht ganz ab. «Wie stand es mit Riga oder Petrograd, das er hinter sich gelassen hatte? Sehnsucht, Nostalgie? Er war immer abweisend beim Thema der Sehnsucht: ‹Keine. Neues Leben. Ich fing von neuem an.›» Mag der Zwölfjährige sich tatsächlich noch ein bisschen fremd gefühlt haben, so war schon der Student ganz in Oxford und in England sesshaft. In seinem Buch *Anglomania* beschreibt Ian Buruma Berlin sogar als «den letzten Engländer». «Aus seinem russischen, jüdischen und englischen Material hatte er sich seine exzentrische Version des perfekten Engländers zurechtgezimmert.» Für den wahren «Brit» lag darin ein gutes Stück Idealisierung der Insel. Buruma sagt sehr schön: «Ein Teil von mir möchte für alle Zeiten in Berlins England leben.»

Doch ist hier vom Exil die Rede. Von einem bestimmten, ziemlich frühen Punkt seines Lebens an beschreibt das Wort den Erasmier Berlin nicht mehr. Er war zu Hause.

Ganz anders Raymond Aron. Er mochte England und die englische Art. Er hätte auch «in einem anderen Land leben und mich dort als ordentlicher Bürger aufführen können, in Grossbritannien oder in den Vereinigten Staaten etwa, aber für das Vaterland hätte ich dort keinen Ersatz gefunden». So lebte er während des Krieges in London zwar mit «Zugang zur englischen Gesellschaft», aber doch «in einem französischen Milieu» und verstand sich vor allem als Jude. Sein Sinnen war auf Rückkehr eingestellt. Als diese möglich wurde, plagten ihn Zweifel, vor allem zum Dilemma des engagierten Beobachters. Sollte er politisch tätig werden? «Das Exil verstärkte die abstossenden Züge der Politik», nämlich Intrigantentum, Unehrlichkeit, Oberflächlichkeit. Aron schwankte noch eine Weile zwischen Erasmus und der *vita activa*. Doch ist im gegenwärtigen Zusammenhang vor allem wichtig, dass der kühle Mann sich in seinen Memoiren einen seltenen Moment der Emotion gestattete und zu Papier brachte, dass er nach der Befreiung des Landes «mit klopfendem Herzen meinen Fuss auf französischen Boden setzte».

Modelle oder Muster sind die drei grossen Juden als Exilierte wohl nicht. Der von seiner Arbeit besessene Popper, dem die Luft der Freiheit, vielleicht verbunden mit ein bisschen Landluft, genügte; der aus der grossrussischen Welt vertriebene Berlin, der in Oxford und London selbst zur vertrauten, höchst englischen Institution wurde; der klarsichtige, zielbewusste Aron, für den Exil ein begrenzter Zwischenaufenthalt blieb – derlei gibt es nicht häufig. Übrigens galt für alle drei, dass sie mit besonderer Intensität den jüdischen Staat als Heimstatt für alle Fälle förderten. Indes gab es viele andere Schicksale. Peter de Mendelssohn war bei weitem nicht der einzige, der im und am Exil litt. «Denn von Heimweh rede mir keiner. Das habe ich durch Jahre ätzend und fressend gespürt ...»

Exil bedeutete für die meisten öffentlichen Intellektuellen vor allem Unruhe. Elizabeth Young-Bruehl schildert in ihrer Biographie Hannah Arendts eindringlich die beiden Formen der Unruhe.

Zuerst ist es die aus Angst geborene Rastlosigkeit der «Staatenlosen». Noch besteht das totalitäre Regime, dem Arendt und andere entkommen mussten; ja es scheint zu triumphieren. In Paris versammeln sich viele der Betroffenen. Sie haben keine Papiere, weil sie keine Arbeit haben, und keine Arbeit, weil sie keine Papiere haben. Mal kriegt der oder die eine ein Honorar, dann wird gefeiert und der Rest geteilt. Immer schwirren Gerüchte herum. Die Bedrohung kommt näher. Wird man in ein Lager verbracht? Kann man ein Visum zu einem rettenden Land bekommen? Welches sind die Wege der Flucht? Alle, auch Hannah Arendt, zweifeln zuweilen, dass es möglich ist weiterzuleben. Manche nehmen sich das Leben. Walter Benjamins Schicksal wird emblematisch.

Dann, eines Tages, ist der Spuk vorbei. Young-Bruehl schreibt ein neues Kapitel über ihre Heldin, dem sie das Brechtsche Motto voranstellt: «Die Mühen der Gebirge liegen hinter uns / vor uns liegen die Mühen der Ebenen». Es sind andere Mühen, geradezu schöne, belebende Mühen. Nicht mehr von der «Staatenlosen» ist die Rede, sondern davon, «in der Welt zu Hause zu sein». Die Exilierte kehrt nicht zurück wie Raymond Aron, obwohl sie auch in ihr altes Land fährt, sogar Heidegger besucht, wie wir gesehen haben. Sie lehrt in New York, aber reist immerfort und geniesst das Leben. «Arendt war wie eine Kreatur, die aus einem langen Winterschlaf kommt; ihre Sinne erwachten, sie blickte mit grossen Augen auf ‹das Wunder der Welt›.» Die Staatenlosigkeit wird zur Weltläufigkeit. Ausserdem hat sie mittlerweile einen Pass.

Johan Huizinga beschrieb Erasmus von Rotterdam durch seine «Entfremdung von seinem Geburtsland» Holland. Da klingt bei Huizinga ein klagender, kritischer Ton mit. Dass Erasmus sich besser auf lateinisch als «in seiner Muttersprache» ausdrücken konnte, bedeutet, dass er «das Gefühl nicht kannte, sich schliesslich doch allein unter seinen Landsleuten ganz zu Hause zu fühlen und aussprechen zu können, das die meisten Sterblichen an ihre Heimat bindet». Man ersetze das Lateinische durch das Englische, und schon beschreibt der Satz die Erasmier des 20. Jahrhunderts! Aber waren sie darum beklagenswert? War es ein Mangel, dass sie sich nicht unter den Landsleuten zu Hause fühlen konnten, die sie doch verstossen hatten?

Gewiss, wir nähern uns wieder dem, was Buruma den «Kult des Exils» nennt. Auch sind die Unterschiede nie zu vergessen; Exil bedeutete nicht dasselbe für Isaiah Berlin, Raymond Aron und Hannah Arendt. Aber die Loslösung von der einen, einzigen Heimat ist doch kennzeichnend für alle. Auch dies ist richtig zu verstehen. Hannah Arendt kehrte ja noch einmal zu Heidegger zurück, und man braucht nicht lange über die Motive zu rätseln, zu denen auch die Wunden des Exils gehörten. Aron betrat mit klopfendem Herzen sein befreites Vaterland Frankreich. Für Isaiah Berlin war die nächtliche Begegnung mit Anna Achmatova in Petrograd, das nun Leningrad hiess, im Winter 1945 nach eigenem Bekunden das emotional erschütterndste Erlebnis seines Lebens. Zwei durch die Revolution getrennte russische Kulturen (so sah es Achmatova) begegneten sich in dem langen, intimen Gespräch, «eine im äusseren Exil, die andere im inneren Exil».

Auch Karl Popper blieb nicht unberührt, als seine Vaterstadt Wien ihn nach dem Krieg in Ehren empfing. Und alle, von denen die Rede war, konnten etwas sagen zur Frage der Sprache, der Muttersprache, das Deutsche, das Hannah Arendt so liebte, das Polnische, für Czeslaw Milosz unentbehrliches Medium der «Dichtung des Widerstandes». Dennoch ist das Exil für die bedeutenden öffentlichen Intellektuellen vor allem zur Chance geworden, den Beengtheiten ihrer Herkunft zu entkommen. Erasmier sind weltläufig, und weltläufig wird man nicht ohne Mühe. Vor die Mühe der Ebenen haben die Götter eben die des Gebirges gesetzt. Das Beispiel Norberto Bobbios zeigt, dass Exil nicht zwingend notwendig ist, um diese Mühen zu bestehen; doch ist es in totalitären Zeiten das wahrscheinlichste Geschick. Erasmier sind Exilierte ohne Tränen.

JENSEITS DER VERSUCHBARKEIT

19 NEUTRALITÄT ALS GESCHENK UND SCHWÄCHE

Bisher galten unsere Untersuchungen und Erwägungen öffentlichen Intellektuellen, die den Versuchungen der Unfreiheit ungefragt ausgesetzt waren. Sie lebten in Umständen, insbesondere in politischen Verhältnissen, die von dem totalitären Beben, das das 20. Jahrhundert erschütterte, direkt betroffen wurden. So mussten sie Stellung nehmen, und eine kleine Zahl von ihnen tat es in einer Weise, die sie als Erasmier auszeichnete. Das heisst, sie zeigten sich im Kern immun gegenüber den Versuchungen, denen so viele ihrer Zeitgenossen erlagen. Viele waren in hohem, manche in geringerem Masse Erasmier.

Hier war ausdrücklich nicht die Rede von denen, die den Versuchungen erlagen und sich auch nicht von ihnen befreiten. Um nur die Kohorte der am Anfang des Jahrhunderts Geborenen zu nennen: es war nicht die Rede von Ilja Ehrenburg oder Drieu de la Rochelle oder Arnold Gehlen. Die Mitmacher, auch die regelrechten Mitläufer, sind hier nicht das Thema, da es darum geht, die Quellen geistiger Stärke zu erkunden. Unsere Analyse gilt dem liberalen Geist und seinen Vertretern.

Die Personen, von denen als Beispielen die Rede war, bilden keine eigentliche Gruppe. Erasmier neigen nicht zur Bildung einer Partei, und es wird noch zu zeigen sein, dass sie, wenn sie dennoch die Schaffung einer parteiartigen Organisation (wie dem Kongress für Kulturelle Freiheit) versuchen, in tiefes Wasser geraten. So wäre es auch abwegig, die Namen, die hier genannt wurden, in eine Ordnung zu bringen. Schon die drei oder vier ständigen Begleiter der Darstellung – Popper, Berlin, Aron und auch Bobbio – unterscheiden sich in fast allem ausser ihren erasmischen Tugenden. Sodann war von menschlichen Schwächen die Rede, die das Lob erasmischer

Tugenden einschränken. Wir haben milde Formen des Opportunismus wie Norberto Bobbios gnädig behandelt und auch den vorübergehenden Rückzug in die «innere Zitadelle», den Jan Patočka gewählt hat. Sogar Renegaten haben einen Platz in der kleinen Ruhmeshalle gefunden, solche jedenfalls, die nach ihrem Sündenfall uneingeschränkt zum Lob der offenen Gesellschaft gefunden haben, wie Manès Sperber. Zudem haben Vorbehalte gegenüber dem Stil, ja dem ganzen Duktus des geistigen Wirkens – etwa bei Hannah Arendt oder Theodor W. Adorno – uns nicht daran gehindert, bedeutende Intellektuelle für ihr Erasmiertum zu loben.

Es gibt also die eine Skala nicht, die als Massstab für alle Erasmier gelten könnte. Ich habe mich überzeugen lassen, dass das Spiel, eine solche Skala zu konstruieren, weder dem Ernst der Prüfungen entspricht, denen öffentliche Intellektuelle in totalitärer Zeit ausgesetzt waren, noch der Mehrdimensionalität ihrer geistigen Persönlichkeit gerecht wird. (Übrig geblieben ist von solchen Ansätzen nur die Erasmier-Tafel am Ende dieser Studie mit ihren milden, dennoch erkennbaren Differenzierungen.) Sogar die liberalen Ausweise sind nicht bei allen hier Erörterten so ausgeprägt wie bei Popper, Berlin, Aron, Bobbio und einigen anderen, nicht zuletzt unter denen, die in den Abschnitten dieses Teils unserer Erwägungen und Untersuchungen zur Sprache kommen werden. Doch sind sie alle in der entscheidenden Hinsicht der Immunität gegenüber totalitären Anfechtungen stark geblieben oder zumindest geworden. Sie haben als engagierte Beobachter die Passion der Vernunft auch durchgehalten, als sie damit allein standen, und Konflikte mutig ertragen.

Das unterscheidet sie nicht nur von den Mitmachern, und zwar gleichgültig darum, ob diese aus grenzenlosem Opportunismus oder, wie es heisst, aus Überzeugung handelten. Es unterscheidet sie auch von den eigentlichen «inneren Emigranten», die die Welt ihrem Schicksal überlassen, während sie sich auf ihrer seligen Insel arkadischen Träumen hingeben. Beide Abgrenzungen wird man einleuchtend finden und wohl auch die hier vorgenommene Bewertung akzeptieren. Schwieriger ist es mit der nicht ohne Zögern und Gewissensbisse entwickelten These, dass Erasmier keine Widerstandskämpfer sind. Es ist hoffentlich deutlich geworden, dass gerade in dieser Hinsicht die Bewertung schwer fällt. Vielleicht sind Widerstandskämpfer bessere Menschen als Erasmier. Jedenfalls verdient ihr Märtyrertum grösseren Respekt als die blosse Immunität gegenüber Versuchungen. Auch ist die Grenze zwischen engagierten Beobachtern, die das Beobachtete vernichtender Kritik unterziehen, und aktiven Organisatoren des Versuches, das Beobachtete zu verändern, nicht immer leicht zu ziehen. In kritischen Situationen sind manche Erasmier in den aktiven Widerstand geraten. Jan Patočka nach dem Prager Frühling von 1968 ist ein Beispiel, aber auch Norberto Bobbio in der Endzeit des Mussolini-Faschismus 1944–45. Es bleibt indes die Eigenart der intellektuellen Gestalt, um die es hier geht, zu betonen. Sie ist anders als die aktiver Kämpfer. In totalitärer Zeit schafft sie ihre eigenen Zwänge, den Zwang zur vorübergehenden Anpassung, den zum jahrelangen Rückzug, den zum Erdulden von Verfolgung, dann vor allem den zum Exil.

In dem Bild, das so entstanden ist, fehlt indes eine ganze Kategorie von Personen. Das sind diejenigen, die nicht direkt von dem totalitären Beben betroffen wurden, das das 20. Jahrhundert erschütterte. Gab es denn keine Erasmier in der Schweiz? In Grossbritannien? In den Vereinigten Staaten von Amerika? Die Liste der Länder, denen die totalitäre Versuchung erspart blieb, liesse sich verlängern. Nun ist es eine These dieser Studie, dass erst die grossen Versuchungen erasmische Qualitäten erkennbar machen. Wer ihnen nie ausgesetzt war, mag gleichsam latent alle nötigen Tugenden besitzen, doch bleiben diese unerweckt, und wir können daher nicht wissen, ob öffentliche Intellektuelle sich in Zeiten der Prüfung wirklich bewähren.

Das ist für die Zeit, die uns hier interessiert, also die Jahrzehnte von 1917 bis 1989, nur ein Teil der Wahrheit. Lenins Zugreise zum Finnischen Bahnhof in Petersburg begann in der Schweiz. Im Spanischen Bürgerkrieg und vor allem für sein Verständnis im Westen spielten George Orwell und Ernest Hemingway eine besondere Rolle. Das Beben des 20. Jahrhunderts war so stark, dass es nicht auf die unmittelbar betroffenen Länder beschränkt blieb. Es verspricht daher einen Gewinn an Erkenntnis, wenn wir über die Grenzen der faschistischen und kommunistischen Länder hinausblicken und fragen, wie denn wohl intellektuelle Haltungen in den nicht direkt betroffenen Ländern aussahen.

Es liegt nahe, mit den Neutralen zu beginnen. Von der Schweiz war schon früh in unseren Erwägungen die Rede. Die Entscheidung der «Neuen Zürcher Zeitung» im Jahr 1933, nicht den Weg der freiwilligen Anpassung an das Regime des grossen Nachbarn zu gehen, war erwähnenswert. Nicht alle sind dem Vorbild gefolgt, vor allem als der Krieg die kleine Schweiz zu einer Insel der Freiheit im bedrohlichen Meer faschistischer Armeen machte. Doch gab es Beispiele einer Haltung, die Erasmier-Tugenden vermuten lässt, wie etwa Jeanne Hersch. Eine typische Schweizerin war Jeanne Hersch nicht. Als sie 1910 in Genf geboren wurde, waren ihre Eltern erst seit wenigen Jahren im Land. Der Vater kam aus Litauen, die Mutter aus (dem von Russland besetzten) Polen; beide waren Juden. «Was sie in der Schweiz suchten, war die Freiheit, und nicht umsonst ist es diese Eigenschaft unseres Landes, die mich auch heute noch am meisten berührt.» Der Sturz des Zaren wurde zu Hause lebhaft gefeiert; die Machtübernahme der Bolschewiken aber endete die festliche Stimmung. Sie erst bedeutete, dass Jeanne Hersch ganz zur Schweizerin, vor allem zur Genferin wurde.

Die junge Frau studierte Literaturwissenschaft, weil sie Lehrerin werden wollte (und auch wurde), fügte dann aber ihr Lieblingsfach, die Philosophie hinzu. Sie ging nach Heidelberg und wurde dort Schülerin von Karl Jaspers, dem sie bis zu seinem Tode eng verbunden blieb. Im Frühjahr 1933 ging sie – auch sie! – nach Freiburg, «um Heidegger zu hören». Sie hörte ihn dann auch, auf der Freitreppe der Freiburger Universität, wo er seine berüchtigte Rede zur Feier des zum Märtyrer erklärten «Freikorps»-Kämpfers (und Freiburger Studenten) Albert Leo Schlageter hielt: «Freiburger Student, lass die Kraft der Heimatberge dieses Helden in deinen Willen strömen!» Eingeklemmt in die Menge, die mit zum Hitlergruss erhobenem Arm sang «Wenn das Judenblut vom Messer spritzt, dann geht's noch mal so gut», hörte Jeanne Hersch Heideggers Tirade.

«Ich stand regungslos da, mit hängenden Armen und zusammengepressten Lippen. Ich hatte keine Angst. Niemand bedrohte mich.» Aber am Ende fühlte sie sich, «als wäre ein Reitertrupp über meinen Körper galoppiert. Ich war wie zerbrochen, wegen nichts und wieder nichts, das möchte ich betonen. Nur: allein gegen die soziale Masse zu stehen, ist physisch fast nicht zu verkraften.»

Jeanne Hersch verfiel Heideggers Philosophie nicht. Sie blieb gegenüber seinen «magischen Beschwörungsformeln» skeptisch. Mit Jaspers erkannte sie seine «Gabe der metaphysischen Innenschau» an, vermisste aber das «entsprechende existenzielle Engagement». Ihr eigenes philosophisches Werk hatte andere Themen. Die beiden grösseren Bücher, *Die Illusion: der Weg der Philosophie* und *Sein und Form*, hatten das zum Thema, was sie gerne «das Menschsein» nannte. Sie sah und akzeptierte die unzusammenhängende Vielfalt der Welt, fand es auch durchweg möglich, mit Konflikten zu leben, suchte aber in ihrer Philosophie dennoch das einende Band der Dinge, «die Einheit». Sie fand diese in der von Menschen gestalteten «Materie», damit in der «Form», die wir disparaten Dingen geben. Das Kunstwerk war für sie der Inbegriff der verlorenen Einheit.

Indes war Jeanne Hersch kein «Igel» im Sinne Isaiah Berlins; sie war ein «Fuchs». Sie schrieb einen Roman und plante weitere; sie lehrte am Gymnasium bevor sie Professorin wurde, und lehrte mit Begeisterung; sie übersetzte Werke von Jaspers und anderen ins Französische; sie schrieb Artikel und hielt Vorträge; sie betätigte sich politisch. Dabei leitete sie ein einziges, grosses Thema, die Freiheit. Diese steht, sagte sie, nicht nur im Zentrum ihrer Philosophie, sondern «im Zentrum meiner selbst», «weil es die Freiheit ist, die das Menschsein zu etwas Einzigartigem macht, das es verdient, mehr als alles andere geliebt zu werden». Dabei war ihr Freiheitsbegriff präzis und eng, ganz im Sinne von Isaiah Berlins «negativer» Freiheit. «Man kann mich nicht um den Finger wickeln, indem man mir weismachen will, dass ich für den Verzicht auf die demokratischen Freiheiten soziale Gerechtigkeit oder irgendwelche ‹konkreten Freiheiten› erhalte.»

Das konsequente Verständnis von Freiheit war umso beachtlicher, als Jeanne Hersch sich immer für «links» hielt und 1939 den Genfer Sozialisten beitrat. («Mein Beitritt», sagte sie allerdings, «ist bedingt und begrenzt»; er endete abrupt, als die Genfer Sozialisten ein taktisches Bündnis mit den Kommunisten schlossen.) Gefragt, wie sie den Sozialismus verstehe, sprach sie immer zuerst von der Verteidigung der «demokratischen Freiheit». Sie bedeutet den entschiedenen Widerstand sowohl gegen die «kommunistische Versuchung» als auch gegen die «faschistische Versuchung». Zur Freiheit kommt dann aber die soziale Gerechtigkeit als Ziel. Gelegentlich sprach sie von der «Freiheit *für* soziale Gerechtigkeit», aber stets betonte sie, dass die Gerechtigkeit nicht ohne Freiheit zu haben sei; die Alternative ist daher «keine Freiheit *und* keine soziale Gerechtigkeit».

Jeanne Hersch war also eine Erasmierin reinsten Wassers. Den Versuchungen totalitärer Zeiten verfiel sie nie; gegen diese die «verantwortliche Freiheit» zu verteidigen, war ihre selbstgesetzte Lebensaufgabe. Gelegentlich schlich sich dabei das Bewusstsein ein, dass es für sie im Grunde leicht ist, diese Aufgabe wahrzunehmen. «Ich lebte ja in einem freien Land», in dem Probleme der Unterdrückung nicht im Mittelpunkt standen. Die Kriegsjahre? «Ich habe sie, wie wir alle in der Schweiz, nahe am Kriegsschauplatz und beschützt zugleich verbracht.» Man konnte wenig tun. Im Spanischen Bürgerkrieg wurde sie Sekretärin des Verbandes der Freunde des republikanischen Spanien; später, in den Jahren der stalinistischen Verfolgungen, organisierte sie eine Initiative gegen den Missbrauch der Psychiatrie; im Krieg sammelte sie Spenden und Hilfsgüter für Asylanten – aber sie lebte, zum Unterschied von Bobbio und Bonhoeffer, in einem freien Land.

Nicht nur lebte sie dort, sie verteidigte es auch, und zwar noch in seinen schwächeren Momenten. Hätte die Schweiz nicht mehr tun sollen zur Rettung der bedrohten Juden? Gab es nicht ein schändliches Schweigen? Jeanne Hersch entgegnete, dass die Schweiz selbst bedroht war und glaubt sogar, dass «die Juden ein gewisses Verständnis für die Vorsicht eines kleinen Landes [hatten], das von allen Seiten von der Hitler-Macht umgeben war». «Es war einfach nicht möglich», mehr zu tun. Im Nachhinein, vom sicheren Port des Friedens, sollte man sich hüten, die damals Verantwortlichen zu verurteilen.

Im Gegensatz zu ihren sozialistischen «Parteifreunden» war Jeanne Hersch eine lautstarke Verteidigerin einer militanten Neutralität der Schweiz. Sie schrieb und sprach gegen das Referendum, das der Schweiz den Besitz von Atomwaffen verbieten sollte. Sie bejahte die Macht und polemisierte gegen die «allgemeine Engelhaftigkeit», derzufolge «es genüge, lieb zu sein, damit in jeder Hinsicht alles gut geht». «Ich halte neutrale Länder für notwendig», sagte sie, wandte sich zugleich aber «gegen eine Meinungsneutralisierung der Schweiz». Die Schweiz «gehört faktisch der freien Welt an». Anti-Amerikanismus ist daher nicht tolerierbar. Dennoch bleibt die besondere Aufgabe der Neutralität, «bei jeder Gelegenheit die Stimme der Unparteilichkeit, der Objektivität und des Rechtes zu sein». Darin liegt das «Bemühen um Wahrheit» und «der Mut, Zeugnis abzulegen». Die Schweiz muss also international als «ehrlicher, intelligenter Zeuge» wirken. Das ist eine andere Haltung als die des engagierten Beobachters!

Jeanne Hersch liess sich gerne mit Raymond Aron vergleichen, den sie schätzte, ja verehrte. Sie betonte zugleich den Unterschied in der ihr eigenen Art. Aron brauchte keiner Partei beizutreten; sein Wort wog mehr als alle Parteierklärungen, «während ich allein nicht viel ausrichte». «Bitte identifizieren Sie mich nicht mit Raymond Aron», bat sie auch, nicht weil sie anderer Meinung als er sei, sondern weil sie so viel weniger Gewicht habe. Darüber kann man streiten. Vielleicht ist der wichtigere Unterschied, dass Aron auf einer anderen Bühne agierte als Jeanne Hersch. Er wurde vom Strom der Ereignisse des totalitären Jahrhunderts mitgerissen, während sie diese gleichsam aus sicherer Entfernung, wenn auch mit grosser Anteilnahme verfolgte.

Es wäre irrig zu sagen, dass die Versuchungen der Unfreiheit Jeanne Hersch gänzlich erspart geblieben wären. Erinnern wir uns noch einmal an das Dilemma der «Neuen Zürcher Zeitung» im Jahre 1933. Da war eine Entscheidung zu treffen, und sie wurde getroffen im Sinne der Freiheit. Ähnlich unbeirrbar hat Jeanne Hersch den fundamentalen Charakter der Abgrenzung von, auch des intellektuellen Kampfes gegen Faschismus und Kommunismus betont und durchgehalten. Und doch ist da der beruhigende Wassergraben zwischen der Burg, in der solche Entscheidungen getroffen werden, und den Schlachtfeldern, auf denen Menschen für diese sterben. Die grossen Versuchungen bleiben im sicheren Abstand von der eigenen Lebenswelt. Fast möchte man sagen, sie werden durch Distanz neutralisiert. Neutralität als Geschenk zu bezeichnen, ist auch etwas unfair; Herschs eigenes Wirken zeigt, dass sie zuweilen unter schwierigen Umständen verteidigt werden muss. Neutralität als Schwäche zu beschreiben, ist ebenso in mancher Hinsicht ungerecht; sie ist Schweizern zugekommen als Lohn mutiger geschichtlicher Entscheidungen. Doch ist von beidem, vom Geschenk und der Schwäche, etwas vorhanden, so dass noch das reinste Erasmiertum in leicht gedämpftem Ton erscheint.

20 ENGLAND FÜR AUSLÄNDER

Ein Land, das nicht neutral blieb in den Prüfungen der Zeit, hat einen besonderen Platz im Leben vieler Erasmier: England. Erasmus selbst schrieb nach seiner ersten Reise auf die Insel an seinen Zögling, den jungen Grafen Mountjoy:

> «Du fragst: ‹was gibt dir solches Vergnügen an unserem England?› Wenn ich für dich überhaupt vertrauenswürdig bin, lieber Robert, dann möchte ich, dass du mir vor allem glaubst, dass ich nichts bislang so gern gemocht habe. Ich habe hier [in England] ein überaus angenehmes und für mich zuträgliches Klima gefunden; sodann so viel Humanität und Bildung, nicht von der abgeschmackten und trivialen Art, sondern eine kultivierte, vollkommene, klassisch lateinische und griechische, dass ich keine Sehnsucht mehr nach Italien habe, ausser es einmal gesehen zu haben.»

Nicht alle waren oder sind ähnlich angetan vom englischen Klima; indes kehrte Erasmus, wie wir wissen, immer wieder zu dem wundersamen Land zurück, um alles in allem mehr als ein Jahrzehnt seines Lebens dort zu verbringen. Nicht dass der Charme Englands Lord Mountjoy und seinen Standesgenossen entgangen wäre! Fast ein Jahrhundert später, 1597, legte Shakespeare in seinem Richard II. sein melancholisches Loblied auf das «teure, teure Land» John of Gaunt in den Mund:

> «Der Königsthron hier, dies gekrönte Eiland,
> Dies Land der Majestät, der Sitz des Mars,
> Dies zweite Eden, halbe Paradies,
> Dies Bollwerk, das Natur für sich erbaut,
> Der Ansteckung und Hand des Kriegs zu trotzen,
> Dies Volk des Segens, diese kleine Welt,
> Dies Kleinod, in die Silbersee gefasst,

Die ihr den Dienst von einer Mauer leistet,
Von einem Graben, der das Haus verteidigt
Vor weniger beglückter Länder Neid;
Der segenvolle Fleck, dies Reich, dies England ...»

This blessed plot, this earth, this realm, this England: da sind manche vertraute Elemente der englischen – mehr als der britischen – Landeskunde versammelt. Das köstliche Kleinod, beglückt und gesegnet, ist vor allem die durch den «Graben» des Ärmelkanals vor den schädlichen Einflüssen anderer geschützte Insel. Das Land hatte nicht nur eine besondere Anziehungskraft für Erasmus – mehr als das immer leidenschaftliche und zugleich beunruhigende Italien –, sondern es ist in gewisser Weise selbst ein Erasmus-Land. Es trägt viele Züge der Erasmier, einschliesslich der Tatsache, dass die «Silbersee» des Meeres es vor «Ansteckung und Hand des Kriegs», damit von allen Versuchungen «weniger beglückter Länder» beschützt.

Kein Wunder also, dass viele Erasmier des 20. Jahrhunderts ihren Weg nach England fanden! Gewiss, nicht alle mochten es. Theodor W. Adorno genoss zwar die äusseren Arbeitsbedingungen in Oxford, der ersten Station seines Exils; «sachlich freilich sind Schwierigkeiten, da meine eigentlichen philosophischen Dinge den Engländern begreiflich zu machen zu den Unmöglichkeiten zählt und ich meine Arbeit gewissermassen auf ein Kinderniveau zurückschrauben muss, um verständlich zu bleiben». Wer war da wohl Schuld, Adornos «eigentliche philosophische Dinge» oder «die Engländer»?

Auch für andere Exilierte, Sozialwissenschaftler zumal, «musste [England] eher als eine Wartestation denn als ein Ort endgültiger Niederlassung angesehen werden». Der bedeutende, 1905 in Berlin geborene Historiker Felix Gilbert, von dem die Formulierung stammt, fand wie Adorno in England wenig Interesse an seinem Forschungsthema, der Geschichte der Renaissance. Zudem war er aus Italien gekommen und konnte sich daher mit «dem freudlosen Grau» Londons nicht befreunden. Auch störte ihn die englische Kategorisierung in soziale Klassen, vor allem «die strikte Trennung einer Oberklasse von den anderen, keineswegs mittellosen Gruppen der Gesellschaft» und der dazugehörende «Snobismus». Hinter der «Unfähigkeit und Unwilligkeit», die politischen Entwicklungen auf dem Kontinent auch nur zu begreifen, sah er «letzten Endes eine Mischung aus Ignoranz und Arroganz». Zum Unterschied von Adorno räumte Gilbert allerdings ein, dass seine Haltung «psychologische Gründe» hatte, ja «dass in meiner negativen Einstellung zu England Enttäuschung eine grosse Rolle spielte». So blieb er ein Fremder und wanderte bei erster Gelegenheit weiter in die Vereinigten Staaten, wo er am Institute of Advanced Study in Princeton eine erfolgsverwöhnte Karriere krönte.

Doch waren solche Erfahrungen nicht die Regel. Es gab vielmehr so etwas wie ein bestimmendes England-Erlebnis für viele Erasmier. Raymond Aron beschreibt in bewegenden Worten, wie er an Bord des überfüllten Truppentransporters von Bayonne «zum ersten Mal die britische Atmosphäre atmete» und sich «sofort befreit fühlte». Er verstand kaum ein Wort vom Englisch der Matrosen, aber er wusste, dass er in eine andere, eine freie Welt gekommen war. «Der segenvolle Fleck» war allerdings auch weit weg von den Turbulenzen, denen er gerade entkommen war. «Der englische Rasen war genauso schön, wie man ihn aus Erzählungen kannte ... Während Frankreich vom Tode bedroht war, beleuchtete die Frühjahrssonne des Jahres 1940 hier eine Landschaft, in der alles ruhig, grosszügig und hochgestimmt war.»

Isaiah Berlin war zu dieser Zeit schon so sehr Engländer geworden, dass er nicht über sich selbst schrieb, sondern einem anderen, früheren Exilanten in England, dem Heros des Zionismus Chaim Weizmann, seine Empfindungen in den Mund legte:

> «Er mochte die Engländer fast zu sehr: ihm gefiel die Konkretheit von Leben, Sprache und Idealen der Engländer; die Mässigung, die zivilisierte Abneigung gegen Extreme, der ganze Ton des öffentlichen Lebens, das Fehlen von Grausamkeit, von Erregung, von Niedrigkeit. Noch mehr mochte er die ausschweifende Phantasie, die Liebe zum Merkwürdigen und Idiosynkratischen, den Geschmack für das Exzentrische, die Qualität der Unabhängigkeit.»

Als wollte er das Erasmus-Syndrom beschreiben, häuft Berlin immer neues Lob für England auf. «England repräsentierte vor allen anderen Ländern die gesicherte Demokratie, eine humane und friedliche Zivilisation, Bürgerfreiheit, Gleichheit vor dem Gesetz, Stabilität, Toleranz, Respekt für die Rechte des Einzelnen.» Und weiter: Weizmann «schätzte besonders die Tendenz zum instinktiven Kompromiss, wodurch scharfe Kanten gewiss nicht weggehobelt, wohl aber von beiden Seiten eines Disputs ignoriert werden, wenn die Gefahr besteht, dass sie das Sozialgefüge zu stark beeinträchtigen und die Mindestbedingungen des Zusammenlebens zerstören». In der Tat also das «halbe Paradies», nämlich kein Traum von Arkadien, sondern die Realität der offenen Gesellschaft!

Es gab manche Ausländer, die England in den Kategorien der Erasmus-Tugenden erlebten. Der Mut, notfalls auch allein die Ziele der liberalen Ordnung zu verfolgen, nahm in den Jahren zwischen Dünkirchen und Pearl Harbour welthistorische Züge an. Das war in der Tat Englands *finest hour*. Vom Kontinent durch Hitlers Truppen vertrieben, aber noch ohne den ausdrücklichen Schutz amerikanischer Macht, zeigte Britannien sich von seiner stärksten Seite. Zwei Generationen später mag man beklagen, dass die Erinnerung an diese Zeit zu stark das öffentliche Bewusstsein prägt, dass also vergleichbare Triumphe seit jenem Jahr 1940 ausgeblieben sind; es bleibt dennoch eine heroische Tat, in der äussersten Bedrohung nicht Anschluss, gar Anpassung zu suchen, sondern die eigene Position der lebendigen Freiheit zu verteidigen. Wie hiess es doch von Hannah Arendt? Sie hat «die Isolierung, in die sie schon früh geriet, als Preis der Freiheit bereitwillig in Kauf genommen». Das tat England auch.

Dabei kann kein Zweifel bestehen, dass das Land sich im Grunde als engagierter Beobachter der Ereignisse verstand. Nicht zufällig wird die Politik des «Gleichgewichts der Mächte» vor allem mit Britannien verbunden. Seinen nachdenklichsten Aussenpolitikern lag daran, die Sicherheit der seligen Insel dadurch zu garantieren, dass die anderen, die «Europäer» (wie die Leute auf dem Kontinent oft noch heute genannt werden) sich miteinander beschäftigten, ohne dass einer, eine Macht, dabei die Überhand gewinnt. Diese Politik war oft, aber nicht immer erfolgreich, und sie konnte riskant sein, ja, in ihr lag ein Stück Verwundbarkeit des Landes.

Karl Popper fand, wie Aron und Berlin, England «eine Offenbarung und Inspiration». «Die Ehrlichkeit und der Anstand der Menschen und ihr ausgeprägter Sinn für politische Verantwortung machten auf mich den grössten möglichen Eindruck.» Indes entdeckte Popper auch die Schwächen dieser Haltung, darunter vor allem einen insularen Mangel an Sinn für die ringsherum drohenden Gefahren. Als er 1937 in jenen entfernten und doch sehr englischen Inselstaat Neuseeland auswanderte, empfand er (oder erinnerte er sich später, empfunden zu haben) Sorge:

> «Mir wurde klar, dass die Demokratie – sogar die britische Demokratie – als Institution nicht geschaffen ist, um Totalitarismus zu bekämpfen; es war besonders traurig festzustellen, dass es anscheinend nur einen einzigen Mann gab – Winston Churchill –, der verstand, was geschah, und niemand hatte auch nur ein gutes Wort für ihn.»

Popper, der Erasmier, floh. Churchill, gewiss kein Erasmier, kam und rettete «dies zweite Eden». Auf der Bühne der Weltgeschichte begegnen uns die Dilemmas der Erasmier, die eben keine Widerstandskämpfer sind, erneut.

Dabei ist Churchills Stellung auch darum besonders, weil er in entscheidenden Momenten dem Engagement den Vorrang gab vor dem Beobachten und doch immer auch Beobachter blieb. Der Kriegsherr war zugleich Autor, der (zu Recht) nicht den Friedens-Nobelpreis, sondern den für Literatur erhielt. Am Ende seiner vierbändigen *Geschichte der englischsprechenden Völker* findet sich eine Passage, die den Shakespeare von 1597 sozusagen in den Churchill vom Anfang des 20. Jahrhunderts übersetzt. «Fast hundert Jahre des Friedens und Fortschritts hatten Britannien zur Führungsstellung in der Welt gebracht.» Für sich zumindest hatte das Land den Frieden erhalten und ständigen Fortschritt für alle Klassen ermöglicht. Das Wahlrecht wurde auf fast alle ausgedehnt. Die Menschen konnten sich ihrem bürgerlichen Leben widmen ohne Furcht oder Sorge. «Das nationale Pferd hatte bewiesen, dass die Zügel um seinen Hals nicht zu einem wilden Galopp in diese oder jene Richtung führten.» Die Verfassung schloss alle ein. Das britische Empire erwies sich als Magnet für die Benachteiligten. «Es kam nicht darauf an, welche Partei an der Macht war: sie kritisierten einander heftig, was ihr gutes Recht war», hielten sich aber an gemeinsame Regeln. Den Abenteuerlustigen standen keine Hemmnisse im Weg. Wenn Fehler gemacht wurden, liessen diese sich ohne ernste Folgen korrigieren. «Allmählich und doch kühn voranzuschreiten schien völlig gerechtfertigt.»

Ohne Phrase beschreibt Churchill so die inneren Stärken des Landes. Mit Konflikten zu leben, ja diese fruchtbar zu machen für das Wohl des Gemeinwesens war eine alte englische Tugend. Im Parlament sitzen Regierung und Parlament nicht in amphitheatralischer Kontinuität, sondern einander gegenüber in klarer Konfrontation. In der Fragestunde des Premierministers müssen dieser und der Oppositionsführer sich mit nur zwei Schwertlängen Abstand in die Augen sehen. Isaiah Berlins Weizmann betont fast zu sehr den Kompromiss in der britischen Politik, der eher Resultat des Wechsels von Regierung und Opposition als Methode der parlamentarischen Auseinandersetzung ist. Dennoch hat er Recht zu erkennen, dass der geregelte Konflikt auf Annahmen beruht, die die Parteien nicht trennen, sondern verbinden.

Es ist erwähnenswert, dass es im Oberhaus eine Anomalie gibt. Auch dort dokumentiert das Gegenüber der Bänke von Regierung und Opposition das Prinzip der *adversary politics*, der Politik durch Konflikt. Es gibt jedoch ein paar Bänke, die quer zu dem Hauptgeschehen stehen, die *cross benches*. Churchill hat mehrfach die Partei gewechselt und mal auf den Bänken der Regierung, mal auf denen der Opposition gesessen. Wäre er indes ins Oberhaus, das *House of Lords* gezogen (was zu tun er sich bis zum Ende weigerte), dann hätte er sicher nicht auf den *cross benches* seinen Platz gefunden. Diese blieben und bleiben den Erasmiern (nebst einigen Verstreuten anderer Provenienz) vorbehalten.

Als vierte erasmische Tugend haben wir die Weisheit der leidenschaftlichen Vernunft bezeichnet. Dass England ein Land ohne Leidenschaft sei, ist oft betont und übrigens seit Montesquieu auf das von Erasmus so geschätzte Klima zurückgeführt worden. Die Komödie *No sex please, we're British* war viele Jahre lang ein Kassenerfolg im Theater. Die stille Passion der Vernunft indes durchwirkt die Institutionen des Landes. Zwei Begriffe vor allem kommen einem dabei in den Sinn: *common sense* und *common law*. Beide betonen etwas, das allen Bürgern gemeinsam ist und keiner Begründung aus jenseits der wirklichen Menschen liegenden Quellen bedarf. Der gesunde Menschenverstand, *common sense*, befähigt jeden und jede, Fragen des Gemeinwohls zu beurteilen. Er ist Grundlage der politischen Teilnahme, aber zum Beispiel auch des Jury-Dienstes in Schwurgerichten. Das Gewohnheitsrecht, *common law*, steht vor allen Texten von Recht und Gesetz. Es lebt in den Sitten, Gebräuchen und Gewohnheiten des Gemeinwesens, mit denen es auf mysteriöse, aber von Richtern eindeutig interpretierte Weise immer gleich bleibt und sich doch wandelt. Beide, der gesunde Menschenverstand und das Gewohnheitsrecht, sind Inkarnationen der Vernunft im besten Sinne ihres aufgeklärten Verständnisses.

Wenn es so etwas wie eine Atemluft der Freiheit gibt, dann weht sie in England, in gewissem Masse auch im grösseren Britannien. Die Institutionen des Landes stellen dem aufgeklärten Bürger manche Fragen. Doch sind auch diese lösbar, ohne dass ein Akt der mehr oder minder schöpferischen Zerstörung nötig wäre. Die merkwürdige Verbindung von Pragmatismus und Exzentrizität, dazu die relative Grosszügigkeit der öffentlichen Strukturen schaffen ein Klima, in dem die Freiheit gedeiht, auch ohne dass man seine Rechte einklagen oder für seine Überzeugungen auf die Barrikaden gehen müsste. England, auch Britannien, ist das Erasmus-Land.

Wie es dazu gekommen ist, hat nicht nur Winston Churchill, sondern alle grossen Historiker des Landes beschäftigt. Es hat wohl etwas zu tun mit der geradezu aristotelischen Mischung von demokratischen und aristokratischen Elementen der britischen Gesellschaft. Diese Mischung hat sich im 20. Jahrhundert und insbesondere nach dem Zweiten Weltkrieg allerdings als prekär erwiesen. Ganz so insular ist die gesegnete Insel heute nicht mehr, und mit der engeren Bindung an andere, insonderheit an Europa, hat das unverfälscht demokratische Element im britischen Leben sich verstärkt. Das hat viele Institutionen, vor allem aber das öffentliche Klima verändert. So ist am Anfang des 21. Jahrhunderts die Frage am Platze, ob nicht vieles hier Gesagtes im Tempus der Vergangenheit gesagt werden müsste. Das ist indes ein Thema, das die in dieser Studie vorgelegten Erwägungen und Untersuchungen überschreitet.

21 ENGLAND FÜR ENGLÄNDER

In einem Erasmus-Land gibt es genau genommen keine Erasmier. Selbst für öffentliche Intellektuelle fehlen die Versuchungen, die Erasmus-Tugenden auf den Plan rufen. Das ganze Land bleibt immun gegen die Versuchungen der Unfreiheit, so dass es nichts Besonderes, nichts auch nur Bemerkenswertes darstellt, diesen nicht zu verfallen. In den totalitären Zeiten des 20. Jahrhunderts war das nicht ganz ohne Einschränkungen der Fall. Es gab immerhin die beiden Missgeburten der Labour Party, Oswald Mosleys faschistische Schwarzhemden und die rote Fahnen schwenkenden Mitglieder der kleinen Kommunistischen Partei. Verglichen mit nahezu allen anderen Ländern Europas blieben diese indes Episoden. Sie nicht ernst nehmen zu müssen, war das Privileg der britischen öffentlichen Intellektuellen.

Das Privileg hatte indes auch unerwartete Folgen. Die es genossen, wurden eben keine Erasmier, sondern normale englische politische Intellektuelle oder auch intellektuelle Politiker. Ein Beispiel bietet der verständnisvolle Herausgeber des Bandes mit den Lebensbeichten der Renegaten, *Der Gott, der keiner war*, der Labour-Abgeordnete Richard Crossman. Die die «Langeweile» der fehlenden Versuchungen nicht ertragen konnten, mussten entweder faschistische und kommunistische Tendenzen unterstützen, um auch in England die grossen Prüfungen der Zeit zu provozieren oder das Land verlassen, um in Europa teilzunehmen an den Bedrohungen der Zeit. Die Schwestern Mitford sind sicher keine Erasmier und auch nur begrenzt öffentliche Intellektuelle; dennoch repräsentieren sie die möglichen Folgen des *ennui* des Lebens in einem Erasmus-Land.

Die eigentlich englische – vielleicht sogar britische – Erasmus-Figur ist jedoch aus anderem Holz geschnitzt. Ihr bleibt nichts, als die Gefahren der Zeit dort aufzusuchen, wo sie klar und gegenwärtig sind. In der Zwischenkriegszeit bot vor allem der Spanische Bürgerkrieg dazu Anlass. (Später galt Ähnliches für den dramatischen Zerfall des Kommunismus rings um das Schicksalsjahr 1989.) Schon der bewusste Weg in die Turbulenzen der Zeit hat etwas Unerasmisches. Er verlangt zum Beispiel eine Art von Mut, die mehr ist als der des Einzelkämpfers um Wahrheit. Er verlangt auch zumindest vorübergehend ein Engagement, das sich nicht im Beobachten erschöpft. George Orwell zeigt diese Züge deutlicher als andere britische Intellektuelle der hier interessierenden Generation. Er ist ein potentieller Erasmier, dessen englische Herkunft ihn zu Umwegen zwingt, die Raymond Aron oder Isaiah Berlin nicht brauchten.

Richard Crossman, die Mitford-Schwestern und George Orwell sind also ein überaus heterogenes Trio. Sie dokumentieren dennoch auf je eigene Weise, was die Versuchungen der Unfreiheit in einem an sich unversuchbaren Land, in England, bewirken. Im einen Fall, dem Richard Crossmans, bewirken sie allenfalls eine Bestärkung des Charakters dieses «komfortablen, insularen, angelsächsischen Antikommunisten». Man erinnert sich: das war Arthur Koestlers Beschreibung des durchaus unorthodoxen, im britischen Kontext radikalen Labour-Abgeordneten. Der (übrigens 1907 geborene, an Englands «klassischen» Schulen und Hochschulen ausgebildete) Autor und Politiker Richard Crossman stellte sich selbst die Frage, warum er nie auch nur die geringste Versuchung der Unfreiheit verspürt habe. «Warum fühlte ich keinerlei inneren Widerhall auf die Reize des Kommunismus?» Es war, sagt er in unverkennbar englischer Art, *sheer nonconformist cussedness* («oder, wenn man es vorzieht, Stolz»). Das zu übersetzen, ist nicht leicht. Nonkonformisten sind unter anderem die freien Kirchen, die mit der Staatskirche ebenso wenig konform gehen wie mit Rom; und *cussedness* ist nicht nur (wie das Lexikon es will) Sturheit, sondern das gesträubte Haar, an dem vieles keinen Halt findet. «Kein Papst für mich, sei er geistlich oder weltlich!» fügt Crossman noch hinzu. Das gelte übrigens auch für Stephen Spender, den Freund, der immerhin ein paar Monate lang Mitglied der Kommunistischen Partei gewesen war. Und zur Komplettierung des Bildes gibt Crossman noch seine Beschreibung des Erasmus-Landes:

> «Als Nation bringen wir Briten mehr als den uns gebührenden Anteil an Ketzern hervor, denn wir sind durchaus überproportional mit Gewissensverweigerern ausgestattet, wenn es um Unfehlbarkeit geht. Schliesslich war Heinrich VIII in seiner Zeit der Prototyp des Titoismus.»

Tito galt zu jener Zeit als der «protestantische» Nonkonformist unter lauter Stalinisten.

Crossman liess seine *cussedness* also an der Labour Party aus, die ihn dennoch schätzte, und er blieb im übrigen angelsächsischer Antifaschist und Antikommunist. Er spürte aber auch, dass er in gefährdeten Zeiten lebte. «Der Teufel lebte einst im Himmel, und wenn man ihn nicht gesehen hat, ist es unwahrscheinlich, dass man einen Engel erkennt, wenn man ihn trifft.» Mit anderen Worten, es kann nichts schaden, die Versuchungen zu kennen, die den Engländern bisher im eigenen Land erspart geblieben sind. Darum ist es wichtig, den Berichten der Exilierten und Renegaten zuzuhören.

Manchen reichte das indes nicht. Ihnen war das Erasmus-Land samt seiner *nonconformist cussedness* zu fade. Sie wollten es genauer wissen, wollten das Getümmel der anderen aus dessen Mitte kennen lernen. Es gibt kein verwirrenderes Beispiel für die exzentrischen Wege, auf die die Suche, ja fast schon die Sucht nach Versuchungen führen kann, als die Familie von Lord Redesdale, der mit seinem bürgerlichen Namen Mitford hiess.

Der zweite Lord Redesdale, ein eher ruhiger Zeitgenosse, über den die Geschichtsbücher schweigen, hatte sechs keineswegs ruhige Töchter, die wohl keine öffentlichen Intellektuellen im strengen Sinn waren, aber sämtlich öffentlich Furore machten und überdies Bücher schrieben, meist Romane voller Anspielungen auf das Intimleben der Familie. Darin war die älteste, die 1904 geborene Nancy Mitford, am begabtesten. Ihre Bücher wie *Love in a Cold Climate* oder *Noblesse Oblige* begründeten ihren auch international anerkannten literarischen Ruf. Sie war übrigens die am ehesten erasmushafte der Schwestern, von denen zwei weitere, Pamela (*1907) und Diana (*1910) in dem uns besonders interessierenden Jahrzehnt geboren wurden. Drei weitere folgten ihnen noch, Unity (*1914), die meist Decca genannte Jessica (*1917) und Deborah (*1920).

Das aufregende Leben der Mitford Girls begann früh und war von Anfang an politisch gefärbt. Diana, Unity und Decca verstanden vermutlich in den frühen 1920er Jahren noch kaum, worum es ging. Indes berichten Besucher des Familiensitzes der Redesdales schon während dieser Zeit, «dass sie kaum den Fuss in die Eingangshalle gesetzt hatten als sie schon von Unity und Decca mit der Frage bestürmt wurden: ‹Bist du ein Faschist oder ein Kommunist?› Als ein junger Mann antwortete, ‹keins von beiden, ich bin ein Demokrat›, erwiderten sie im Chor, ‹wie schlapp!› und verloren jedes Interesse an ihm.» Von Erasmiertum war da keine Spur!

Unity und Decca trafen ihre politische Wahl in jungen Jahren, wenngleich es später Diana und Decca waren, die den bitteren Kampf des Jahrhunderts mit jenem kalten Hass und der sorgsam gepflegten Bosheit ausfochten, zu denen die Mitfords fähig waren. Dabei fehlte es nicht an Widersprüchlichkeiten. Unity und Decca blieben auch dann noch gute Freunde, als Unity erfolgreich versuchte, die Aufmerksamkeit ihres angebeteten «Wolf», besser bekannt als Adolf Hitler, in der Osteria in München zu erringen, in der dieser häufig einkehrte, und als dann Decca mit ihrem Freund, dem Journalisten Esmond Romilly ausriss nach Bilbao, um mit den Kommunisten im Spanischen Bürgerkrieg zu kämpfen. Unitys intensive Beziehung mit Hitler, den sie zwischen 1934 und 1939 nicht weniger als 140mal traf, ist bekannt, wie auch ihr gescheiterter Versuch, sich bei Kriegsbeginn das Leben zu nehmen. Hitler brachte ihr Blumen ins Krankenhaus, aber die verbleibenden Jahre bis zu ihrem Tod 1948 wurden eine traurige Invaliden-Existenz.

Auch Dianas faschistische Neigungen waren persönlicher Natur. Sie beendete die spektakuläre und keineswegs unglückliche Ehe mit Bryan Guinness, dem zweiten Lord Moyne, um ihr Herz und auch ihren geistvollen Kopf für den Rest ihres langen Lebens Sir Oswald Mosley anzuvertrauen, dem Führer der *British Union of Fascists*. Im Nachhinein, also nach dem Mord vieler Millionen in

Auschwitz und anderen Vernichtungslagern, und dem Tod von noch mehr Millionen auf den *killing fields* des Zweiten Weltkrieges, ist das alles schwer zu verstehen. In seiner Zeit indes vertrat Oswald Mosley, ursprünglich Konservativer, dann Labour-Abgeordneter und Staatsminister, für viele einen dritten Weg, einen Neubeginn jenseits der traditionellen Kontrahenten von Westminster. Sogar seine Bewunderung für Mussolini störte die Leute nicht, die sich allerdings abwandten, als er seine Anhänger als «Schwarzhemden» verkleidete und auf zunehmend gewaltsame Märsche durch britische Städte führte. Während des Krieges, als Diana, die «Landesverräterin», schliesslich aus der Haft entlassen wurde, ohne dass eine Anklage gegen sie erhoben worden wäre, war sie die bestgehasste Frau im Lande; zuvor aber schienen sie und ihr Liebhaber und Ehemann eine Alternative zum Bolschewismus zu bieten. So manche Mitglieder der britischen Oberschicht spielten eine Zeitlang mit der faschistischen Version einer polizeilich garantierten Ordnung bei Vollbeschäftigung und etwas Zwangsarbeit sowie einem leichten Hang zum Antisemitismus.

Einige allerdings gingen in die entgegengesetzte Richtung. Deccas detailliert geplantes Entkommen mit Esmond Romilly führt zuerst zu einer vom Aussenministerium unterstützten Suchaktion und dann zu halboffiziellen Versuchen, sie von ihren Plänen abzubringen. *Mixed Up Mitford Girls Still Confusing Europe* war eine Schlagzeile in jener Zeit. Und durcheinander waren sie allemal. «Ich hasse Kommunisten so sehr wie [Esmond] Nazis haßt», schrieb Unity an Decca, «aber ich sehe nicht ein, warum *wir* nicht persönlich sehr gute Freunde und zugleich politische Feinde sein sollten.» Sie fügte noch hinzu: «Natürlich würde ich nicht zögern, ihn zu erschiessen, wenn das für meine Sache nötig wäre, und ich würde erwarten, dass er dasselbe mit mir tun würde.» Indessen gab es bei aller «guten Freundschaft» (in den Worten ihrer Biographin Mary Lovell) «keinen Weg zurück für Decca [die Kommunistin], ebenso wenig wie für Diana, nachdem sie sich entschieden hatte, Bryan für Mosley zu verlassen, oder für Unity, nachdem sie Hitler getroffen hatte».

Genug der Irrungen und Wirrungen. Sie gingen weiter bis zu

dem Punkt, an dem Nancy, die vernünftigste der Schwestern, sich in einen von de Gaulles Adjutanten, Oberst Palewski, verliebte, was die der Verzweiflung nahe Mutter zu dem Ausruf veranlasste: «Oh, warum müssen *alle* meine Töchter auf Diktatoren hereinfallen?» Das war ein wenig unfair gegenüber dem General, der Frankreich an zwei Schlüsselstationen der Nachkriegsgeschichte zwar autoritär, aber nicht diktatorisch führte. Doch verdient die Frage eine Antwort. Sie liegt in zwei Dingen, die beide mit dem Erasmus-Land England zu tun haben. Das ist einmal die Langeweile des Lebens in einer versuchungsfreien Welt, zum anderen der Hang zum Exzentrischen, der in dieser Lage gedeiht. Beides blühte besonders in der englischen Oberschicht, zumal der Aristokratie.

Mary Lovell beschreibt, wie die Mitford-Kinder, die alles hatten, «vor Langeweile starben» angesichts der «Dieselbigkeit» des Lebens, die sie «unerträglich» fanden. Im Normalfall halfen da die kleinen Exzentrizitäten des Alltagslebens, die britische Autoren wie P. G. Wodehouse, aber auch Nancy Mitford genüsslich beschrieben haben. In der totalitären Zeit des 20. Jahrhunderts aber führte das Rebellentum weiter. Man konnte auf die Suche nach Versuchungen gehen und dabei Erregungen finden, in denen Privates und Öffentliches, Sexuelles und Politisches sich verbanden. Diana Mitfords Beschreibung des Nürnberger Parteitages («ein Gefühl des erregten Triumphes lag in der Luft, und als Hitler erschien, ging ein fast elektrischer Schock durch die Menge») und Deccas Erfahrung des Absingens der Internationale bei einer Versammlung («eine Gelegenheit, Solidarität zu zeigen durch den Gruss mit der erhobenen Faust») deuten an, worum es ging.

Trotz allem ist die Geschichte der Mitford Girls sozusagen das Satyrspiel zum wirklichen Drama, von dem auch die bedeutenderen öffentlichen Intellektuellen Englands nicht unberührt blieben. Ihr Sinnbild und Modell war George Orwell, der möglicherweise wichtigste britische Autor der Zeit, dessen Leben und Werke bis heute die intellektuelle Diskussion befruchten. 1903 in Indien als Sohn eines hochrangigen Kolonialbeamten geboren, durchlief Eric Blair – so sein Geburtsname – die Erziehung, die ihn, vor allem in Eton, als

Aspiranten wenn nicht Mitglied der oberen Schicht des Landes prägte. Dort wäre er wohl auch geendet, wenn er seine eigene frühe Karriere als Kolonialbeamter in Burma verfolgt hätte. Doch auch Orwell war ein Rebell. Auch für ihn war die Langeweile eines vorgeprägten Platzes in der Erasmus-Gesellschaft nicht genug. Auch er ging daher auf die Suche nach Versuchungen, an denen er sonst verborgene Talente bewähren konnte.

Das waren zunächst soziale Versuchungen. Orwell wollte wissen, wie die andere Hälfte lebt. Er begab sich unter die Ärmsten der Armen in Paris und London, unter diejenigen also, die (wie der Titel seines ersten Buches es sagt) *down and out* sind. Das war kein Spiel. Ganz unten und fast draussen fand sich Orwell immer wieder, und sein eigenes Leben war bis zum Erfolg von *Animal Farm* eher ärmlich. Mit seinen Beschreibungen der Armut der Arbeiter (*The Road to Wigan Pier*) und der Armseligkeit der Kleinbürger (*Keep the Aspidistra Flying*) überzeugte er manche von einem Sozialismus, dem er selbst nur bedingt anhing. Über George Orwells politische Position wird bis heute gerätselt. War er ein «Tory anarchist», also ein Konservativer mit anarchistischen Neigungen? Oder war er doch ein Linkssozialist (tatsächlich vorübergehend Mitglied der Independent Labour Party, also einer linken Splittergruppe) mit revolutionären Neigungen?

Auch Orwells Beteiligung am Spanischen Bürgerkrieg 1936–37 klärte diese Fragen nicht. Warum ging er überhaupt nach Spanien? *To write or to fight?* Um zu schreiben oder um zu kämpfen? Am Ende tat er beides, wenngleich sein Bericht *Homage to Catalonia* eher als seine militärischen Errungenschaften Spuren hinterlassen hat. Orwell stand natürlich auf der Seite der Republikaner. Der erbarmungslos Tatsachen beschreibende Bericht über seine Erfahrungen zeigt indes vor allem, wie die Auseinandersetzung zwischen freiheitsliebenden Anarcho-Revolutionären und totalitären Kommunisten den Widerstand gegen die Faschisten Francos zerriss. Orwell liess keine ideologische Färbung die Erkenntnis der Realität trüben. Insofern war er zugleich tief engagiert und ein scharfblickender Beobachter der Entwicklung vor allem in Katalonien.

Nach einem Halsdurchschuss, den er mit knapper Not überlebte, verliess Orwell Spanien und wurde endgültig zum engagierten Autor. Ein Jahrzehnt später, 1946, erklärte er in einem Essay, «warum ich schreibe»:

> «Der spanische Krieg und andere Ereignisse in den Jahren 1936–37 wendeten die Waage und danach wusste ich, wo ich stand. Jede Zeile meines ernsten Werkes, die ich seit 1936 geschrieben habe, ist direkt oder indirekt gegen den Totalitarismus und für den demokratischen Sozialismus wie ich ihn verstehe geschrieben worden.»

Was ist aber dieser «demokratische Sozialismus»? Wenn immer sich Orwell an einer Definition versucht, spricht er zuerst von der Freiheit. Er glaubt an die Gleichheit der Chancen, die dann aber vor allem dem «Schutz vor der Fesselung oder Pervertierung der schöpferischen Fähigkeiten» dienen. Bernard Crick beschreibt den Charakter schon des jungen Blair/Orwell als «emotional unabhängig», «individualistisch», «rationalistisch». Mit Widersprüchen hatte er sein ganzes Leben lang zu kämpfen, und das fiel ihm nicht schwer. Trotz der kurzen Affäre der Zugehörigkeit zur Independent Labour Party war Orwell kein Parteimann und auch kein Freund anderer Clubs. «Orwell war ein Moralist, aber ein sozialer Moralist.» Seine egalitären Anwandlungen wurden immer von liberalen Überzeugungen im Zaum gehalten. «Gefühlsmässig», schrieb Orwell über sich 1940, «bin ich definitiv ‹links›, aber ich glaube, dass ein Autor nur ehrlich bleiben kann, wenn er sich von Parteietiketten freihält.»

Orwell starb mit 46 Jahren an den Folgen seiner fast lebenslangen Tuberkulose. Doch hinterliess er neben zahlreichen anderen Werken die beiden grossen Warnungen vor totalitären Versuchungen. Die erste war die kleine, doch so bewegende Fabel *Animal Farm*. Die Tiere des Hofes rebellieren gegen die ausbeutende Macht ihres Bauern. Sie vertreiben den oft betrunkenen und grausamen Mr. Jones und übernehmen selber die Farm. Jubelnd singen sie

Beasts of England, beasts of Ireland,
Beasts of every land and clime,
Hearken to my joyful tidings
Of the golden future time.

Die frohe Botschaft wird mit sieben neuen Geboten verbunden, darunter dem: Alle Tiere sind gleich.

In subtiler Prosa beschreibt Orwell dann die Peripetie der Revolution. Unter den Gleichen sind es die Schweine, die die Macht übernehmen. Diese wiederum haben zwei zerstrittene Führer, Napoleon und Snowball. Zuerst stehen alle zusammen im Kampf gegen die verhassten Menschen. «Vierbeiner gut, Zweibeiner schlecht.» Dann streiten sich der Idealist Snowball und der Realpolitiker Napoleon. Snowball wird vertrieben, aber zum Schuldigen aller Miseren – und es gibt deren viele – erklärt. Napoleons Macht wird immer grösser und listiger. Zugleich wird die Farm immer ärmer. Eine neue Attacke der Menschen wird unter blutigen Verlusten gerade noch abgeschlagen. Doch schon hat Napoleon Kontakte zu den Bauern der umliegenden Höfe geknüpft. Die Gebote der Revolution werden still pervertiert. An «kein Tier soll ein anderes Tier töten» werden die Wörter «ohne Grund» angehängt, und es finden Exekutionen statt. Am Ende sind die vielen Tiere wieder in derselben Lage wie unter Mr. Jones. Napoleon hat ohnehin seinen Frieden mit den Menschen gemacht. Die Schweine beginnen auf ihren zwei Hinterpfoten zu laufen; jetzt heisst es: «Vierbeiner sind gut, Zweibeiner sind besser». Und am Ende verkehrt auch das oberste Gebot seinen Sinn: «Alle Tiere sind gleich, aber manche Tiere sind gleicher als andere.»

Animal Farm ist die gelungene Verbindung von Orwells literarischem und politisch-essayistischem Talent. Dennoch fand er fast ein Jahr lang keinen Verleger: noch bestand die Kriegskoalition mit der Sowjetunion, und «Napoleon» ähnelte Stalin so sehr wie «Snowball» Trotzki. Orwell selbst dachte immer sowohl an den Kommunismus als auch an den Faschismus. Das ist offenkundig in dem zweiten Werk dieser Gattung, der negativen Utopie mit dem Titel

1984. Hier wird der reine Totalitarismus mit seiner fast austauschbaren Ideologie zum Thema. Beide Bücher wurden Bestseller in ihrer Zeit und werden noch heute gelesen. Sie sind die Summe der Erfahrungen des Mannes, der sein von solchen Versuchungen unberührtes Land verliess, um den Faschismus zu bekämpfen, ohne doch dem Kommunismus zu verfallen.

Noch im Schützengraben bei Huerta blieb Orwell immer der lange, spindeldürre Engländer, von dem nicht ganz klar war, was er dort wollte. Er hatte sich in die Kämpfe der Zeit gestürzt, konnte aber zurückkehren in seine eigene, ziemlich heile Welt:

> «Und dann England – Südengland, wahrscheinlich die gepflegteste Landschaft der Welt. Durchreist man sie, vor allem wenn man sich in den weichen Kissen des Zuges vom Fährehafen nach London von der Seekrankheit friedlich erholt, dann fällt es schwer zu glauben, dass irgendetwas irgendwo wirklich passiert. Erdbeben in Japan, Hungerkatastrophen in China, Revolutionen in Mexiko? Keine Sorge, die Milch wird morgen früh wie immer vor der Haustür stehen und der *New Statesman* wird am Freitag erscheinen.»

Immerhin der (linke) *New Statesman* und nicht der (rechte) *Spectator*! Das Zitat stammt vom Ende der *Homage to Catalonia*. Der Text wird zunächst sogar noch sentimentaler («die tiefen Wiesen, wo die grossen glänzenden Pferde schnuppern und meditieren, die von Weiden gesäumten dahinplätschernden Bäche ...»), aber Orwell wäre nicht Orwell, wenn er nicht auch 1938 den «tiefen, tiefen Schlaf Englands» im Schlusssatz des Buches aufstören würde mit der Furcht, aus alledem herausgerissen zu werden «durch das Dröhnen von Bomben». Tatsächlich hat sich England verändert seit Orwells Zeit. Vielleicht ist es heute nicht mehr ein geschütztes Erasmus-Land. Die nächste Welle der Versuchungen der Unfreiheit trifft England nicht weniger hart als das übrige Europa; sie hat es vielleicht schon getroffen.

Von den Vereinigten Staaten von Amerika war bisher vor allem als einem Land des Exils die Rede. So mancher Erasmier, dessen Emigration in Paris oder auch in London begann, endete in Amerika. Nicht alle schlugen dort Wurzeln; manche, von Theodor W. Adorno zu Czeslaw Milosz, kehrten in ihre Heimat zurück, als diese von totalitärer Herrschaft befreit war. Alle aber wussten, dass sie sich in den USA sicher fühlen konnten. Die Verbindung von demokratischer Tradition, geographischer Unantastbarkeit und schierer Macht gab den verfolgten Europäern die Gewissheit, den Fährnissen des Totalitarismus endgültig entkommen zu sein.

Man mag darüber streiten, ob die USA im gleichen Sinne wie England ein Erasmus-Land waren oder sind. Es herrscht ein raueres Klima des Umganges mit anderen auf dem grossen Kontinent zwischen Atlantik und Pazifik als auf dem «gekrönten Eiland» in der Nordsee. Der friedliebende, sensible Erasmus hätte sich in New York oder Los Angeles schwerlich wohl gefühlt. Dabei waren die Versuchungen der Unfreiheit in den USA durchaus präsent. Richard Wright, einer der Autoren des Bandes *Der Gott, der keiner war*, ist schon zitiert worden. Sein Abschied von der kommunistischen Illusion vollzog sich nicht ohne Gefahr für Leib und Leben. Auch der amerikanische Antisemitismus war von herber, wenngleich nicht mörderischer Natur. Er begann nach dem Ersten Weltkrieg virulent zu werden, als der Automobil-Zar Henry Ford in seiner «Lokalzeitung», dem *Dearborn Independent*, die gefälschten «Protokolle der Weisen von Zion» pries. Dabei ist von Amerikas eigenem Problem der Rassentrennung noch gar nicht die Rede.

Indes war und blieb Amerika ein Land der Freiheit, weniger anfällig für Ideologien als die meisten Länder Europas. *Warum gibt es in den Vereinigten Staaten keinen Sozialismus?* Werner Sombarts klassische

Schrift unter diesem Titel gibt die Antwort: wegen der Mobilität, weil also Amerikaner weder eine Theorie noch kollektive Aktion brauchen, um voranzukommen. Überdies ist das Land resistent gegen ungezügelte Herrschaft, wer immer sie für sich in Anspruch nehmen wollte. Der populäre Präsident Franklin Delano Roosevelt – Allianzpartner von Churchill und Stalin im Krieg gegen Hitler – wurde dreimal wiedergewählt, gab dann aber Anlass für den 22. Verfassungszusatz, der für die Zukunft amtierende Präsidenten auf die einmalige Wiederwahl begrenzt.

Die USA sind ein praktisches Land, in dem Intellektuelle es nicht leicht haben. Es amüsierte die Wähler, als Präsident Eisenhower sich über die «klug redenden sogenannten Intellektuellen» lustig machte, «die herumgehen und zu zeigen versuchen, wie falsch alle liegen, die nicht mit ihnen übereinstimmen»:

> «Übrigens habe ich eine Definition des Intellektuellen gehört, die ich sehr interessant fand: ein Mann, der mehr Worte braucht als nötig sind, um mehr zu sagen als er weiss.»

Der bedeutende Historiker Richard Hofstadter hat diesen Trend in seinem Buch *Anti-intellectualism in American Life* verfolgt. Die subtile Studie befasst sich vor allem mit den 1950er Jahren, in denen der Anti-Intellektualismus nicht zuletzt durch den Verfolgungsfeldzug des Senators McCarthy einen Höhepunkt erlebte. So schlimm war es nicht immer. Es war überdies nicht nur in Amerika so; auch in England sind die Intellektuellen vielfach Fremde im eigenen Land geblieben. Viele Amerikaner aber sahen (nach Hofstadter) einen Widerspruch zwischen ihren Werten und der Eigenart von Intellektuellen: Intellektuelle haben keine warmherzigen Gefühle; sie haben auch keinen Charakter, sondern sind nur clever; sie sind unpraktisch, doch ist mit ihrem theoretischen Kopf wenig anzufangen; sie passen nicht zur Demokratie, da sie den Intellekt für eine Auszeichnung halten, die sich mit egalitären Grundsätzen nicht verträgt.

Vor allem dies ist in unserem Zusammenhang erwähnenswert, dass Amerikas Erasmier praktischere Leute sind als ihre europäischen Kollegen. Das lässt sich an zwei ungewöhnlichen Gestalten demonstrieren, zwei öffentlichen Intellektuellen, die im ersten Jahrzehnt des 20. Jahrhunderts geboren sind und doch das Jahr 2000 noch erlebt haben: dem 1904 geborenen (und 2005 gestorbenen) George Kennan und dem 1908 geborenen John Kenneth Galbraith.

George Kennan kam aus Milwaukee am Michigan-See, also aus dem Mittleren Westen. Seine (nord)irischen Vorfahren waren im frühen 18. Jahrhundert eingewandert und blieben durchweg Bauern, wenngleich ein weltgewandter Onkel, der vor allem Russland bereist hatte, die Phantasie des jungen George früh schon anregte. George Kennan studierte mit mässiger Begeisterung in Princeton – das er später so sehr lieben sollte – und geriet dann beinahe zufällig in den diplomatischen Dienst, dem er sein Leben lang verbunden blieb. Er hatte schon als Kind bei einem Europa-Aufenthalt deutsch gelernt, lernte nun auch russisch und hatte dann Posten in Berlin und Moskau, sowie vorübergehend in Prag und Belgrad. In den kritischen Jahrzehnten zwischen 1925 und 1950 brachte er so viel Zeit an den neuralgischen Punkten Europas zu, dass er von sich selbst zuweilen meinte, er sei seinem eigenen Land «entfremdet».

Das war jedoch nicht der Fall. Kennan blieb immer unverwechselbar amerikanisch. Nur beherrschte sein analytischer Geist die durchaus praktischen Tätigkeiten, die er ausübte. Der Hang zur kritischen Analyse – zum engagierten Beobachten – machte ihn zu einem schwierigen Diplomaten mit allerlei Gegnern im State Department. Manchmal fragte er sich selbst, wie sein Botschafter, der Grandseigneur Averell Harriman, der zum Unterschied von ihm «mehr ein Macher als ein Beobachter war», es ertrug, dass Kennan herumlief mit seinem «Kopf in den üblichen Wolken der philosophischen Spekulation». Doch wusste Harriman – wie der spätere Aussenminister Byrnes und in entscheidenden Momenten Präsident Truman –, was er an seinem engagierten Beobachter hatte. Das «lange Telegramm», das noch im späten Glanz der Kriegsallianz die machtpolitischen Motive der Sowjetunion unter Stalin mit äusserster Schärfe analysierte, definierte die Thematik des beginnenden Kalten Krieges wie kein anderes Dokument.

Unverwechselbar amerikanisch war indes vor allem die Selbstverständlichkeit, mit der Kennan seinen Weg durch die Zeit der totalitären Versuchungen fand. Genau genommen waren es für ihn keine Versuchungen, und genau genommen war er daher so viel oder so wenig Erasmier wie die Schweizer oder die Engländer, von denen hier die Rede war. «Mein eigener Fall ist vielleicht ungewöhnlich, insoweit ich keinerlei pro-sowjetische Sympathien überwinden mußte», schreibt Kennan. Sein Fall war also nicht der des Glaubens an einen Gott, der keiner war. Vielmehr bestimmte ihn von Anfang an «eine schiere intellektuelle Abneigung» gegen den russischen Marxismus. Er brachte es fertig, «(wenn der Leser die Logik dieses Widerspruchs verstehen kann) zugleich leidenschaftlich und leidenschaftslos» an den russischen Dingen interessiert zu sein. Noch das «lange Telegramm» und die unter dem Pseudonym «X» veröffentlichten Artikel über die Interessen der Sowjetunion und die Notwendigkeit, diese «einzudämmen», zeugten nicht von Hass, sondern von klarsichtiger Analyse.

Dass für den Faschismus in all seinen Varianten kein Platz in diesem kritischen Kopf war, bedarf kaum der Erwähnung. Kennan mochte Deutschland und blieb auch nach dem Krieg bei diesem Empfinden. Seine Freundschaft mit Marion Gräfin Dönhoff ging tief. Was die Nazis betraf, war er indes nicht nur von Anfang an «aller Sympathien bar» für sie, sondern sprach frühzeitig eine deutliche Sprache über ihre Verbrechen. Zugleich sah er die innere Schwäche eines Regimes, das keine Ordnungsidee hatte und daher nicht dauern könnte. Die Sowjets hatten auf Grund ihrer Ideologie «zumindest eine theoretische Chance», von anderen Völkern akzeptiert zu werden; die Nazis konnten nur durch brutale Gewalt andere beherrschen.

Was ihre Unversuchbarkeit angeht, hatten George Kennan und John Kenneth Galbraith viel miteinander gemeinsam. Auch Galbraith war überdies für die kurze Zeit der Kennedy-Jahre Botschafter, allerdings nicht im Zentrum des Kalten Krieges, sondern in dem der Armut, in Indien; Galbraith blieb noch in seinen praktischen Tätigkeiten Ökonom. Geboren ein paar hundert Kilometer östlich von Kennans Milwaukee, in der Nähe von Toronto am Ontario-See, kam Galbraith politisch aus einer anderen Welt, nämlich aus dem eher sozialdemokratischen Kanada. (Erst 1937 nahm er die US-amerikanische Staatsbürgerschaft an.) Auch seine schottische Herkunftsfamilie brachte Generationen von Bauern hervor. Der junge Ökonom blieb dieser Tradition verbunden; er wurde Agrarökonom und blieb dies für die ersten Jahrzehnte seiner akademischen Karriere. Diese wurde indes immer wieder unterbrochen, als die grosse Wirtschaftskrise zur bestimmenden Erfahrung seiner Generation geworden war. Galbraith verehrte Franklin Delano Roosevelt für seine Innen- und Sozialpolitik, während Kennan Roosevelt für aussenpolitisch verführbar hielt. Vor allem aber wurde Galbraith zu einem enthusiastischen Vertreter jener neuen Ökonomie, die mit dem Namen von John Maynard Keynes verbunden war. Er sah also eine wichtige Rolle für den Staat in der Sicherung von Wohlfahrt für alle. Die Positionen in der und am Rande der Regierung, die er hielt, darunter vor allem die als «Preiskommissar» während des Krieges, verraten seine Präferenzen.

Amerikaner hielten Galbraith für politisch links, und tatsächlich betätigte er sich aktiv auf dem linken Flügel der amerikanischen Demokraten (bei ADA: den *Americans for Democratic Action*). In der McCarthy-Ära hätte ihn solches Tun beinahe den ersehnten Lehrstuhl an der Harvard-Universität gekostet; doch hatte er mächtige Freunde, die ihm in kritischen Lagen halfen. Ohnehin vertrat Galbraith allenfalls eine Art «dritten Weg». Er war «Rooseveltianer»; schon als Student hatte er hingegen Marx wenig attraktiv gefunden. Ohnehin hatte er eine eigene «Einstellung zum politischen Engagement». «Ich habe mich immer um ein gewisses Mass an Distanz bemüht und meine, dass man sich stets einen Teil des eigenen Ichs bewahren und niemals total von der Richtigkeit seines Tuns überzeugt sein soll. Der Glaube sollte immer durch Besonnenheit gemässigt werden.» Das ist eine für uns in dieser Studie vertraute Tugendlehre, die «Ken» Galbraith veranlasste, ein Angebot zur Mitwirkung im Team von Robert Kennedy, dem sozialdemokratischen Bruder des liberalen John F. Kennedy, abzulehnen.

Galbraiths Haltung zum Faschismus war nicht anders als die

von Kennan. Doch macht sein Biograph Richard Parker eine erwähnenswerte Beobachtung. Galbraith reiste oft nach Europa, und noch 1938 besuchte er zweimal Deutschland, um die Agrarpolitik des «Dritten Reiches» zu studieren. Das fand er durchaus vereinbar mit seiner inneren Gegnerschaft zu den Nazis (und der inneren Befürwortung der «Loyalisten», also der Republikaner in Spanien): «Wie die meisten Amerikaner in den späten 1930er Jahren neigte er zur Neutralität in Europas Konflikten, überzeugt davon, dass sie Teil einer mörderischen Geschichte sind, an der Amerikaner sich nicht beteiligen sollten.»

Beteiligt war Galbraith – wie Kennan – dann aber an der Nachkriegsgeschichte Deutschlands und Europas. Beide leisteten einen Beitrag zur Idee und Konstruktion des Marshall-Plans. Beide vertraten eine Position im diametralen Gegensatz zu den Morgenthau-Vorstellungen einer Re-Agrarisierung Deutschlands. Beide trugen bei zur Schaffung der europäischen und internationalen Organisationen, die das Gerüst der Nachkriegszeit bilden sollten. Dann zogen sich beide zurück in ihre akademische Klause, Kennan an das Institute of Advanced Study in Princeton, Galbraith auf seinen Lehrstuhl an der Harvard-Universität.

Das klingt fast nach innerer Emigration, war es jedoch nicht. Beide schrieben Bücher über ihre Erfahrungen und blieben Ratgeber der Mächtigen. Beide wurden wichtige Teilnehmer des intellektuellen Nachkriegsdiskurses in Amerika, Europa und der Welt. Übrigens dienten beide John F. Kennedy 1961–63 als Botschafter, Galbraith in New Delhi, Kennan in Belgrad. Beide hatten 1956 schon Adlai Stevensons Präsidentschaftskampagne unterstützt, was gleichsam der Lackmustest der amerikanischen Intellektuellenexistenz war.

Doch wäre der Eindruck falsch, dass es sich hier um zwei gleichgesinnte Freunde gehandelt hätte. Kennan und Galbraith trafen sich eher selten; sie haben sich kaum einmal übereinander geäussert. Sie waren beide in ihrem Gewerbe das, was man in Amerika *mavericks* nennt, also ungebärdige und eigenwillige Aussenseiter. Doch waren ihre Gewerbe eben sehr verschieden. Kennan blieb trotz allem der besonnene, gemässigte Mann des Staates, der das ganze nie aus dem Auge verlor. Galbraith, der Zweimetermann (seine tatsächliche Grösse ist jedenfalls über 1,90m), sprühte immer von Ideen. Während Kennans Bücher über die Sowjetmacht und die Interessen der USA ein allerdings beträchtliches interessiertes Publikum ansprachen, wurden Galbraiths Bücher über den amerikanischen Kapitalismus Bestseller, und manche seiner Begriffe, wie der der *affluent society* («privater Wohlstand und öffentliche Armut») waren in aller Munde.

Doch sind beide, Kennan und Galbraith, als öffentliche Intellektuelle zutreffend beschrieben. Kennan war nicht einfach ein Karrierediplomat und Galbraith kein Karriereprofessor. Auch Erasmier waren sie beide. Die eigene Position inmitten von Andersdenkenden zu vertreten, war für sie ein Vergnügen. Dass die Welt voller Widersprüche war, galt ihnen als selbstverständlich. Auch wenn Galbraith immer wieder die Ungleichheiten der amerikanischen Gesellschaft und der Welt geisselte, war für ihn doch die Freiheit der erste Wert. Dass sie engagierte Beobachter waren, ist hier hinlänglich belegt worden.

Insofern dokumentieren Kennan und Galbraith eine Veränderung, die Hofstadter in seinem zitierten Werk mit Recht hervorgehoben hat. Die 1930er Jahre markieren einen tiefen Einschnitt in der Rolle der Intellektuellen in Europa. So sehr sich manche gerade an den Herausforderungen von Faschismus und Kommunismus bewährten, Intellektuelle als Gruppe wurden von den totalitären Bewegungen überrollt. Sie wurden auf die eine oder andere Weise zum Schweigen gebracht, wenn sie nicht ihre Heimat verliessen. Viele endeten in den in diesem Abschnitt beschriebenen Ländern der Unversuchbaren.

Für Nordamerika bedeutete das nicht weniger als eine geistige Renaissance. Hofstadter beschreibt, wie trotz der McCarthy-Ära am Beginn des Kalten Krieges das Gewicht der öffentlichen Intellektuellen in den USA zugenommen hat. Dabei ging die spezifisch amerikanische Tradition keineswegs verloren. Im Gegenteil übernahmen manche der Zugewanderten den praktischen Stil der amerikanischen Tradition. Das führte sie dazu, den Gang der Dinge nach dem Krieg nicht nur mehr oder minder engagiert zu beobachten, sondern etwas zu tun, um diesen Gang zu beeinflussen. Kennan und Galbraith haben das ihre zur politischen und wirtschaftlichen Erneuerung beigetragen. Es gab aber bald auch so etwas wie einen kulturellen Marshall-Plan. Vielleicht ist es richtiger, von mehreren solchen Plänen oder genauer, von einer aktiven Politik der kulturellen Erneuerung zu sprechen. Sie hatte ihre eigenen Protagonisten, darunter Schweizer wie Jeanne Hersch oder François Bondy, Engländer wie Robert Birley oder T. H. Marshall und dann vor allem Amerikaner, vielfach aus dem Umkreis der Ford Foundation, wie Shepard Stone. Die meisten von ihnen stammen nicht nur aus «unserem» Jahrzehnt, sondern stehen auch in der gedanklichen Tradition, der diese Studie gewidmet ist.

UMBRÜCHE UND NORMALE ZEITEN

23 1945 ODER DIE KULTURELLE FREIHEIT

Für die Überlebenden brachte 1945 den ersten grossen Lichtblick in einem bis dahin von düsteren Wolken verhangenen Jahrhundert. Die militärische Niederlage des Naziregimes in Deutschland war so total, dass alle Spuren der Versuchung, die Hitler so lange an der Macht gehalten hatte, verwehten. Der italienische Faschismus war schon Jahre vorher zerbröselt. In Spanien und Portugal hielten sich noch für Jahrzehnte Regimes, die bis zu einem gewissen Grade mit den Nazis gemeinsame Sache gemacht hatten; doch fehlte auch ihnen nun jede Zukunft. Nicht zu vergessen ist, dass zugleich die asiatische «Achsenmacht» Japan eine über die militärische Niederlage weit hinausreichende Abfuhr erhielt. Eine Linie des modernen Totalitarismus war am Ende.

Die Erasmier konnten heimkehren, was immer das hiess. Raymond Aron kehrte nach Paris zurück und verliess für kurze Zeit die Position des engagierten Beobachters, um in der ersten Regierung de Gaulle eine kleine Nebenrolle zu spielen. Isaiah Berlin blieb noch eine Zeitlang im Staatsdienst, fand dann aber am All Souls College in Oxford den Platz, an den er gehörte. Karl Popper verschloss sich dem Ruf an die London School of Economics nicht, wo sich dem Autor der *Offenen Gesellschaft* ein bleibendes Wirkungsfeld eröffnete. Hannah Arendt erwachte, wie wir sahen, aus dem Winterschlaf, um ihr Leben als Weltbürgerin zu beginnen. Auch Norberto Bobbio nahm Partei, gründete sogar eine Partei, bevor er ganz zum bevorzugten öffentlichen Intellektuellen vieler in Italien wurde. Es war eine Freude zu leben.

Jedenfalls galt das für diejenigen, die den Faschismus einigermassen unversehrt überstanden und nun das Glück hatten, in der freien Welt ihren Lebensplänen nachzugehen. Es gab mehr Freiheit in der Welt. Für die vielen indes, die zum Beispiel im östlichen und südöstlichen Mitteleuropa lebten, blieb die Freiheit ein kurzer Silberstreif bevor der Horizont sich wieder verdunkelte. Ein Kopf der Hydra des Totalitarismus war zwar abgeschlagen, aber ein anderer war nachgewachsen. Berlin war befreit, aber bald wurde es geteilt, und eine zunächst unsichtbare, ab 1961 dann nur allzu sichtbare Mauer trennte die neue Freiheit der einen von der neuen Unfreiheit der anderen. Erst jetzt wurde ganz deutlich, dass totalitäre Herrschaft nicht nur Faschismus hiess, sondern (in den Worten von Czeslaw Milosz) «eine Art Bazillus» war, ein Bazillus der Zeit. Während die erste Ausgabe von Hannah Arendts *Ursprüngen totalitärer Herrschaft* 1950 noch weitgehend vom Nationalsozialismus handelte, betont das Vorwort der zweiten, erweiterten Auflage von 1958 den «neuen» Schwerpunkt des Sowjetkommunismus.

Für die öffentlichen Intellektuellen hatte der Kalte Krieg, der nun ausbrach, eine merkwürdige Folge: sie organisierten sich. Bemerkenswerter noch: sie wurden organisiert. Als die Erasmier unter ihnen das merkten, wurden sie böse; aber eine Zeitlang gefielen auch sie sich in ihrer neuen Machtposition als organisierte Kraft. Auf der einen Seite, der des Ostens, des Kommunismus, kreiste die Organisation um das Wort Frieden, auf der anderen, der des Westens, der Demokratie, um das Wort Freiheit.

Die Friedenspartei tat den ersten Zug. Beginnend mit dem ersten Nachkriegs-Schriftstellerkongress in Berlin 1947 organisierten sowjetische Funktionäre eine Reihe von Friedenskongressen bis hin zu einer glitzernden Konferenz in New York 1949. Da waren alte Kommunisten mit zahlreichen jener *fellow travellers*, jener geistigen Mitläufer versammelt, die in gewisser Weise die Zeichen der Zeit vertraten. Die Friedenspartei konnte durchaus Erfolge verbuchen. Albert Einstein und George Bernard Shaw sandten dem Breslauer Friedenskongress von 1948 Grusstelegramme. Picasso erfand für die Weltfriedensbewegung jene Taube, die bis heute vielen als Symbol des Friedens gilt. Es gab aber auch Misserfolge; schon auf dem Berliner Kongress von 1947 hatte der junge amerikanische Intellektuelle Melvin Lasky die Gastgeber mit einer Lobrede auf verfolgte sowjetische Schriftsteller schockiert.

Lasky wurde dann zur treibenden Kraft der Gegengründung des Kongresses für kulturelle Freiheit, der mit einer grossen Veranstaltung im Juni 1950 in Berlin an die Öffentlichkeit trat. Der Kongress hatte mit Benedetto Croce, John Dewey, Karl Jaspers, Bertrand Russell bedeutende Schirmherren gefunden (wobei Russell bald zwischen Freiheit und Frieden zu schwanken begann). Neben Kongressen wirkte die Organisation vor allem durch jene «dicken Zeitschriften», die geradezu die Fleisch – oder vielmehr doch Papier – gewordene Definition der Freiheit wurden. Lasky selbst übernahm den *Monat* in Deutschland; in Frankreich erschien *Preuves*, in England *Encounter*; andere Titel reichten bis nach Australien und Brasilien. Alle diese Aktivitäten verband das von Arthur Koestler in Berlin verkündete Manifest mit seinen vierzehn Punkten unter der Maxime: «Wir halten es für eine axiomatische Wahrheit, dass die Freiheit des Geistes eines der unveräusserlichen Menschenrechte ist.» Vor allem die 11. These des Manifests bestimmte den Kongress:

> «Wir glauben aus diesem Grunde, dass Theorie und Praxis des totalitären Staates die grösste Bedrohung darstellen, der sich der Mensch in seinem geschichtlichen Dasein bisher gegenübergesehen hat.»

Es handelte sich also um eine Kampforganisation. Diese konnte dennoch in den anderthalb Jahrzehnten bis zu ihrem *dénouement*, nämlich bis zur Entdeckung, dass ihre Finanzmittel zum Teil aus dem Haushalt der gerade gegründeten CIA, also des amerikanischen Auslands-Geheimdienstes stammten, nahezu alle leuchtenden Namen der nichtkommunistischen Geisteswelt bei sich versammeln. Die meisten in dieser Studie Genannten fanden sich einmal oder häufiger beim Kongress für kulturelle Freiheit ein: Raymond Aron und Isaiah Berlin, Hannah Arendt und George Orwell, Arthur Koestler und Manès Sperber, George Kennan und John Kenneth Galbraith ... Wer sich nicht einfand, galt fast schon als *fellow traveller* in einer Zeit der Polarisierung, die auf eigene Weise den Erasmiern nicht günstig gesonnen war.

Naturgemäss ist über den Kongress eine breite Literatur entstanden, die von panegyrischen Ergüssen bis zu erbarmungslosen

Polemiken reicht, aber mittlerweile auch einige informative Analysen einschliesst. Erwähnenswert ist Peter Colemans *Liberal Conspiracy* mit dem vielsagenden Untertitel: «der Kampf um den Geist von Nachkriegseuropa». Dabei gab es, wie immer bei Intellektuellen, allerlei Nebenhandlungen, darunter die *Transatlantischen Kulturkriege* (wie Volker Berghahn sie nennt), aber auch den weniger offenkundigen Disput zwischen Deutschen und Franzosen, den Ulrike Ackermann in einem klugen Buch als *Sündenfall der Intellektuellen* beschreibt. Vor die Wahl zwischen Frieden und Freiheit gestellt, konnten viele der Deutschen sich nicht entscheiden, während fast alle Franzosen am Ende die Freiheit wählten.

Im Kontext unserer Untersuchung ist vor allem das Spektrum der intellektuellen Haltungen von Interesse, das der Umbruch von 1945 hinterlassen hat. Darin beschäftigt uns dann die Frage, was eigentlich aus den Erasmiern geworden ist, als es leicht wurde, einer von ihnen zu sein. Pierre Gremion unterscheidet in seinem Buch über den Kongress für kulturelle Freiheit vier Gruppen von Teilnehmern: die ehemaligen Kommunisten wie Ignazio Silone und Arthur Koestler; die nichtkommunistischen Antifaschisten wie Golo Mann und Altiero Spinelli; die europäischen Föderalisten wie Henri Brugmans und Denis de Rougemont; die soeben exilierten Osteuropäer wie Jerzy Giedroyc und Jozef Czapski. Da fehlen indes viele. Und spannt man das Netz weiter zu denen, die die Wahl zwischen Frieden und Freiheit nicht treffen wollten oder konnten, so gibt es selbst in den Geburtsjahrgängen 1900–1910 allerlei nennenswerte Variationen. Eine Handvoll zumindest mag die Szenerie der Zeit nach 1945 illustrieren.

Der 1910 geborene Naturwissenschaftler Robert Havemann galt in der kommunistischen DDR als Dissident. In gewisser Weise war er zeit seines Lebens Dissident. Der junge Professor der physikalischen Chemie wurde wegen seiner Betätigung im kommunistischen Widerstand 1943 von den Nazis zum Tode verurteilt. Er überlebte auf Grund seiner Fachkunde, die ihn jedoch unter amerikanischer Besatzung erneut in Schwierigkeiten brachte, weil er Details einer möglichen Wasserstoffbombe in einem Zeitungsartikel beschrieb. In der DDR fand er grosse Anerkennung, betätigte sich auch in der Friedensbewegung, liess sich aber nicht daran hindern, den Stalinismus zuerst mit Ironie und dann mit grosser Härte zu geisseln. So geriet er erneut in die Fänge des Geheimdienstes und verlor seine Positionen. In seinem Buch *Fragen Antworten Fragen* hat er die hochnotpeinlichen Verhöre der Stasi geschildert.

In diesem Buch legt er aber auch seine eigentümliche Weltauffassung dar. «Faschismus und Stalinismus sind nicht identisch.» Der Faschismus ist die immer vorhandene Gefahr der bürgerlichen Ordnung. Diese ist im Stalinismus endgültig beseitigt. Nur ist der Stalinismus auf halbem Wege stehengeblieben. Er muss vollendet werden, vielleicht nach dem Muster des Prager Frühlings von 1968 ... «Die Freiheit ist die Krankheit, an der der Stalinismus sterben wird», sagt Havemann, meint aber allenfalls die kleine Freiheit, ein bisschen *glasnost* innerhalb einer DDR, die er trotz allem «für den besten deutschen Staat [hält], der bisher existiert hat».

Dass Intellektuelle zwischen den Stühlen sitzen, ist, wie wir gesehen haben, nicht ungewöhnlich. Havemann tat das wohl, aber eben doch nicht ganz; auf der Kante des Stuhls der (kommunistischen) Unfreiheit suchte er noch ein bisschen Halt. Der weit bedeutendere Jean-Paul Sartre hingegen hatte die Fähigkeit, ein bisschen auf allen Stühlen, wenn auch meist nur auf deren Kante, zu sitzen. Er hätte durchaus auch den Kongress für kulturelle Freiheit besuchen können, stand jedoch zu jener Zeit gerade auf der anderen Seite, der des Stalinismus und des vorgeblichen Friedens. Sartre ist nicht nur das Gegenbild zu seinem *petit camarade* und Intimfeind Raymond Aron, sondern zu den Erasmus-Intellektuellen überhaupt. Ihn zeichnet keine der Tugenden aus, die den liberalen Geist prägen. Der Einzelkampf um Wahrheit lag ihm nicht; er brauchte Gesellschaft. Widersprüche löste er auf immer neue Weise auf. An Engagement fehlte es ihm nie, wohl aber an der Distanz des Beobachters. (Seine Biographin spricht von «Sartres Mittelmässigkeit als Reporter».) Über die Qualität seiner Passionen kann man streiten, aber mit Vernunft hatten sie wenig zu tun.

Das sind harte Worte über den 1905 geborenen Schriftsteller, den viele zu den Grossen des Jahrhunderts zählen. Sie sind dennoch begründet in einer Studie, in der es um die Versuchungen der Unfreiheit geht. Wo es diese gab, erlag Sartre ihnen. Als die Nazis Paris besetzten, liess er sich in seiner Arbeit nicht stören. François Bondy benutzt die Rezension der Memoiren von Sartres Partnerin Simone de Beauvoir, um zu konstatieren: «Es ist unmöglich, weniger ‹engagierter Denker› zu sein, als sie beide es damals waren.» Natürlich waren sie keine Faschisten, «aber was in dieser Zeit in Wirklichkeit vor sich ging, blieb offenbar ganz am Rande ihres Bewusstseins». Von Widerstand war jedenfalls keine Spur zu erkennen. Annie Cohen-Solal, die Biographin, kommt zum gleichen Schluss. «Er ist da *und* ausserhalb. In diesen Jahren entdeckt man einen undurchsichtigen Sartre, den seine Zeitgenossen nicht einordnen können, und manche von ihnen, die ihm seinen Absentismus vorhalten, verdächtigen ihn.»

Nach dem Krieg beginnt dann die «sartro-kommunistische Idylle» (wie die Biographin formuliert), die Zeit der «totalitären Verführung» (mit Ulrike Ackermanns Ausdruck). «Wie immer die gegenwärtige Sowjetunion aussehen mag, grosso modo befindet sich die UdSSR, bei Gleichgewicht der Kräfte, auf Seiten derer, die die bei uns bekannten Formen der Ausbeutung bekämpfen.» 1952 spricht Sartre auf dem Wiener Kongress der Weltfriedensbewegung und lässt sich von dessen Euphorie einfangen. Erst 1956 kommen ihm Zweifel. Waren die ungarischen Ereignisse etwa eine Volksrevolution? Dann folgen die Jahre, in denen Jean-Paul Sartre noch stärker als früher alle liebt, die ihm Medienpräsenz garantieren. Er idealisiert die Dritte Welt, aber auch zum Beispiel die Rote Armee Fraktion um Andreas Baader und Ulrike Meinhof, die er in Stammheim im Gefängnis besucht. «Sartre war keineswegs der einzige, der der totalitären Verführung erlag, aber er war einer ihrer grossen Wortführer.»

Eine ganz andere Welt begegnet uns bei dem im gleichen Jahr wie Sartre, 1905, in Budapest geborenen Arthur Koestler, von dem schon mehrfach die Rede war. Der anglo-ungarische Schriftsteller war in den 1930er Jahren überzeugter Kommunist geworden.

Manche, zum Beispiel Manès Sperber, hat das überrascht, denn der immer werbewirksame Koestler «schien weder geeignet noch geneigt, sich einer Bewegung auf längere Zeit anzuschliessen und damit auf die Rolle eines Zuschauers zu verzichten, der nur mitansehen will, was geschieht». Tatsächlich waren es indes die wechselnden Engagements, die Koestlers Leben bestimmten. Nach seiner Abkehr von der Partei wurde er zum ebenso enthusiastischen Antikommunisten. Sein Buch *Sonnenfinsternis* (*Darkness at Noon*) ist eine der ersten grossen Anklagen des Totalitarismus. Es überraschte nicht, dass er wenn nicht zum Chefideologen, so doch zum formulierungsstärksten Sprecher des Kongresses für kulturelle Freiheit wurde. Dabei zeigte sich, dass auch er sich nicht gerne als Einzelkämpfer betätigte. Nachdem er die eine Ersatzreligion abgelegt hatte, brauchte er andere Geländer, um sich in stürmischer Zeit festzuhalten. Wenn Marko Martin sein Buch über Melvin Lasky, den *Monat* und den Kongress für kulturelle Freiheit *Orwell, Koestler und all die anderen* nennt, bringt er Unvereinbare, nämlich den Einzelgänger Orwell (der übrigens schon 1950 starb) und den Club-Menschen Koestler zusammen. Koestler brauchte den Kongress. Als dieser in Skandalen, aber auch in einem sich wandelnden Umfeld in den 1960er Jahren dahinschwand, fand er noch einmal einen neuen – schwankenden – Halt in der Parapsychologie, der er seine letzten Lebensjahre widmete. Ein Erasmier war Koestler nur mit beträchtlichen Einschränkungen geworden.

Auch hierin unterschied er sich sehr von dem zeitweise kaum weniger aktiven Mit-Renegaten Manès Sperber. Sperbers europäische Odyssee begann 1905 in Zablotow im östlichen Galizien. Den Kriegswirren entkam die Familie durch die Flucht nach Wien, wo er nach dem Krieg in den engeren Kreis des Persönlichkeitspsychologen Alfred Adler geriet. Eine Schrift über Adler ist seine erste Veröffentlichung. 1927 wandert Sperber weiter nach Berlin. Dort tritt er auch der Kommunistischen Partei bei. Nach der Machtergreifung vorübergehend von den Nazis verhaftet, entkommt er über Prag nach Wien. 1934 arbeitet er für die Kommunistische Partei in Jugoslawien, übersiedelt aber dann nach Paris. Dort erfolgt 1938 mit der Schrift *Zur Analyse der Tyrannis* die Trennung von den Kommunisten. Das knappe Buch ist eine erste Analyse der Gemeinsamkeiten und Unterschiede von Hitlers und Stalins Diktaturen aus der Perspektive des Psychologen, der «in gleichem Masse unfähig [ist], Tyrann oder untertäniger Förderer der Tyrannei zu sein».

Sperbers Krieg trieb ihn um von der Fremdenlegion zum unbesetzten Frankreich, dann in die Schweiz. Von seiner kurzen Tätigkeit für die französische Regierung nach 1945 war schon die Rede. Vor allem aber kam jetzt der Autor zum Zug. Die beiden grossen Trilogien – der Roman *Wie eine Träne im Ozean* und die autobiographischen Bände – sind Meisterwerke der Zeitanalyse von einem, dem es gelang, die Versuchungen der Unfreiheit ganz und gar abzuschütteln und zum Verfechter der offenen Gesellschaft zu werden. «Ich habe gezeigt, dass es nicht leicht ist, frei zu bleiben, d. h. unter anderem, gegen den Strom zu schwimmen, gerade wenn er am unbändigsten ist und reissend wird. Trotzdem darf man glauben, dass die Freiheit eine grosse Zukunft hat.»

Sperber stand Raymond Aron zunehmend nahe (und Jean-Paul Sartre zunehmend fern). Sperber und Aron hatten zusammen im persönlichen «Kabinett» des Kulturministers Malraux gewirkt. Im Kongress für kulturelle Freiheit vertraten sie eine gemeinsame Position. Nach dem Skandal der Enthüllung der CIA-Finanzierung stellten sich – so Aron in seinen *Mémoires* – «uns, Denis de Rougemont, Manès Sperber, Pierre Emmanuel und allen anderen» am Kongress Beteiligten zwei Fragen: «Hätten wir es wissen oder zumindest ahnen müssen? Und hätten wir jede Mitarbeit verweigern sollen, wenn wir den Ursprung des Geldes gekannt hätten?» Aron ist rigoros: Wir waren nicht neugierig genug, sagt er, und wenn wir es gewusst hätten, hätten wir wahrscheinlich nicht mitgearbeitet, «auch wenn diese Weigerung in letzter Instanz unvernünftig gewesen wäre». Übrigens reagierte Isaiah Berlin ganz ähnlich. Er hatte mehrfach in der Zeitschrift *Encounter* Beiträge veröffentlicht. Nach der Enthüllung der Finanzquellen 1967 gab er die Mitarbeit auf und erklärte: «Ich hatte überhaupt nichts dagegen, dass das Geld aus amerikanischen Quellen kam – ich war (und bin) proamerikanisch und antisowjetisch, und wenn die Quelle offengelegt worden wäre, hätte es mich nicht im geringsten gestört ... Was mich und andere wie mich gestört hat, war, dass eine Zeitschrift, die wieder und wieder ihre Unabhängigkeit betonte, sich dann als vom amerikanischen Geheimdienst finanziert erwies.»

Was war geschehen? Natürlich brauchte ein Unternehmen wie der Kongress für kulturelle Freiheit Geld. Vor allem die Zeitschriften waren teure Zuschussunternehmen. Die versammelten Intellektuellen gaben sich damit zufrieden, dass das Geld «von amerikanischen Stiftungen» kam. Das war in der Tat auch der Fall. Sowohl die Rockefeller-Stiftung als auch die Ford Foundation finanzierten Kongresse. Überdies hatte der amerikanische Hochkommissar John McCloy ein Office of Public Affairs (OPA) eingerichtet, das die Wiederbelebung des kulturellen Lebens in Deutschland förderte.

Leiter des OPA war 1950 einer jener bedeutenden Promotoren kultureller Entwicklung, wie sie vor allem Amerika – ein Land ohne Kultusministerien! – immer wieder hervorgebracht hat, Shepard Stone. Der 1908 in Nashua, New Hampshire geborene Stone (bis 1929 Shepard Arthur Cohen) kam aus einer litauischen Einwandererfamilie. Der Erfolg seines Vaters erlaubte ihm Anfang der 1930er Jahre das Studium in Berlin, wo er kurz vor Toresschluss 1932 bei Hermann Oncken mit einer Arbeit über «Deutschland, Danzig und Polen, 1918–1932» promovierte. Als Journalist, vornehmlich für die *New York Times*, blieb er am Puls der Zeit und kehrte dann nach dem Krieg in der Uniform des Besatzungsoffiziers nach Deutschland zurück.

Shep Stone war kein öffentlicher Intellektueller, aber er kannte sie alle, denn er war ein Meister der Netzwerke, bevor das Wort in Mode kam. Seit 1952 hatte er dafür die strategische Position des Leiters der Abteilung für Internationale Angelegenheiten der Ford Foundation. In der grossen Zeit der Foundation war diese Abteilung ein wohlsortiertes «Ministerium» für die auswärtige Kulturpolitik der USA. Der Kongress für kulturelle Freiheit gehörte dabei zu Shep Stones Lieblingskindern. Nach dem Skandal ging er sogar als dessen Präsident nach Paris. Von dort kehrte er nach Berlin zurück, wo er bis in seine späten Tage blieb, zuletzt als Leiter des Aspen-Instituts. Das zu seinem 80. Geburtstag veröffentlichte *Buch der Freunde* legt Zeugnis ab für seine tiefe und weithin anerkannte Wirkung.

In der hier interessierenden Zeit war Shep Stone nicht der Initiator des Kongresses; das waren die grossen Namen der Zeit. Er war auch nicht der Sekretär; das war Michael Josselson, der wohl auch den Kontakt zum CIA hergestellt hat. Dennoch wusste Stone, dass die noch neue Central Intelligence Agency (CIA) – 1947 durch Bundesgesetz geschaffen – auf der Suche nach Themen und Instrumenten war. Wie sich durch eine wohlrecherchierte Artikelserie in der *New York Times* 1966 herausstellte, verfiel die CIA dabei früh schon auf den Kongress und seine Zeitschriften. Volker Berghahn schreibt über einen Bericht Stones an McCloy (der inzwischen zum Vorsitzenden des Kuratoriums der Ford Foundation geworden war), dass zur Zeit des Skandals 1,4 Millionen der insgesamt 1,8 Millionen Dollar des Kongress-Budgets «aus Regierungsquellen» kamen und nur 250.000 von der Ford Foundation.

Die Enthüllungen hatten eine katastrophale Wirkung für den Kongress, vor allem weil die Mittel geheim geflossen waren. (Zudem hatten die USA für viele Europäer 1966 einen durchaus anderen Geschmack als 1950.) Der Kongress war also Teil einer Strategie des Kalten Krieges gewesen. Man wird es den Autoren von *Encounter*, *Preuves* und *Monat* glauben, dass sie nichts anderes als ihre Überzeugungen in ihren Beiträgen kundgetan haben. Auch gibt es keine Anzeichen für direkte oder indirekte Interventionen von seiten der CIA in der Arbeit des Kongresses. Dennoch liess sich die geheime Finanzierung nicht weglachen. Auch die Briefe der Unterstützung, die unter anderen George Kennan und John Kenneth Galbraith in der *New York Times* veröffentlichten, hatten nur begrenzte Wirkung. «Die Aufregung über das CIA-Geld war ganz ungerechtfertigt», schrieb Kennan. Im Grunde hätte es sich doch um eine Erfolgsgeschichte gehandelt und verdiene Lob. So sahen es andere vor allem in Europa nicht, auch nicht – wie wir gesehen haben – grosse Freunde der USA wie Raymond Aron und Isaiah Berlin.

Doch ist unser Thema hier nicht die Geschichte des Kongresses für kulturelle Freiheit. Es ist noch nicht einmal die atlantische Qualität des Begriffes von kultureller Freiheit nach 1945. Es ist vielmehr die traurige Geschichte dessen, was geschieht, wenn öffentliche Intellektuelle mit erasmischen Qualitäten sich zu organisieren suchen. Peter Coleman hat ein melancholisches Kapitel über den Versuch, den Kongress trotz allem am Leben zu erhalten, mit dem aus dem Protokoll der entscheidenden Sitzung geborgten Satz überschrieben: «*No Consensus emerged*». Kein Konsens ergab sich. Das ist ganz in Ordnung so; denn warum sollen zwanzig, gar hundert oder tausend unabhängige Geister sich auf inhaltliche Aussagen, ja auch nur auf ein Manifest einigen?

Organisation ist nötig, um praktische Ziele zu erreichen. Solche Organisation hat einen Preis. Sie verlangt Einigung auf ein Aktionsprogramm, das keinen Beteiligten ganz befriedigt. Sie verlangt die Hinnahme von Funktionärsherrschaft, wie sie das von Robert Michels postulierte «eherne Gesetz der Oligarchie» nun einmal erzwingt. Sie verlangt Geld, und es fehlt nicht an Beispielen für die immateriellen Kosten der materiellen Basis von Parteien und Organisationen. Viele der Intellektuellen, von denen in dieser Studie die Rede war, haben irgendwann Organisationen gesucht. Die meisten waren alsbald von diesen abgeschreckt. Der junge Popper blieb Sozialist für ein paar Wochen, der junge Aron für ein paar Monate.

Man kann verstehen, dass es Zeiten gibt, in denen öffentliche Intellektuelle eine Organisation von ihresgleichen suchen. Doch sollte niemand überrascht sein, dass diese, wenn es sie denn gibt, von den Schwächen aller Organisationen keineswegs frei ist. Wenn sie nicht, wie die östlichen Friedensbewegungen, schon als Instrumente politischer Zwecke gegründet worden sind, bieten sie sich doch, wie die westliche Freiheitsbewegung, als solche an. Liberale Geister, zu deren Lob diese Erwägungen und Untersuchungen angestellt werden, können in ihnen nicht gedeihen. Sie müssen den Mut und die Kraft haben, ihre Positionen allein zu vertreten.

Normale Zeiten sind schlechte Zeiten für Intellektuelle. Das gilt besonders für öffentliche Intellektuelle. Es bleibt ihnen nur ihr eigentliches Gewerbe, das Schreiben, ohne dass sie damit viel ausrichten in der Welt. Manche versuchen, ihrer Umwelt Krisen einzureden, damit sie diese dann gründlich untersuchen können; doch gelingt das selten. Andere blicken in die Ferne, denn irgendwo geschehen immer schlimme Dinge. Sogar Karl Popper tat das zuweilen, um dann die Frage zu stellen: «Können wir überhaupt etwas tun? Und können wir überhaupt etwas verhindern?» Mit der Hand schrieb der Meister in mein Exemplar dazu: «Meine Antwort auf diese Frage ist: Ja. Ich glaube, dass wir viel verhindern können.» Belege zur Stützung eines derartigen Optimismus sind indes spärlich.

Solcher Art war die Nachkriegszeit der zwei Jahrzehnte nach 1945. Nicht dass es keine Kriege mehr gab. Der Kalte Krieg führte selbst, wie wir gesehen haben, zur Mobilisierung intellektueller Energien. Den Koreakrieg nahm der grössere Teil der Welt schweigend hin. Der Algerienkrieg löste zumindest in Frankreich lebhafte Debatten aus, bei denen Beobachter zu Engagierten wurden. Dann, gegen Ende dieser Zeit, löste der Vietnamkrieg eine Bewegung aus, die sich von den kalifornischen Universitäten über die Vereinigten Staaten von Amerika und dann nach Europa ausbreitete und die dabei ihren Charakter von einer Antikriegsdemonstration zu einer antiautoritären Bewegung verlagerte. Mit der Jahreszahl 1968 ist sie historisch geworden.

So wie «1968» in Europa verwendet wird, ist die Bedeutung des Jahres übrigens durchaus provinziell. Das grosse Weltereignis der Zeit war die chinesische Kulturrevolution. «Staatlich veranlasste Tötungen erreichten ihren Höhepunkt in jeder Provinz [Chinas] im Jahr 1968.» Jung Chang und Jon Halliday sprechen in ihrem Buch über den Schuldigen an der Spitze des Staates, Mao, von drei Millionen Toten allein in diesem Jahr, und von 100 Millionen, die auf die eine oder andere Weise litten. Dass Europas 1968er den Namen Maos auf ihrem Schilde trugen, ist weder nachvollziehbar noch verzeihlich.

Selbst im europäischen Kontext hat «1968» eine zu enge Bedeutung; denn dies war auch das Jahr des Prager Frühlings und seines mörderischen Endes. Der Name Dubçek hätte der Freiheit verpflichteten Demonstranten besser gestanden als der fernöstlicher oder lateinamerikanischer Todesschwadroneure. Es ist im Grunde kaum fassbar, dass die Aktivisten der Pariser und Berliner und Turiner «Kulturrevolution» zumindest objektiv auf der Seite derer standen, deren Panzer die Freiheitsbewegung in der Tschechoslowakei niederwalzten.

Vielleicht ist es vor solchem Hintergrund nicht überraschend, dass die Erasmus-Intellektuellen den Ereignissen von 1968 in ihrem Umfeld nahezu ausnahmslos befremdet, dann entsetzt, ja empört gegenüberstanden. Es fing alles so harmlos an, meist, jedenfalls in Europa, mit Forderungen nach der Reform der Universitäten. Norberto Bobbio war nicht der einzige, der den Studenten zustimmte, dass die Dozenten höhere Standards der moralischen Verpflichtung zur Lehre zeigen sollten. Er versprach den Studenten in Turin, seine ausseruniversitären Tätigkeiten zu reduzieren. Doch ging die «Bewegung» rasch über solche Angebote hinweg. Bobbio spricht von einer «Explosion revolutionärer Hysterie», die zuerst die Universität, dann ihr politisches Umfeld in Frage stellt. «Für Intellektuelle meiner Generation und Erfahrung war es nicht nur überraschend, sondern empörend, die aus dem Widerstand geborene Demokratie in Frage zu stellen.» «Kultur», hielt Bobbio den «Kulturrevolutionären» entgegen, «ist intellektuelle Ausgewogenheit, kritische Reflexion, Unterscheidungsfähigkeit und ein Horror vor allen Vereinfachungen, vor Manichäismus und Parteilichkeit.»

Das fiel nicht auf sonderlich fruchtbaren Boden bei denen, die ausgezogen waren, alle gängigen Werte mit Füssen zu treten. Manchen ihrer intellektuellen Opfer ging das einfach gegen den guten Geschmack. Theodor Adorno war konsterniert, als er sich auf dem

Podium umringt von den nackten Busen seiner Studentinnen fand. Als Studenten das Frankfurter Institut für Sozialforschung zu besetzen suchten, zögerte er nicht, die Polizei zu rufen. Nur Hannah Arendt nahm da eine andere Stellung ein. Ihr imponierten die Hochschulbesetzer in New York, und mehr: «Eine Studentenrebellion, die fast ausschliesslich durch moralische Erwägungen inspiriert ist, gehört gewisslich zu den völlig unerwarteten Ereignissen des Jahrhunderts.» Solche Äusserungen veranlassten Isaiah Berlin, Hannah Arendt zusammen mit Herbert Marcuse für verantwortlich zu erklären an «dem raschen Anwachsen des Barbarismus unter unseren jungen Männern». Frühere Revolutionäre suchten Wissen und Erfahrung für ihre Zwecke nutzbar zu machen, aber die heutigen werfen mit mechanischen Formeln um sich und hassen die Geschichte. Da ist etwas, «das wir wirklich nicht verstehen bei Leuten, die sich weigern, rationale Antworten zu geben auf die Fragen, was sie wollen, wie sie es zu tun beabsichtigen, was ihre Prinzipien sind, wie sie die moralischen Kosten einschätzen».

Was aber war diese studentische Rebellion? War sie ein langer Karneval, oder war sie doch eine Revolution? Jeanne Hersch war nicht die einzige, die sich da schwer entscheiden konnte. «Der Geist von 1968 erschien mir kindisch, aufs äusserste politisiert und intellektuell aufgewertet durch eine Generation sogenannter Denker, Schriftsteller und Künstler, die den Erfolg auf leichte Art suchten und sich dabei sehr wenig um Wahrheit und Wirklichkeit kümmerten.» Jeanne Hersch war während der «Mai-Ereignisse» in Paris gewesen. Sie empfand besonders den Kontrast zwischen ihren eigenen Erfahrungen und der Begeisterung jener Freunde, deren Kinder an den *évènements* beteiligt waren. Nach Genf zurückgekehrt, warnte sie ihre Studenten vor der Forderung nach «Demokratisierung» der Lehrpläne und Prüfungen. «Meine Studenten spalteten sich nun in zwei Lager», deren eines sie in ihren Lehrveranstaltungen nicht wieder sah.

Raymond Aron hat es mir noch in seinen *Mémoires* nicht verziehen, dass ich ihm in der Laudatio zur Verleihung des Goethepreises in Frankfurt 1979 nachsagte, er sei mit den Ereignissen von 1968 nicht fertiggeworden. (Nicht dass er «sich selbst untreu» geworden sei, hatte ich angedeutet, und schon gar nicht masste ich mir an, ihm «mildernde Umstände» zuzubilligen.) Tatsächlich war der Schock von 1968 für Aron so gross, dass er noch zwölf Jahre später in dem Gespräch mit Jean-Louis Missika und Dominique Wolton (*Der engagierte Beobachter*) bei bestimmten Fragen erregt wurde und ins Schleudern kam. Er schilderte die studentischen Aktionen, dann die Streiks und die Rolle der Kommunistischen Partei. «Das hat Sie zum Handeln bewogen?» fragt Missika, und Aron entgegnet: «Nein, nein, es war der Karneval, der mir mit der Zeit ein bisschen auf die Nerven ging.» «Moment mal», unterbricht ihn Wolton, «das verstehe ich nicht. War es nun die Krise der Institutionen oder der Karneval? Das ist nicht dasselbe.» Aron erwidert unwirsch, «Beides» und redet dann von den Universitäten.

Warum ging der Schock der Ereignisse vom Mai 1968 in Paris und entsprechender Erfahrungen derselben Zeit in London und Berlin und andernorts so tief? Warum traf er insbesondere bedeutende Hochschullehrer so stark? Die Antwort ist wohl, dass die Demonstrationen und Besetzungen, die Slogans und endlosen Debatten gleich mehrere Werte und Institutionen trafen, die für die grossen öffentlichen Intellektuellen der Zeit sakrosankt waren. Revolutionäre waren die Rebellierenden nicht, denn hinter ihnen stand keine nachhaltige Kraft und vor ihnen lag kein Horizont neuer Ideen. Mit Recht nannte Aron sein unmittelbar nach den Ereignissen geschriebenes Buch, *La Révolution introuvable*, die unauffindbare Revolution. Aber eine Rebellion war es doch, und die Institutionen, an denen die Rebellen mehr oder minder kräftig rüttelten, erwiesen sich als erstaunlich zerbrechlich.

Das begann mit den Universitäten. Bobbio, Hersch, Aron und die anderen waren sämtlich Hochschulreformer, die daher den Anfängen von «1968» mit Sympathie gegenüberstanden. Sie waren aber auch engagierte Verteidiger der Universität als Institution. Gerade die am Beginn des 20. Jahrhunderts Geborenen erlebten die Universität als Ort der Wahrheit, die sie suchten. Sie sahen in ihr auch die Chance einer besseren Zukunft, für sich – viele waren soziale Aufsteiger –

und für ihr Land. Vielleicht hatten sie die Korruption der akademischen Werte durch Faschismus und Kommunismus nicht hinlänglich wahrgenommen. Jedenfalls besassen Universitäten als Stätten der Forschung und Lehre für sie etwas beinahe Heiliges. So standen sie fassungslos vor dem Eindringen der Barbaren als einem Sakrileg. Manche konnten bis an das Ende ihrer Tage denen nicht vergeben, die durch die «Wortergreifung» von 1968 ihre Welt zerstört hatten.

Doch beschränkte sich «1968» nicht auf die Universität. Auch die politischen Institutionen gerieten mancherorts gefährlich ins Rutschen. Bobbio sagte es deutlich, wenn er von dem anderen Sakrileg sprach, «die aus dem Widerstand geborene Demokratie in Frage zu stellen». In Frankreich war es weniger der Widerstand als die Befreiung, in Deutschland die Niederlage, die die Demokratie wiederbegründet hatte. Dieses Mal sollte sie nicht scheitern; aber das «Palavermarathon» der Versammlungen, die Massendemonstrationen, dann die ständig zunehmende Gewaltsamkeit der Auseinandersetzungen stellte auch diese sakrosankte Institution in Frage. De Gaulle floh erst nach Baden-Baden und trat dann zurück. In Deutschland mag die Wahl von 1969 und Willy Brandts «Wir müssen mehr Demokratie wagen» manche zur Umkehr bewegt haben, aber die Auswüchse der Gewalt standen noch bevor. Nicht überall erwiesen die Intellektuellen sich als «Loyalisten», wie man an der Columbia-Universität die Professoren um Richard Hofstadter und Fritz Stern nannte, die unbeirrt zugleich die Institution und ihre Reform vertraten.

Das vielleicht schwierigste sakrosankte Thema, das die Rebellion von 1968 in Frage stellte, war das der Autorität. Als Jeanne Hersch ihren Studenten erklärte, sie würde ihre Lehrveranstaltungen und Prüfungen in gewohnter Weise fortführen, und die Studenten müssten sich entscheiden, ob sie weiter daran teilnehmen wollten oder nicht, stellte sie die Autoritätsfrage. In der Schweiz hinderte kein Senat und kein Gesetzgeber die Professorin, das Gewohnte zu tun; das war andernorts nicht so. Autorität stand gleich im doppelten Sinn auf dem Spiel, als das Recht von Führungspersonen zu führen, und als die Anerkennung ihrer persönlichen Stellung. In manchen kontinentaleuropäischen Ländern haben beide sich von dem Schock von «1968» nicht erholt. Zugleich stellte sich heraus, dass gerade die öffentlichen Intellektuellen, von denen hier die Rede ist, Autorität in beiderlei Bedeutung brauchen. Wenn sich unter den Talaren Muff angesammelt hat, dann müssen diese gereinigt, nicht aber abgeschafft werden. Führungsstrukturen und persönliche Autorität bedürfen der Kritik und der Reform, aber sie sind für offene und freie Gesellschaften unentbehrlich.

Möglicherweise am tiefsten traf die Erasmier unter den Intellektuellen die frontale Attacke auf die Vernunft. Norberto Bobbio beklagte den Manichäismus und die Parteilichkeit. Isaiah Berlin war entsetzt ob der Weigerung, auf offenbare Fragen «rationale Antworten zu geben». Raymond Aron sah die «Wortergreifung» als Reden ohne Sinn und Verstand. Es war ja eine ungeheuer geschwätzige Rebellion, in der alle Kritik im klassischen Sinn zugunsten von Formeln suspendiert wurde. Das Ende des vernünftigen Diskurses führte denn auch folgerichtig erst zur «Gewalt gegen Sachen» (die doch immer auch Gewalt gegen Institutionen und damit Menschen ist), dann zu Kaufhausbränden, Politikermorden und der Selbstvernichtung.

Für die öffentlichen Intellektuellen, die 1968 in ihren Sechzigern waren, bedeutete «1968» die grosse und unaufhebbare Desillusionierung. Sie konnten nicht erkennen, dass die Bewegung der Zeit auch Ausdruck einer tiefgreifenden Veränderung kultureller Verhaltensmuster war. «1968» ist im Rückspiegel ein Modernitätsschub, zu dem Frauenemanzipation und Wissensgesellschaft, Bürgerinitiativen und Umweltbewusstsein, Toleranz gegenüber anderen und Interesse am Entfernten gehören. Es war allerdings auch der Einbruch des Relativismus, und als dessen anderes Janusgesicht des Fundamentalismus in die aufgeklärte Welt der offenen Gesellschaft. Die Erasmus-Intellektuellen, von denen in dieser Studie die Rede war, hinterliess das alles eher ratlos. Keiner der hier erwähnten Protagonisten hat nach 1968 noch eine bedeutende Rolle gespielt. Das ist umso bemerkenswerter, als es noch zwanzig Jahre dauern sollte, bevor das grosse Thema der Zeit, die Versuchung des Totalitarismus, zu einem Abschluss kam.

25 1989 ODER DAS ENDE DES TOTALITARISMUS

Als 1989 die kommunistischen Regimes zuerst des östlichen Mitteleuropa, dann auch des sowjetischen Reiches zerbrachen, waren die meisten der in dieser Studie erwähnten Protagonisten des liberalen Geistes nicht mehr am Leben. Theodor Adorno hatte die Erniedrigungen der unauffindbaren Revolution nicht lange überlebt; er starb 1969. Hannah Arendt folgte ihm 1975; Jan Patočka 1977. Raymond Aron, der in seinen *Achtzehn Vorlesungen über die industrielle Gesellschaft* die kapitalistische und die kommunistische Welt als zwei möglicherweise konvergierende Formen der Moderne beschrieben hatte, erlebte den Triumph der einen und den Untergang der anderen nicht mehr; er starb 1983. Ein Jahr später folgte Manès Sperber.

Wie hätten die Erasmier als Achtzigjährige die Revolution von 1989 gesehen? Nach den Langlebigen unter ihnen zu urteilen, nicht als das einschneidende Ereignis, das sie doch war. Isaiah Berlin fuhr 1988 zum letzten Mal in die Sowjetunion. Viele der Akteure der Umwälzungen von 1989 verehrten ihn und besuchten ihn bis zu seinem Tod 1997 in seinem Haus in Oxford; aber es gibt keine Anzeichen dafür, dass er selbst den historischen Schnitt als solchen erlebt hätte. Norberto Bobbio schrieb sein melancholisches kleines Alterswerk *De senectute* und hielt autobiographische Vorträge. Da war noch immer vom Dialog zwischen Liberalen und Kommunisten die Rede und auch davon, dass er selbst kein «so umwälzendes Ereignis wie die Französische Revolution» erlebt habe. Nur John Kenneth Galbraith ging wie stets pragmatisch ans Werk und beriet die sukzessiven Regierungen in Moskau – vergebens – über die Bedingungen eines möglichen dritten Weges. Immerhin sah er, dass es sich bei 1989 um «die grösste Transformation auf der Weltszene im letzten halben Jahrhundert» handelte.

Das ist denn auch das mindeste, was über die Ereignisse des Jahres 1989 und der folgenden Zeit zu sagen ist. Waren diese schon kein «Ende der Geschichte», so waren sie doch das Ende des Totalitarismus, der dem 20. Jahrhundert sein mörderisches Antlitz gegeben hat. Wir haben Totalitarismus hier durchweg in einem strengen Sinn, also nicht einfach als Tyrannis oder Despotie verstanden. Totalitäre Regimes sind spezifisch moderne Regimes der totalen Mobilisierung aller Menschen im Namen einer Ideologie und zum Nutzen eines Führers und einer kleinen Führungsclique. Sie sind, wenn man so will, eine von zwei Formen nach-traditionaler Ordnung; die andere ist die der demokratischen Selbstbestimmung. Beide setzen jene grosse Transformation voraus, die die einen als «Atomisierung» beklagen, die anderen als «Individualisierung» preisen, also die Auflösung zugeschriebener sozialer Bindungen. Die Instrumente totaler Herrschaft sind oft beschrieben worden. Zu ihnen gehört neben der quasi-religiös gefärbten Ideologie vor allem die Mobilisierung der «atomisierten» Individuen und die Partei als deren Mechanismus. Zu ihnen gehört immer auch der Apparat der Kontrolle von Abweichungen bis hin zur Staatspolizei und zu Konzentrationslagern oder Gulags.

Faschismus und Kommunismus sind zwei in mancher Hinsicht durchaus unterschiedliche Versionen totaler Herrschaft. Beide indes haben dies gemeinsam, dass sie nicht dauern können. Das klingt zynisch angesichts der Millionen Opfer, die die totalitären Regimes des 20. Jahrhunderts gefordert haben; es trifft dennoch zu. Der Nationalsozialismus war von vornherein eine auf Untergang gestellte Herrschaftsform. Der Krieg war – viele haben das früh erkannt – in das Regime als notwendige Kulmination von Anfang an eingebaut. Da es sich zudem um einen Krieg ohne Ordnungsidee handelte, steckte auch die totale Niederlage schon in seiner Konstruktion. Der unentbehrliche Bezug auf einen einzigen Führer verstärkte noch die selbstmörderische Tendenz des Regimes. Die Analogie zu Jonestown, also zum kollektiven Selbstmord der Anhänger des sogenannten Reverend Jones in Guyana, ist nicht an den Haaren herbeigezogen.

Im Fall des Kommunismus ist das systemimmanente Scheitern nicht so leicht zu erkennen. Stärker noch als der Faschismus ist der Bolschewismus ein Phänomen der verspäteten Modernisierung, eben «Elektrizität plus Sowjetmacht» in der von Lenin gerne verwendeten Formulierung. Erst unter Stalin nahm der sowjetische Kommunismus wirklich totalitäre Züge an. Auch Stalin brauchte (wie später Mao) innere und oft künstliche Krisen zur Totalisierung seiner Herrschaft. In gewisser Weise brauchte auch er den Krieg. Immerhin waren da Elemente einer Ordnungsidee, selbst wenn diese bei ihrer Übertragung auf die höher entwickelten osteuropäischen Staaten keine Wurzeln schlug. Das von Stalin beherrschte System überlebte den Tod des Diktators, weil es sich imstande zeigte, totalitäre Mobilisierung bis zu einem gewissen Grade durch autoritäre Herrschaft zu ersetzen oder doch zu ergänzen.

Autoritär – zum Unterschied von totalitär – ist ein Regime, in dem eine wohlorganisierte politische Führungsgruppe ihre Herrschaft auf das Schweigen der Mehrheit gründet. Die Partei, die sogenannte *nomenklatura* der Funktionäre, braucht die ständige Mobilisierung aller nicht, solange die Vielen stillhalten und ihren täglichen Obliegenheiten nachgehen. Tun sie das allerdings nicht, dann werden sie verfolgt, zum Schweigen gebracht, eingesperrt, zuweilen des Landes verwiesen – aber in aller Regel nicht mehr von Staats wegen ermordet. Die störrischen und unabhängigen Intellektuellen, von denen gleich zu sprechen sein wird – Vaclav Havel und Bronislaw Geremek, Andrej Plesu und Zheliu Zhelev und manche andere – haben im Gefängnis gesessen und ihre Berufe verloren, aber sie haben den Nomenklatura-Kommunismus überlebt.

Dennoch erwies sich auch der autoritär abgemilderte Totalitarismus der Kommunisten als instabil. Die Revolution von 1989 hatte ein Bündel von Ursachen, aber ein wichtiger Grund lag sicher darin, dass *glasnost*, also ein bescheidenes Mass an Meinungsfreiheit die Fundamente des Regimes ins Wanken brachte. Eigentlich wollte der Erfinder von *glasnost*, Mikhail Gorbatschow, mehr; er wollte Reformen, *perestroika* wie er das Projekt nannte. Aber dazu kam er nicht, zumal er keine klaren Vorstellungen davon hatte, was genau Zweck und Inhalt dieser Reformen sein sollte.

Glasnost war die Stunde der Intellektuellen. In dem Augenblick, in dem ein Mass an Meinungsfreiheit, dann auch an Freiheit der Assoziation gegeben war, beherrschten sie die Szene. Es begann eine Zeit des Umbruchs, in der engagierte Beobachter aufhörten zu beobachten und ihrem Engagement freien Lauf liessen. Eine neue Generation potenzieller Erasmier sah sich plötzlich an die Spitze ihrer Gemeinwesen katapultiert. Vaclav Havel, der Mann, der gestern noch im Theater Laterna Magica aufrührerische Reden über die Freiheit und das Leben in Wahrheit geführt hatte, fand sich von einem Tag auf den anderen im Hradschin als Präsident der tschechoslowakischen Republik. Andrej Plesu, der in die Provinz verbannte Gelehrte, der sich dort mit esoterischen Fragen der Kunst- und Kulturgeschichte befasst hatte, wurde Kulturminister, später Aussenminister Rumäniens. Bronislaw Geremek, als Historiker des mittelalterlichen Alltagslebens der französischen Schule seines Faches nahe, war trotz seiner vermittelnden Position in der polnischen Organisation *Solidarność* mehrfach verhaftet worden; nun wurde er Abgeordneter, Ausschussvorsitzender, dann Aussenminister und Parteiführer. Zheliu Zhelev, dessen Manuskript über den Faschismus in Bulgarien ohne Fingerzeige als Parabel des kommunistischen Regimes verstanden wurde, sah nun die «totale Desintegration» des «Systems, von dem man vor einem Jahrzehnt glaubte, dass es die Zukunft der Menschheit symbolisiert». Er selbst wirkte als Präsident seines Landes mit am Aufbau der neuen Demokratie.

Es gibt andere Namen, die zu nennen wären, Adam Michnik und Jens Reich, Jiri Dienstbier und Ellemer Hankiss; die Liste ist erlesen, wenn auch nicht sehr lang. Sie erzählt eine Geschichte, die in unserem Zusammenhang wichtig ist. 1989 war eine Zeit des radikalen Umbruchs. Sie rief öffentliche Intellektuelle auf den Plan, deren Werte denen der Erasmier in vielem gleichen. Indes riss der Umbruch sie aus der Position der Beobachter heraus und machte sie zu Akteuren. Manchen lag diese neue Stellung. Viktor Orban in Ungarn wurde früh schon zum «normalen» Politiker. Obgleich Bronislaw Geremek immer Intellektueller blieb, gewöhnte er sich an die Welt des politischen Handelns. Andere aber, darunter Vaclav Havel, erlebten einen kurzen Aufschwung der Hoffnung auf eine radikal andere Welt. Sie hofften nicht etwa auf die 1989 zunächst beschworene «Normalisierung», sondern auf eine gänzlich neue Normalität der moralischen Politik. Sie wurden enttäuscht. Die Normalisierung erwies sich weitgehend als Rückkehr zu normalen Zeiten. Manche kehrten in ihre intellektuelle Welt zurück, wie Andrej Plesu oder Jens Reich. Andere wurden bitter und liessen ihrer Melancholie freien Lauf, wie Vaclav Havel und Adam Michnik.

So hat 1989, das Ende des Totalitarismus, noch einmal das grosse Dilemma der *vita activa* von öffentlichen Intellektuellen enthüllt. In Zeiten des Umbruchs ist nicht nur die Versuchung gross, die Distanz des engagierten Beobachters aufzugeben, sondern auch das Verlangen vieler Menschen, neue und ganz andere politische Führer zu finden, unbefleckte Führer wie es die zuvor verfolgten Intellektuellen waren. Aber Zeiten des Umbruchs dauern nicht. Es ist sogar die Absicht aller, die sie erleben, ihre Dauer möglichst zu begrenzen. In normalen Zeiten indes sind die unbefleckten Führer des Umbruchs merkwürdig fehl am Platze. Im politischen Tagesgeschäft bewegen sie sich linkisch. Die Parteien, die sie führen, zerbröseln in dem Augenblick, in dem es nicht mehr um grosse Themen der Grundverfassung geht. Die Hochzeit der Intellektuellen vergeht fast so rasch, wie sie gekommen ist. Auf einmal bleibt den Helden des Umbruchs nichts mehr ausser wieder Intellektuelle zu sein, engagierte Beobachter mit allen Reizen und Grenzen dieser Tätigkeit.

Das klingt melancholischer, als es gemeint ist. 1989 markiert das Ende des Totalitarismus, nicht das Ende der Geschichte. Im Gegenteil lässt sich eher die These begründen, dass mit dem Ende des Totalitarismus die Geschichte als Entwicklung der offenen Gesellschaft nach Jahrzehnten der fruchtlosen Konfrontation der Systeme neu beginnt. Francis Fukuyama hat sich also unnötig Sorgen gemacht, wenn er davon spricht, dass die liberale Ordnung als Dauerzustand zu einer Langeweile Anlass geben könnte, aus der ganz und gar sinnlose neue Kriege entspringen. Er spricht von «immensen

Kriegen des Geistes», ausgelöst von denen, die ihre «Megalothymie», also eine Mischung von Widerspruchsgeist und Grössenwahn, nicht zügeln können. Er nennt «1968» als Beispiel «metaphorischer Kriege und symbolischer Siege», erwähnt dann auch (mit einer existenzialistischen Denkfigur) «ziellose Kriege, deren einziger Zweck es ist, den Krieg selbst zu erfahren». Wer von einer falschen Annahme ausgeht, wie der Annahme vom «Ende der Geschichte», darf sich nicht wundern, wenn er bei abwegigen Schlüssen endet.

Da ist Ernest Gellners scharfsinnige Analyse der «Bedingungen der Freiheit» vorzuziehen. Der 1925 in Prag geborene (und 1995 wiederum in Prag verstorbene) britische Ethnologe und Philosoph sieht das Ende des Totalitarismus als Triumph der *civil society*. Den schwierigen Begriff definiert er mit charakteristischer Mehrdeutigkeit als jenen «Normalzustand der Gesellschaft», in dem das Leben der Menschen Struktur gewinnt durch jene «Menge von nicht-gouvernementalen Institutionen, die stark genug ist, um ein Gegengewicht zum Staat zu bilden, so dass dieser seine Rolle als Friedensstifter und Schlichter wichtiger Interessen behält, aber daran gehindert wird, den Rest der Gesellschaft zu dominieren und zu atomisieren». Gellners subtile Argumentation gilt den sozialen Voraussetzungen der Freiheit. Diese sind durch die Institutionen der Demokratie allein nicht gegeben. Freiheit verlangt jene eigentümliche Sphäre, für die das Wort «Zivilgesellschaft» falsch und das Wort «bürgerliche Gesellschaft» zu beladen ist, die Sphäre nämlich, in der an sich völlig freiwillige Assoziationen dennoch ein tragfähiges Netz sozialer Beziehungen und individueller Identität bilden. Immer wieder betont Gellner, dass eine solche «machbare liberale Bürgergesellschaft» (wie wir sie nennen werden), «mit ihrer Trennung von Tatsachen und Werten, und ihrem kühl institutionellen, unsakramentalen Bild der Herrschaft» streng genommen die «normale Soziallage der Menschheit» ist.

Diese Bürgergesellschaft ist alles andere als langweilig; es bedarf keiner «Megalothymie», um ihr Leben einzuhauchen. Sie ist für immer unvollkommen und daher eine Aufgabe gerade auch für Intellektuelle. Vor allem aber hat sie Konkurrenz. («Die Bürgergesellschaft und ihre Rivalen» lautet, mit einer Anspielung auf Poppers «Offene Gesellschaft und ihre Feinde» der Untertitel von Gellners Buch.) Vormoderne, segmentäre Gesellschaften sind in gewisser Weise nicht Rivalen; erst als sie aufgebrochen wurden, ergab sich die Chance der Bürgergesellschaft. Wohl aber war der Marxismus-Leninismus ein Rivale. Eine Zeitlang konnte es scheinen, als sei die totale, «sozialistische» Dominanz des Staates über die Wirtschaft und die Aufhebung des sozialen Pluralismus in der kommunistischen Organisation von Partei und Staat eine gangbare Alternative. Indes: «nach siebzig Jahren brach das Experiment in einer einzigartig schmählichen Weise zusammen, die ihresgleichen nicht hat in der Geschichte». Die Sehnsucht nach der Bürgergesellschaft erwies sich als stärker.

Doch gibt es noch einen anderen Rivalen, eine andere Art von *umma*, von Gemeinschaft, den Islam. Gellner schildert das Doppelgesicht des Islam, das diesen sozusagen modernitäts-tauglich macht. Auf der einen Seite ist da der Volksislam, dessen Riten und Gemeinden an traditionale Gesellschaften erinnern; auf der anderen Seite gibt es aber den Schriftislam, dessen Texte viel Raum lassen für modernes Wirtschafts- und Sozialverhalten. So ist eine Religion entstanden, die ein beträchtliches Mass an Modernisierung erlaubt und doch weitgehend «säkularisationsresistent» ist. Das ist allerdings auch eine Religion, für die die Vorstellung der durch keine Ordnungsinstanz zusammengehaltenen, pluralistischen, in allen Mitgliedschaften auf Freiwilligkeit beruhenden, ganz und gar unsakralen Bürgergesellschaft zutiefst fremd ist. Dem Islam ist in gewisser Weise gelungen, was der Marxismus nicht zustandegebracht hat, nämlich in der modernen Welt eine Gesellschaft zu schaffen, die die Bindungskraft, die das Wort *umma* beschreibt, nicht verloren hat.

Das Thema wird noch einmal aufzunehmen sein. Gellners Kernthese indes, dass das Ende des Totalitarismus – «1989» – die grosse Hoffnung der Bürgergesellschaft ist, bleibt festzuhalten. Für öffentliche Intellektuelle bedeutet das, dass sie ihrem Geschäft der Kritik und der Innovation nachgehen können. Ob sie Erasmier sind, wird von den Umständen der Zeit nicht unbedingt geprüft. Das heisst auch, dass sie nicht Helden ihrer Zeit – wie Vaclav Havel – sein können; es heisst zugleich, dass sie kein Berufsverbot und schon gar keine Inhaftierung befürchten müssen. Man muss schon ziemlich selbstquälerisch sein, um aus solchen Umständen Rechtfertigungen für Enttäuschung abzuleiten.

26 2001 ODER DIE NEUE GEGENAUFKLÄRUNG

Eine Frage bleibt zu stellen: gibt es nach dem Ende des Totalitarismus neue Versuchungen der Unfreiheit? In den Vereinigten Staaten von Amerika dürften viele diese Frage bejahen. Seit 9/11, also den Terrorakten des 11. September 2001, empfinden Menschen mit Angst und Schrecken nicht nur die Verwundbarkeit ihrer liberalen Ordnung, sondern auch die offenbare Attraktivität einer neuen Form des Kampfes für junge, oft akademisch ausgebildete Männer. Manche, der Präsident der USA darunter, sprechen nicht nur von «Kampf», sondern von Krieg. Sie führen Krieg gegen den islamistischen Terror.

In Europa zögern die meisten trotz der Anschläge von Madrid und Istanbul und London, diese Terminologie und die hinter ihr stehende Analyse ohne weiteres zu übernehmen. Der Unterschied lässt sich an Hand des Vergleichs der Bücher von Ernest Gellner einerseits (*Conditions of Liberty*) und Samuel Huntington andererseits (*Clash of Civilisations*) deutlich machen. Beide Bücher sind etwa zur gleichen Zeit, in der Mitte der 1990er Jahre, verfasst worden. Gellner schildert im Detail die wechselseitige Fremdheit der religiös geprägten Kulturen in der islamischen und der jüdisch-christlichen Welt. Er hat seine Wahl für den Westen getroffen. «Meine eigene Wahl ist nun einmal klar, aber die Natur unserer Werte hindert uns daran, sie zu beweisen.» Aus seiner Entscheidung folgt keine Feindschaft. Im Gegenteil; obwohl Gellner kein Relativist ist, hält er es für «sinnlos, die eigene Position unter Umständen zu predigen, die ihre Durchsetzung nicht erlauben». Hier kann man auch eine entschiedenere Haltung einnehmen. Die Überzeugung von der universalen Geltung bestimmter Werte ist immer auch eine Verpflichtung, diese überall zu vertreten.

Samuel Huntington hat einen ganz anderen Ansatz als Gellner.

Sein Thema sind die grossen Auseinandersetzungen in der Welt. Er geht davon aus, dass diese nach 1989 nicht mehr in erster Linie ökonomisch oder auch im engeren Sinne politisch motiviert sind, sondern auf «Kultur und der Identität von Kultur» beruhen. (Wie bei Gellners *Civil Society* gibt es auch hier ein Übersetzungsproblem: Huntington spricht von *Civilisations*.) Es gibt sieben grosse Kulturkreise (*civilisations*) in der Welt, unter denen «der Westen» nur einer und zudem einer von abnehmender Bedeutung ist. Zwischen diesen Kulturkreisen entfalten sich die welthistorischen Konflikte der Zukunft, die häufig an den «Bruchlinien» der Kulturkreise aufflammen.

Huntingtons ausführliche, informationsreiche Analyse ist keineswegs so brandstifterisch, wie der Ruf des Autors und auch der Titel seines Buches vermuten lassen könnten. Von einem möglichen Weltkrieg spricht er nur in einem (hypothetischen) Fall, dem Verhältnis des Westens zu China. Doch sieht Huntington die Rolle des Islam anders als Gellner:

> «Solange der Islam der Islam bleibt (und er wird es bleiben) und der Westen der Westen bleibt (was fraglicher ist), wird dieser fundamentale Konflikt zwischen zwei grossen Kulturkreisen und Lebensformen ihre Beziehungen zueinander weiterhin und auch in Zukunft definieren, so wie er sie 1.400 Jahre lang definiert hat.»

Dies ist ein Konflikt zwischen der liberalen und einer fundamental illiberalen Ordnung.

Huntington sieht den Islam als modernisiert ohne «Verwestlichung». Er legt den Akzent auf die «Resurgenz» des Islam, der an Anhängern zunimmt, mehr von seinen Anhängern verlangt, seine antiwestliche Grundhaltung verstärkt, während zugleich der Westen demographisch wie in seinem Selbstbewusstsein niedergeht. Das muss nicht zum Krieg führen, wenngleich Huntington vielleicht nach 2001 nicht mehr die Möglichkeit postuliert hätte, dass das Verhältnis vom «Quasi-Krieg» zum «Kalten Krieg» oder vielleicht sogar zum «Kalten Frieden» abgemildert werden könnte. Die «Bruchlinien» bleiben allemal explosiv, ob sie im Kaukasus, im Irak, in der Türkei oder in den Städten und Vorstädten Europas liegen.

Das ist seit Huntingtons Buch ein vertrautes Szenario geworden. Nicht wenige sehen im erstarkenden Islam sowohl eine Bedrohung als auch eine Versuchung. Es sind vielleicht nicht gerade öffentliche Intellektuelle, aber immerhin gut ausgebildete junge Leute, die sich vom Islam versuchen und dann zur äussersten, bis zu Selbstmordattentaten reichenden Militanz verlocken lassen. (Intellektuelle unterstützen diesen Weg vor allem an einer «Bruchlinie», der Lage der Palästinenser und ihrem Verhältnis zu Israel.) So entsteht in den ihrer selbst oft ungewissen Bürgergesellschaften der Freien Welt das Bild einer neuen Grossmacht der Unfreiheit. Der ehemalige deutsche Aussenminister Joschka Fischer brachte sogar das Wort vom «dritten Totalitarismus» in Umlauf.

Ist es ein Kunstprodukt verängstigter Phantasie, oder ist es doch real? Darüber herrscht einstweilen keine Einigkeit. Gewiss ist ein aufgefrischter Islam unter anderem durch die Feindschaft gegen den Westen und alles Westliche geprägt. Eine Art heiliger Krieg, ein *jihad*, gegen Israel, die USA und den Westen überhaupt ist ausgerufen. Doch was, ausser schmerzhaften Nadelstichen, kann dieser erreichen? Der Rezensent von fünf neuen Studien kluger und informierter Autoren zum Islam bemerkt, dass «alle rezensierten Autoren auf die eine oder andere Weise darin übereinstimmen, dass das jihadistische Projekt wahrscheinlich zum Scheitern verurteilt ist». Francis Fukuyama hatte Ähnliches früher schon in der ihm eigenen, absoluten Art behauptet. Die «islamische Wiedergeburt» beruht auf einem doppelten Scheitern, nämlich dem Verlust traditioneller Werte angesichts des westlichen Kulturimperialismus bei gleichzeitiger Unfähigkeit, mit dem Westen wirtschaftlich und politisch erfolgreich zu konkurrieren. Eine solche Position kann nicht obsiegen.

Nicht alle stimmen mit dieser Analyse überein. Ernest Gellner und Samuel Huntington würden beide Zweifel anmelden. Auch ist Fukuyamas Schluss wenig tröstlich, der islamische Fundamentalismus habe «eine mehr als oberflächliche Ähnlichkeit mit dem europäischen Faschismus». Doch übersehen viele Autoren einen soziologischen Grundsachverhalt. Gefährliche Versuchungen der Unfreiheit gehen nur von Bewegungen aus, die plausibel machen können, dass ihnen die Zukunft gehört. Die Vermutung war immer schon falsch, dass die Revolution bei den Ärmsten der Armen beginnt, oder auch nur, dass mit wachsender Armut das revolutionäre Potenzial steigt. (Marx wusste das genau; es zwang ihn, die – offenbar falsche – Annahme einzuführen, dass das Proletariat mysteriöse neue Produktivkräfte repräsentierte, so wie die Bourgeoisie das in der Feudalgesellschaft getan hatte.) Selbst der Nachweis, dass islamische Gruppen sozial besonders benachteiligt, an den Rand gedrängt, ja ausgeschlossen werden, berechtigt noch nicht zu dem Schluss, dass von diesen eine neue, den Westen in seinem Kern bedrohende politische Bewegung ausgeht. Sozial Ausgeschlossene sind Quellen verzweifelter, wenn auch spektakulärer Aktionen – Selbstmordattentäter zum Beispiel –; sie sind sogar (in den Worten von Marx und Engels) käuflich für «reaktionäre Umtriebe», aber Revolutionäre sind sie nicht.

Es bliebe also zu zeigen, dass der islamische Fundamentalismus ein alternatives Bild der Zukunft anzubieten hat, das den Benachteiligten der Welt, nicht zuletzt der westlichen Welt, eine Alternative zur liberalen Ordnung liefert. So lange das nicht geschieht, bleibt das Projekt *jihad* eine lästige Episode, nicht eine Gefährdung der Freiheit. Es geht eben um Terrorismus, nicht um Krieg, sei dieser kalt oder heiss. Es geht daher auch nicht um Totalitarismus. Jan-Werner Müller hat recht, wenn er im Hinblick auf den islamistischen Terror sagt: «Die Totalitarismusdiagnose verstellt eher die Sicht auf neue politische Wirklichkeiten, als sie aufzuschliessen.» Und auch Ian Buruma mag recht haben, dass die Figur des «grossen Diktators» der Geschichte des 20. Jahrhunderts angehört.

Erleben wir also doch das Ende der Geschichte, zumindest was die Versuchungen der Unfreiheit betrifft? Ist das Ende des Totalitarismus auch das Ende der effektiven Bedrohungen der liberalen Ordnung? Brauchen wir die Erasmier nicht mehr, die die Helden der Erwägungen und Untersuchungen dieser Studie waren? Das wäre aus wenigstens zwei Gründen dann doch eine waghalsige, ja potenziell selbstzerstörerische Annahme.

Der erste Grund führt zurück zu 9/11, zu den «Nadelstichen», mit denen militante Gegner die Gesellschaften der Freien Welt beunruhigen. Diese treffen vielfach auf eine aus ganz anderen Gründen entstandene Bereitschaft, die Freiheiten der liberalen Ordnung einzuschränken. (Das ist ein weites Feld, auf dem es um die Schattenseiten der Atomisierung, also um Anomie, aber auch um Globalisierungsängste geht.) Über lange Zeit, oft viele Jahrhunderte, erkämpfte und verteidigte Rechte stehen plötzlich zur Disposition. Ist *Habeas Corpus* noch das unantastbare Grundprinzip der Herrschaft des Rechts? Auch historisch neuere Grundrechte wie die Meinungsfreiheit stehen auf einmal in Frage. Fast protestlos werden sie eingeschränkt. Könnte es nach 2001 noch so etwas wie einen «Helsinki-Prozess» geben, der die unfreien Länder der Welt (wie seinerzeit die des Kommunismus) an ihre Pflicht zur Einhaltung der Menschenrechte gemahnt?

Es gibt extreme Beispiele für den fast unbemerkten Verlust an liberalen Grundwerten. Sogar die Folter wird nicht nur verwendet, sondern von manchen in der einstmals freien Welt gerechtfertigt. Auf einer Vielzahl von kleineren und grösseren Wegen schleicht sich ein Autoritarismus ein, der in seiner Wirkung zwar nicht den totalitären Exzessen des 20. Jahrhunderts gleich kommt, aber doch die Verfassung der Freiheit beeinträchtigt. Dieser hat sogar ein Modell, das Ian Buruma als «autoritäre Technokratie» bezeichnet. Deren Ursprünge sind in Asien, in Singapur zumal, zu finden. Was diese Form der Begrenzung liberaler Ordnungen verspricht, ist «Wohlstand ohne Politik», also Wirtschaftswachstum ohne die aktive Bürgergesellschaft. Noch haben die öffentlichen Intellektuellen diesen schleichenden Autoritarismus nur sporadisch und ohne grosse Wirkung zum Thema gemacht. Es ist zu hoffen, dass die Tugenden der Freiheit nicht eingeschläfert werden durch die Allmählichkeit des Prozesses.

Auch ein zweiter Grund, nicht vorschnell vom Ende aller Versuchungen der Unfreiheit zu sprechen, hat es zumindest indirekt mit 9/11 zu tun. Samuel Huntington spricht von der «Resurgenz» des Islam. Der gemeinhin für die davon Betroffenen gebrauchte Begriff ist der des Fundamentalismus. Im Französischen kommt noch der wichtige Gedanke eines *intégrisme* hinzu, der gleichsam das Gegenbild zum Pluralismus bezeichnet, also die Integration von Staat, Wirtschaft und Gesellschaft in einem ideologischen System. Bei alledem handelt es sich um die Suche nach *umma* (wie Gellner den Begriff versteht), nach einer Art von Gemeinschaft, die den Menschen die Qual der Wahl abnimmt. Menschen, die dank der aufklärerischen Geschichte der letzten Jahrhunderte ihre individuelle Identität gefunden haben, wollen diese nun wieder aufgeben. Sie haben Angst vor der Freiheit.

Das ist ein grosses Thema der Zeit geworden, und es ist keineswegs auf den Islam beschränkt. Fundamentalistische Versuchungen finden sich in allen Religionen und in den zahlreichen Pseudoreligionen auch. Sie sind, wie die Nadelstiche des Terrorismus, vornehmlich negative Formen des Glaubens. Sie wenden sich gegen die Aufklärung, konstituieren also so etwas wie eine Gegenaufklärung. Vielen ist die moderne Wissenschaft ein Dorn im Auge. Von der genetischen Forschung bis zur biologischen («Darwinschen») Entwicklungslehre gerät sie ins Visier von Fundamentalisten. Mit der modernen Wissenschaft wird dann die ganze übrige Symbolik der Modernität aufs Horn genommen: die Technik, die Wirtschaft vor allem in dem, was sich als Drohung der Globalisierung schwarz malen lässt, die Medien in all ihren modernen Aggregatzuständen. Dabei werden gerade diese ebenso intensiv benutzt wie beklagt. Überhaupt ist die Gegenaufklärung nicht so sehr Rückkehr zum heimelig Alten (wie sie es vorgibt) wie Kampf mit allen Mitteln der Moderne gegen das Neue. Auch hier ist die Erinnerung an den Faschismus am Platze.

An Zeichen neuer Bedrohungen der Freiheit fehlt es also nicht. Darunter könnten sogar Versuchungen der Unfreiheit sein. Zwar ist Vorsicht am Platze bei der leichtfertigen Extrapolation ephemerer Beobachtungen. Die Zeit nach 2001 ist nicht vergleichbar mit der nach 1914, gar 1917 und 1933. Die Gegenwart ist keine Zeit der grossen Prüfungen, wie es die Jahrzehnte des Totalitarismus waren. Andererseits ist die Geschichte offen. Es gibt den Weltgeist nicht, der sie mit starker Hand in eine und nur eine Richtung führt. Der sich ausbreitende, oft islamistisch begründete Terrorismus und der schleichende Autoritarismus in vielen wirtschaftlich entwickelten

Ländern (von den Schwellenländern zu schweigen) stellen möglicherweise erneut die Fragen, die diese Studie untersucht hat. Die Tugenden der Erasmier mögen für manche ein wenig altmodisch klingen, aber für alle, denen die Freiheit lieb und teuer ist, kann es nichts schaden, wenn sie auch in Zukunft gepflegt werden.

ANHANG

SOCIETAS ERASMIANA*

(Kohorte 1900–1910)

Mitglieder	*Kandidaten*	*Auswärtige Mitglieder*	*Fördernde Mitglieder*
Raymond Aron (1905–1983)		Jeanne Hersch (1910–1982)	
Isaiah Berlin (1909–1997)	Dolf Sternberger (1907–1989)	George Orwell (1903–1950)	Shepard Stone (1908–1990)
Karl Popper (1902–1994)	Sebastian Haffner (1907–1999)	George Kennan (1904–2005)	Peter de Mendelssohn (1908–1982)
Norberto Bobbio (1909–2004)	Golo Mann (1909–1994)	John Kenneth Galbraith (geb. 1906)	Richard Crossman (1907–1974)
Jan Patočka (1907–1977)	Marion Dönhoff (1909–2002)	———	
Theodor W. Adorno (1903–1969)	Ernst Glaeser (1902–1963)	Stephen Spender (1909–1992)	Alistair Cooke (1908–2004)
Hannah Arendt (1906–1975)		Richard Wright (1908–1960)	
Theodor Eschenburg (1904–1999)			
———			
Manès Sperber (1905–1984)			
Arthur Koestler (1905–1983)			
	Abgewiesene Kandidaten		
	Jean-Paul Sartre (1905–1980)	Mitford Sisters	
	Robert Havemann (1910–1982)		

* Die Tafel verzeichnet nur Namen von in diesem Buch erwähnten und erörterten Intellektuellen der Kohorte 1900–1910. Sie ist im übrigen mit gebotener Nachsicht und Ironie zu lesen.

Mitglieder Sie sind die eigentlichen Erasmier. Hier geordnet nach dem Grad ihres Erasmiertums. Unter dem Strich die Spätberufenen, die zunächst der Versuchung der Unfreiheit erlagen.

Kandidaten Personen, die nur kurz erwähnt und nicht ausführlich erörtert werden.

Auswärtige Mitglieder Erasmier in Ländern, denen die Versuchung der Unfreiheit erspart blieb. Manche (jedenfalls die unter dem Strich) suchten diese Versuchung dennoch.

Fördernde Mitglieder Personen, die hervorgetreten sind als Organisatoren, Unterstützer, Verteidiger von Erasmiern, ohne selbst öffentliche Intellektuelle derselben Kategorie zu sein.

Abgewiesene Kandidaten Die kurze Liste beschränkt sich auf ausführlich erörterte Namen. Sie schliesst nur Personen ein, die der Versuchung der Unfreiheit erlegen sind. Gerade diese Liste könnte viel länger sein.

Dietrich Bonhoeffer und andere Helden des Widerstandes gegen totalitäre Macht werden in der Tafel nicht aufgeführt, die (um es noch einmal zu sagen) mit gebotener Nachsicht und Ironie zu lesen ist.

NACHWEISE UND ANMERKUNGEN

1 Wer widerstand den Versuchungen der Unfreiheit?

Heideggers Rektoratsrede «Die Selbstbehauptung der deutschen Universität» ist in vielen Ausgaben verfügbar. Die übrigen Zitate stammen aus Abdrucken der Originale in Guido Schneeberger: *Nachlese zu Heidegger. Dokumente zu seinem Leben und Denken* (Buchdruckerei Suhr: Bern 1962). Das Zitat aus *Der Alemann* ist vom 1. 2. 1934. Das andere Zitat aus der *Freiburger Studentenzeitung* vom 3. 11. 1933.

Für die Adorno-Zitate s. die Frankfurter Studentenzeitung *Diskus* 13. Jg., Januar 1963. S. im übrigen das besonders eindrückliche Kapitel «Zwielicht» (S. 112 ff.) in Lorenz Jägers *Adorno: Eine politische Biographie* (dva: München 2003).

Das Mannheim-Zitat findet sich (auf S. 29 f.) in Dirk Käsler: *Soziologische Abenteuer. Earle Edward Eubank besucht europäische Soziologen im Sommer 1934* (Westd. Verlag: Köln-Opladen 1985).

Zur Haltung der *Neuen Zürcher Zeitung* 1933 s. das Buch von Thomas Maissen: *Die Geschichte der NZZ 1780–2005* (NZZ-Verlag; Zürich 2005).

Manès Sperber wird hier (und später) vor allem aus dem 2. (*Die vergebliche Warnung*) und 3. Band (*Bis man mir Scherben auf die Augen legt*) seiner Autobiographie *All das Vergangene* zitiert. Die Werke von Sidney und Beatrice Webb sind im Text erwähnt. S. jedoch dazu Norman und Jeanne Mackenzie: *The First Fabians* (Weidenfeld & Nicolson: London 1977).

2 Die Rede ist von öffentlichen Intellektuellen

Die relevanten Texte hier sind (neben dem *Kommunistischen Manifest*) Joseph Schumpeter: *Kapitalismus, Sozialismus und Demokratie* sowie Karl Mannheim: *Ideologie und Utopie.*

Für die Bohrer-Zitate (und auch sonst zu diesem Abschnitt) s. die von Uwe Justus Wenzel herausgegebene Sammlung *Der kritische Blick. Über in-*

tellektuelle Tätigkeiten und Tugenden (Fischer Taschenbuch: Frankfurt 2002). Über Mentalitäten (ein von Theodor Geiger und Maurice Halbwachs geprägter Begriff) s. Noel Annan: *Our Age* (Weidenfeld & Nicolson: London 1990); S. 19.

Zu «Umbrüchen und normalen Zeiten» habe ich mich ausführlicher in der Sammlung *Wiederbeginn der Geschichte* (C. H. Beck: München 2004) geäussert; s. insbesondere Kap. 14.

3 Der Faschismus lockte mit Bindung und Führung

Der Aufsatz von Fritz Stern «Der Nationalsozialismus als Versuchung» ist abgedruckt in dem Band *Der Traum vom Frieden und die Versuchung der Macht* (Siedler: Berlin 1988). Die Zitate auf den Seiten 164, 167, 169 sowie (mit dem Hofmannsthal-Zitat) 173.

Die Analysen des Nationalsozialismus finden sich in Theodor Geiger: *Die soziale Schichtung des deutschen Volkes* und Hannah Arendt: *Ursprünge totalitärer Herrschaft*. Heideggers Selbstbehauptungsrede ist schon erwähnt worden. Die Anspielungen auf S. 28 beziehen sich auf Fritz Sterns *Kulturpessimismus als politische Gefahr* («Der Rembrandtdeutsche» von Julius Langbehn und Ernst Jüngers *Der Arbeiter*). Das Zitat aus Franz Neumanns *Behemoth* auf S. 470 der Ausgabe von 1942.

Wichtig ist der Hinweis auf den subtilen Aufsatz von Jean Baechler: «Mourir à Jonestown» im *Europäischen Archiv für Soziologie*, Jg. XX, Nr. 2 (1979).

Hannah Arendt wird aus dem Briefwechsel mit Karl Jaspers zitiert, hier mit dem Brief vom 9. 7. 1946.

4 Der Kommunismus lockte mit Bindung und Hoffnung

Hier finden sich zahlreiche Bezüge auf François Furet: *Le passé d'une illusion* (Laffont/Calmann-Levy: Paris 1995). Das Anfangszitat auf S. 197. Später dann Kap. 4, S. 131, S. 148.

Ausser den Sperber-Zitaten (*Die vergebliche Warnung*, S. 44 f., S. 115) und dem Bezug auf Marx' *Heilige Familie* stammen die Zitate dieses Abschnitts aus dem Band *The God That Failed*. Die von mir verwendete Ausgabe ist die bei Bantam Books: New York 1951 erschienene.

Zur Frage der religiösen Qualität des Totalitarismus ist besonders hilfreich Hans Maier: «Deutungen totalitärer Herrschaft 1919–1989», in *Vierteljahrshefte für Zeitgeschichte* 3/2002.

5 Es gab Unversuchbare: Karl Popper, Raymond Aron, Isaiah Berlin zum Beispiel

Raymond Arons *Mémoires* (Julliard: Paris 1983) sind eine unerschöpfliche Quelle zu Person und Werk. Hier wird zumeist nach der (gekürzten) deutschen Ausgabe zitiert: *Erkenntnis und Verantwortung* (Piper: München-Zürich 1985). Wichtige Zitate auf SS. 169, 55, 37, 123, 38 (in dieser Reihenfolge). Sehr nützlich die Biographie von Robert Colquhoun: *Raymond Aron* (SAGE Publications: London 1986).

Über Karl Popper gibt es zahlreiche kleinere Biographien, die jedoch meist nach kurzer Zeit dem Werk gewidmet sind. Zur Person ist Poppers eigener Beitrag zu *The Philosophy of Karl Popper*, hg. von Paul Arthur Schilpp (Open Court: LaSalle Ill. 1974), Bd. 1 informativ. Zitate auf SS. 83, 25, 27. S. auch Poppers *Gespräch mit Frank Kreuzer: Offene Gesellschaft – Offenes Universum* (Franz Deuticke: Wien 1982), insbes. S. 9 f.

Von Isaiah Berlin gibt es kaum Autobiographisches, wohl aber über ihn die auf langen Gesprächen mit ihm beruhende ausgezeichnete Biographie von Michael Ignatieff: *Isaiah Berlin. A Life* (Chatto & Windus: London 1998). Hier zitiert nach der Vintage-Ausgabe von 2000, insbes. SS. 53, 72.

6 Anmerkungen zur Freiheit, mit und auch gegen Isaiah Berlin

Zitiert wird hier vor allem der Band *Four Essays on Liberty* (Oxford University Press: London-Oxford-New York 1969). S. insbesondere (in dieser Reihenfolge) SS. 122, 127 f., 123, xlii, 132, 125, xlv, 167, 1, 135 ff., xxxlx.

7 Der Mut des Einzelkampfes um Wahrheit

Aron wird hier zitiert aus seinen Memoiren (dt. Version, S. 493), Berlin nach der Biographie von Michael Ignatieff (s. Kap. 5), S. 257–8. Fest über Arendt in dem Buch von Joachim Fest: *Begegnungen. Über nahe und ferne Freunde*

(Rowohlt: Reinbek 2004), S. 178. Das Buch enthält auch sonst für unseren Zusammenhang wichtige biographische Hinweise, etwa über Sebastian Haffner, Dolf Sternberger, Golo Mann. David Riesman unterschied in seinem 1950 zuerst erschienenen Buch *The Lonely Crowd* (dt. *Die einsame Masse*) zwischen *inner-directed* und *other-directed* Orientierungen.

Zu Popper und Wittgenstein s. David Edmonds und John Eidinow: *Wittgenstein's Poker* (Faber and Faber: London 2001).

8 Die Gerechtigkeit des Lebens mit Widersprüchen

Die hier konstruierte «Debatte» zwischen Hegel und Kant bezieht sich einerseits auf Hegels *Grundlinien der Philosophie des Rechts* (§ 257 und 258), andererseits auf Kants *Idee zu einer allgemeinen Geschichte in weltbürgerlicher Absicht* (Fünfter Satz). Zum Totalitarismus-Verdacht s. J. L. Talmon: *Die Ursprünge der totalitären Demokratie* (Westd.Verlag: Köln-Opladen 1961). Die Popper-Zitate stammen aus seiner *Open Society* (Bd. 1, S. 200) sowie aus der Autobiographie (s. oben 5), S. 92.

9 Die Besonnenheit des engagierten Beobachtens

Raymond Aron wird hier nach der deutschen Ausgabe des Gesprächs mit Jean-Louis Missika und Dominique Wolton zitiert: *Der engagierte Beobachter* (Klett Cotta: Stuttgart 1983); S. 247. S. auch die (in 5 oben) erwähnte Autobiographie (S. 55) sowie die Biographie von Robert Colquhoun (S. 580, S. 591 f.). Zu Hannah Arendt s. ihr *Eichmann in Jerusalem* (Piper: München 1964), sowie das Arendt-Stück in dem Buch von Joachim Fest (oben 7); S. 186.

10 Die Weisheit der leidenschaftlichen Vernunft

Die Popper-Zitate stammen sämtlich aus dem 2. Band seiner *Open Society and Its Enemies*, Kap. 24.

Zur Frage der Religion s. Poppers Autobiographie, S. 11; Arons *Erkenntnis und Verantwortung* (Memoiren), S. 485 (auch S. 111); Ignatieffs Berlin-Biographie , S. 293–4. Den Hinweis auf die oft verwendete, aber selten genau wiedergegebene Weber-Formulierung verdanke ich M. Rainer Lepsius. Sie stammt aus einem Brief an Ferdinand Tönnies vom 19. 2. 1909: «Denn ich bin zwar religiös absolut ‹unmusikalisch› und habe weder Bedürfnis noch Fähigkeit irgendwelche seelische ‹Bauwerke› religiösen Charakters in mir zu errichten ...»

Leidenschaft und Vernunft werden von Popper im genannten Kapitel behandelt. Die übrigen Bezüge sind auf Kants *Idee zu einer allgemeinen Geschichte in weltbürgerlicher Absicht*; Albert Hirschman's Buch *Exit, Voice and Loyalty*; Max Webers Rede «Politik als Beruf»; David Humes *Treatise of Human Nature*, Book II.

11 Erasmus von Rotterdam war Vorbote der liberalen Tugenden

In der unübersehbaren Erasmus-Literatur gibt es einige Werke, die mein Bild von Erasmus besonders geprägt haben Johan Huizinga: *Erasmus*, in der schönen Übersetzung und Ausgabe von Werner Kaegi (Benno Schwabe: Basel 1928). Stefan Zweig: *Triumph und Tragik des Erasmus von Rotterdam* (Herbert Reichner Wien 1934). Einleitung und Kurzbiographie von John P. Dolan zu dem Band *The Essential Erasmus* (Times-Mirror: New York 1964). Anton J. Gail: *Erasmus von Rotterdam* (Rowohlt: Reinbek 1974). Zum Biographischen vor allem den schönen Ausstellungskatalog des Historischen Museums Basel zum 450. Todestag von Erasmus 1986: *Erasmus von Rotterdam – Vorkämpfer für Frieden und Toleranz*. Der Katalog enthält 13 Aufsätze zu Einzelthemen.

Zum Verhältnis von Erasmus zu Thomas Morus ist der Briefwechsel der beiden eine wichtige Quelle. Informativ auch Peter Ackroyd: *The Life of Thomas More* (Vintage: Londor 1999). Über Erasmus und Hutten gibt es eine lange Tradition deutscher Literatur. Erwähnenswert ist vor allem Herders «Denkmal Ulrich von Huttens» aus dem Jahre 1793. Alle Biographen beider Protagonisten handeln von Erasmus und Luther.

12 Erasmier sind Repräsentanten des liberalen Geistes

Über Hannah Arendt gibt es eine breite Literatur. Bestand hat die Biographie von Elisabeth Young-Bruehl: *Hannah Arendt. For Love of the World* (Yale Univ. Press: New Haven 1982). Sehr aufschlussreich ist der Briefwechsel zwischen Hannah Arendt und Karl Jaspers. Zum Verhältnis von Arendt und

Heidegger ist der Text von Joachim Fest in seinen *Begegnungen* ein willkommen unaufgeregter Beitrag.

Norberto Bobbio ist in Italien weitaus bekannter als im übrigen Europa oder weltweit. Einflussreich war immerhin die von Alberto Papuzzi herausgegebene Bio-Autobiographie *Norberto Bobbio – A Political Life* (Polity Press: London 2002). Sehr persönlich berührt die 1996 verfasste Altersschrift *De senectute*, die auch auf deutsch erschienen ist (*Vom Alter.* Wagenbach: Berlin 2004).

Die am Ende des Abschnitts angedeutete *Societas Erasmiana* findet sich als Übersicht auf S. 219.

13 Jahrgang 1902 oder die Vielgeprüften

Ernst Glaesers *Jahrgang 1902* war 1928 ein Augenblickserfolg, dauerte aber nicht. Die Zitate finden sich auf den Seiten 185, 217, 329f. Über seine Nachkriegs-Begegnung mit Ernst Glaeser schreibt Manès Sperber im 3. Band seiner Autobiographie *Bis man mir Scherben auf die Augen legt* (Europaverlag: Wien 1977); S. 342 f.

Zur «Sozialisationskohorte» der Nazis s. Bernd Rüthers «Recht und Juristen unter dem Sog und Druck wechselnder politischer Systeme», in *125 Jahre Rechtsanwaltskammer Frankfurt am Main* (2004); S. 111 f. Rüthers nimmt den grössten Teil seines Materials für die brillante Analyse aus Ulrich Herbert: *Best* (Bonn 1996). S. auch Michael Wildt: *Generation des Unbedingten. Das Führungskorps des Reichssicherheitshauptamtes* (Hamburger Edition: Hamburg 2002); insbesondere S. 849.

Die knappen persönlichen Bemerkungen am Schluss des Abschnitts werden erklärt in meinem Buch *Über Grenzen* (Beck: München 2002).

14 Die lässliche Sünde der Anpassung

Die Bobbio-Geschichte wird ausgebreitet, mit allen einschlägigen Zitaten, in dem (oben in 12) erwähnten Band *A Political Life*. S. insbesondere S. 28 f., S. 31.

Theodor Eschenburg wird hier durchweg mit seinen eigenen Worten zitiert. Alle Zitate auf den ersten 80 Seiten des 2. Bandes seiner Autobiographie *Letzten Endes meine ich doch* (Siedler: Berlin 2000).

Den Hinweis auf den Band von Jaroslaw Iwaszkiewicz mit der Einleitung von Leszek Kolakowski verdanke ich Timothy Garton Ash.

15 Die verwundbare Freiheit der inneren Emigration

Für Jan Patočka habe ich vor allem zwei Quellen verwendet, die beide auf den Patočka-Forscher Ludger Hagedorn (und das Archiv am Wiener Institut für die Wissenschaften vom Menschen) zurückgehen. Jan Patočka: *Texte, Dokumente, Bibliographie*. Hg. v. Ludger Hagedorn und Hans Rainer Sepp (Karl Alber: Freiburg-München 1999). Hier wichtige Beiträge von Paul Ricoeur, Richard Rorty, Vaclav Havel. Patočka wird zitiert (S. 26) mit der Aussage: «Sie sehen, ich bin ein bisschen wie ein Robinson, der auf einer Insel anfinge zu theoretisieren.» Hier auch (S. 111) das Zitat zur inneren Emigration. Die zweite Quelle ist der Band *Tschechische Philosophen im 20. Jahrhundert*. Ausgewählt und mit einem Nachwort von Ludger Hagedorn (Deutsche Verlags-Anstalt: Stuttgart-München 2002). Hier die Erörterung des «Untergrundmenschen» (235 ff.), die Kritik an Masaryk (270 f.), die sinnstiftende Aufgabe des Menschen und die Offenheit (308 ff.). Über Patočka und Havel s. Hagedorns Nachwort (444 f.)

16 Auf den Marmorklippen oder das reine Schauen

Mehrfach wird in diesem Abschnitt das Kapitel «Dolf Sternberger» in Joachim Fests *Begegnungen* zitiert. Fest nennt Sternberger ein «Genie der Vernünftigkeit». Das erste Sternberger-Zitat allerdings stammt aus der *Frankfurter Allgemeinen Zeitung* und wird im Klappentext zu der Neuausgabe von Ernst Jüngers *Auf den Marmorklippen* (Klett-Cotta: Suttgart 1960) zitiert.

Zu Adorno s. Hartmut Scheible: *Theodor W. Adorno* (Rowohlt: Reinbek 1989); insbes. SS. 33, 34, 74, 92. Die Adorno-Zitate stammen sämtlich aus *Minima Moralia* (Suhrkamp: Frankfurt 1951); in dieser Reihenfolge auf SS. 93, 13, 187, 459, 284.

Das Zitat von Alistair Cooke aus dem Nachruf im *Guardian* vom 31. 3. 2004.

17 Erasmier sind keine Widerstandskämpfer

Dietrich Bonhoeffer wird vor allem zitiert aus dem Text «Nach zehn Jahren. Rechenschaft an der Wende zum Jahr 1943», in *Widerstand und Ergebung*, hg. von Eberhard Bethge (Chr. Kaiser: München 1962); S. 10–13, S. 250 f. Das letzte Zitat aus Wolf-Dieter Zimmermann: *Wir nannten ihn Bruder Bonhoeffer* (Wichern-Verlag: Berlin 1995); S. 93.

Für Julius Leber s. *Ein Mann geht seinen Weg*. Schriften, Reden und Briefe von Julius Leber. Hg. von seinen Freunden (Mosaik-Verlag: Berlin 1952); S. 258 f. und Vorwort, S. 6. S. sodann Marion Gräfin Dönhoff: «In memoriam 20. Juli 1944», in *Der 20. Juli 1944. Annäherungen an den geschichtlichen Augenblick*, hg. von R. von Voss und G. Neske (Neske: Pfullingen 1984); S. 37, S. 40 ff.

18 Exil als Not, Chance und Kult

Ian Burumas «Exil als Kult» findet sich in Uwe Justus Wenzel: *Der kritische Blick* (Fischer: Frankfurt/M. 2002). Wichtige Zitate auf SS. 107, 117. Vom gleichen Autor wird zu Isaiah Berlin das Buch *Anglomania* (Carl Hanser: München-Wien 2002); S. 366, S. 375 zitiert.

Peter de Mendelssohn veröffentlichte 1953 das Buch *Der Geist in der Despotie* (hier zitiert nach der Fischer-Taschenbuchausgabe von 1987). Das Buch mit dem Untertitel «Versuche über die moralischen Möglichkeiten des Intellektuellen in der totalitären Gesellschaft» behandelt die andere Seite des hier entworfenen Bildes, also die Versuchbaren, an Hand von Knut Hamsun, Jean Giono, Gottfried Benn und Ernst Jünger.

Zu Aron, Berlin und Popper wurden die in Abschnitt 5 zuerst vermerkten Quellen verwendet. Zu Hannah Arendt die ebenfalls schon genannte Biographie von Elisabeth Young-Bruehl, insbes. Part 3.

19 Neutralität als Geschenk und Schwäche

Neben den Werken von Jeanne Hersch wird hier vor allem der Band zitiert, den Gabrielle und Alfred Dufour herausgegeben haben: *Schwierige Freiheit. Gespräche mit Jeanne Hersch* (Benziger: Zürich-Köln 1986). Die wichtigsten Zitate auf den Seiten 124 ff., 158 f., 164–170, 177 ff., 217.

20 England für Ausländer

Für Adorno in England s. die Biographie von Lorenz Jäger. Felix Gilbert hätte ein Erasmier sein können, doch zog er die Rolle des Gelehrten vor. Hier gilt der Bezug dem Kapitel «London im Frieden, London im Krieg» in dem autobiographischen Band *Lehrjahre im alten Europa* (Siedler: Berlin 1989).

Isaiah Berlins Weizmann-Aufsatz findet sich in dem Band *Personal Impressions* (London 1980, 1998); s. insbesondere S. 54. Aron und Popper werden aus ihren Autobiographien zitiert.

Winston Churchills *History of the English-Speaking Peoples* (Cassell: London 1958) endet mit dem Kapitel über den Burenkrieg, resümiert aber auf der vorletzten Seite (Bd. IV, S. 303) Churchills Lob Britanniens.

21 England für Engländer

Richard Crossmans «Introduction» zu *The God That Failed* ist eine Fundgrube für die Haltung englischer (Links-)Intellektueller. Dort auch alle Zitate.

Die meist für «snobistische Aristokraten» gehaltenen Mitfords sind eher Fremde im Kreis der in dieser Studie Erörterten. Gerade darum dokumentieren sie das Erasmus-Dilemma in einem Land, das selbst alle Züge der Erasmier trägt. Reich an Material ist das Buch von Mary S. Lovell: *The Mitford Girls. The Biography of an Extraordinary Family* (Abacus: London 2002). Dort auch alle relevanten Zitate.

Über George Orwell gibt es eine breite Literatur. Informativ – nicht zuletzt zu der Frage, wo Orwell politisch stand – nach wie vor Bernard Crick: *George Orwell. A Life* (Penguin Books: London 1982). Crick betont die hier wichtige Tatsache, dass Orwell «deliberately went out to gain experiences in order to write about them» (S. 35). Wichtige Zitate auf den Seiten 98, 128, 174, 294, 411.

22 Transatlantisches. Nahe Ferne

Manche Aussagen und Beobachtungen beruhen auf persönlicher Bekanntschaft mit den erwähnten Personen. Richard Hofstadters Buch ist: *Anti-intellectualism in American Life* (A. Knopf: New York 1963). Dort (auf S. 10) das Eisenhower-Zitat und (auf S. 45 f.) die Liste der «Unvereinbarkeiten» von amerikanischen und intellektuellen Werten. Zur «Renaissance» der US-Intellektuellen s. S. 415.

Die Kennan-Zitate stammen durchweg aus *Memoirs 1925–1950* (Hutchinson: London 1968), insbesondere (in dieser Reihenfolge) S. 233, S. 68, S. 62, S. 93. Die deutsche Ausgabe des Textes heisst *Memoiren eines Diplomaten*, 2 Bde. (dtv: München 1971).

John Kenneth Galbraith wird zitiert aus zwei Werken: den eigenen Memoiren, *Leben in entscheidender Zeit* (Bertelsmann: München 1982), S. 491; und Richard Parker: *John Kenneth Galbraith – His Life, His Politics, His Economics* (Farrar, Straus and Giroux: New York 2005), S. 491, S. 102.

23 1945 oder die kulturelle Freiheit

Das Milosz-Zitat stammt aus Marleen Stoessel: «Hüter der Buchstaben. Ein Gespräch mit Czeslaw Milosz, in der Zeitschrift *Kafka*, No. 12 (2003). Der Verweis auf Hannah Arendt bezieht sich hier auf die englische Ausgabe *The Origins of Totalitarianism* (Meridian Books: New York 1958).

Die wesentlichen hier verwendeten und zitierten Quellen zum Kongress für kulturelle Freiheit sind Peter Coleman: *The Liberal Conspiracy. The Congress for Cultural Freedom and the Struggle for the Mind of Postwar Europe* (Free Press/Macmillan: New York/London 1989), vor allem Kap. 14, 15.

Marko Martin: *Orwell, Koestler und die anderen. Melvin J. Lasky und ‹Der Monat›* (MUT-Verlag: Asendorf 1999). Giles Scott-Smith: «‹A Radical Democratic Political Offensive›: Melvin J. Lasky, Der Monat and the Congress for Cultural Freedom», in *Journal of Contemporary History*, vol.35 (2). Für eine deutsche Perspektive s. Michael Hochgeschwender: *Freiheit in der Offensive* (Oldenbourg: München 1998). Für die französische Perspektive s. Pierre Gremion: *Intelligence de l'anticommunisme. Le Congrès pour la liberté de la culture à Paris (1950–1975)* (Fayard: Paris 1995). Für die deutsch-französischen Differenzen s. Ulrike Ackermann: *Sündenfall der Intellektuellen. Ein deutsch-französischer Streit von 1945 bis heute* (Klett-Cotta: Stuttgart 2000). Für deutsch-amerikanische Differenzen s. Volker Berghahn: *Transatlantische Kulturkriege. Shepard Stone, die Ford-Stiftung und der europäische Antiamerikanismus* (Franz Steiner: Stuttgart 2004)

Zu Robert Havemann vor allem dessen Buch: *Fragen Antworten Fragen. Aus der Biographie eines deutschen Marxisten* (Piper: München 1970),

S. 182, S. 59, S. 15. S. auch *Dialektik ohne Dogma?* (Rowohlt: Hamburg 1964).

Zu Jean-Paul Sartre s. Annie Cohen-Solal: *Sartre 1905–1980* (Rowohlt: Hamburg 1991), S. 607, S. 316. Ulrike Ackermann: «Die totalitäre Verführung. Jean-Paul Sartre als politischer Intellektueller» in *Merkur* Jg. 59, Heft 7; S. 633, S. 636. François Bondy: «Erinnerungen einer Unpolitischen», *Neue Zürcher Zeitung*, Jg. 182, Nr. 412 vom 5. 1. 1961.

Zu Manès Sperber s. hier vor allem den dritten Band seiner Autobiographie: *Bis man mir Scherben auf die Augen legt* (Europaverlag: Wien 1977); dort S. 73 das Zitat über Koestler. *Zur Analyse der Tyrannis* (Europaverlag: Wien 1975); S. 104. S. auch *Manès Sperber 1905–1984* (Österr. Nationalbibliothek: Wien 1987); dort auf S. 80 das Zitat über Freiheit.

Arons Frage findet sich in den *Mémoires*, S. 237 f.; Berlins Kommentar in Michael Ignatieffs Biographie, S. 199 f. Zu Shepard Stone s. das zitierte Buch von Volker Berghahn; dort für die Finanzen des Kongresses für kulturelle Freiheit S. 279 f., S. 294. S. auch *Ein Buch der Freunde. Shepard Stone zum Achtzigsten* (Siedler: Berlin 1988).

24 1968 oder die Desillusionierung

Karl Popper schrieb seine Antwort auf die selbstgestellte Frage in ein Exemplar von *Franz Kreuzer im Gespräch mit Karl R. Popper* (Deuticke: Wien 1982); S. 103.

Zitat aus Jung Chang, Jon Halliday: *Mao. The Unknown Story* (Jonathan Cape: London 2005); S. 566. Dazu auch die folgenden Seiten des Buches.

Zitate in dieser Reihenfolge: Norberto Bobbio: *A Political Life* (Polity Press: Cambridge 2002); S. 118, S. 123. Elizabeth Young-Bruehl: *Hannah Arendt* (Yale Univ. Press: New York-London 1982); S. 416. Michael Ignatieff: *Isaiah Berlin* (Vintage: London 2000); S. 254. Gabrielle und Alfred Dufour: *Schwierige Freiheit. Gespräche mit Jeanne Hersch* (Benziger: Zürich-Köln 1986); S. 106. Raymond Aron: *Erkenntnis und Verantwortung* (Piper: München-Zürich 1983); S. 331. (S. auch in den *Mémoires*, S. 471.) Raymond Aron: *Der engagierte Beobachter* (Klett-Cotta: Stuttgart 1983); S. 203, S. 204. Raymond Aron: *La révolution introuvable. Réflexions sur les événements de mai* (Fayard: Paris 1968).

25 1989 oder das Ende des Totalitarismus

Für Ablauf und Sinn der Ereignisse von 1989 bleibt das Buch von Timothy Garton Ash massgebend, das auf deutsch unter dem Titel *Ein Jahrhundert wird abgewählt* (Hanser: München 1990) veröffentlicht wurde. S. auch vom gleichen Autor *The Uses of Adversity* (Granta Books: London 1991). Auf Francis Fukuyamas *The End of History and the Last Man* (Free Press: New York 1992) antwortet in gewisser Weise meine Sammlung *Der Wiederbeginn der Geschichte* (Beck: München 2004).

S. sodann Ernest Gellner: *Conditions of Liberty* (Hamish Hamilton: London 1994). Wichtige Zitate auf SS. 94, 100, 137, 140–449, 186 f., 193, 211; sowie zum Islam S. 19–24.

26 2001 oder die neue Gegenaufklärung

Von Gellners *Conditions of Liberty* war (in 25) schon die Rede. Samuel Huntingtons *Clash of Civilizations* ist auf deutsch unter dem Titel *Kampf der Kulturen* erschienen (Siedler: Berlin 1998). Das Hauptzitat auf S. 339. «Der Rezensent» neuerer Islamstudien ist Max Rodenbeck: «The Truth About Jihad», *New York Review of Books* LII/13 (11.8.2005)

Für die Rede vom «dritten Totalitarismus» s. Joschka Fischer: *Rückkehr der Geschichte* (Kiepenheuer & Witsch: Köln 2005). Kritisch dazu Jan-Werner Müller: «Mobilisierende Gewalt», in *Frankfurter Allgemeine Zeitung*, 2.9.2005. Dazu dann Ian Buruma: «The Indiscreet Charm of Tyranny», in *New York Review of Books* LII/8 (12.5.2005). Dazu auch Martin Meyer: «Götterdämmerung für Diktatoren», *Neue Zürcher Zeitung* 28./29.5.2005

BILDNACHWEIS

Akg-images, Berlin: *S. 131* (unten links), *136*
Contrasto, Rom: *S. 130* (unten rechts – Antonio Scattolon/A3)
Corbis, Düsseldorf: *S. 129* (unten – Richard Melloul/Sygma/CORBIS), *130* (unten links – Sophie Bassouls/CORBIS/Sygma)
Frankfurter Allgemeine Zeitung – Bildarchiv, Frankfurt/Main: *S. 131* (oben – Barbara Klemm)
Getty Images Deutschland, München: *S. 135* (oben – Time & Life Pictures)
Süddeutscher Verlag – Bilderdienst, München: *S. 132*
Ullstein Bild, Berlin: *S. 129* (oben – Sodemann), *130* (oben), *133* (dpa), *134* (oben – dpa), *134* (unten), *135* (unten – Adolf Würth GmbH)

Das Foto von Manès Sperber wurde entnommen aus: Manès Sperber 1905 – 1984. Eine Ausstellung der Österreichischen Nationalbibliothek, Wien 1987: *S. 131* (unten rechts).

Verlag und Autor danken den Institutionen und Archiven für die Erlaubnis zum Abdruck der Abbildungen in diesem Band. Leider war es nicht in allen Fällen möglich, die Inhaber der Rechte zu ermitteln. Es wird deshalb gegebenenfalls um Mitteilung gebeten.

PERSONENREGISTER